本书出版受北京市社会科学院 2022 年一般课题项目
需求匹配的首都智慧社区建设研究"（2022C7137）

转型期托底型社会治理研究
——以北京市为例

李 洋 著

知识产权出版社

全国百佳图书出版单位

—北 京—

图书在版编目（CIP）数据

转型期托底型社会治理研究：以北京市为例／李洋著. —北京：知识产权出版社，2023.9

ISBN 978-7-5130-8905-0

Ⅰ. ①转… Ⅱ. ①李… Ⅲ. ①社会管理-研究-北京 Ⅳ. ①D671

中国国家版本馆 CIP 数据核字（2023）第 172429 号

内容提要

基于近十年的社会调查和思考，本书将社会治理放在转型社会背景下考察，首先引入传统治理、公正治理和过渡式治理等多重维度，试图解释传统、均衡性和非正式等因素对社会治理过程的影响。其次，研究将社会治理放在超大城市背景下，引入人口、产业和区位等情境因素考察，试图拓宽社会治理的边界和层次。最后，研究立足于托底型社会治理，重点考察基本公共服务或基层治理的供给方式及规律。

本书适合城市社会学、社会工作等领域的理论和实践工作者阅读。

责任编辑：曹婧文　　　　　　　　责任印制：孙婷婷

转型期托底型社会治理研究——以北京市为例

ZHUANXINGQI TUODIXING SHEHUI ZHILI YANJIU——YI BEIJING SHI WEI LI

李　洋　著

出版发行：知识产权出版社有限责任公司		网　　址：http://www.ipph.cn		
电　　话：010-82004826		http://www.laichushu.com		
社　　址：北京市海淀区气象路 50 号院		邮　　编：100081		
责编电话：010-82000860 转 8763		责编邮箱：laichushu@cnipr.com		
发行电话：010-82000860 转 8101		发行传真：010-82000893		
印　　刷：北京中献拓方科技发展有限公司		经　　销：新华书店、各大网上书店及相关专业书店		
开　　本：720mm×1000mm　1/16		印　　张：16.5		
版　　次：2023 年 9 月第 1 版		印　　次：2023 年 9 月第 1 次印刷		
字　　数：255 千字		定　　价：88.00 元		

ISBN 978-7-5130-8905-0

　　社会治理尤其是基层社会治理在城市经济社会良性运行中发挥着至关重要的作用。北京市作为一座有悠久历史的超大型城市，人口众多，民生需求多元化，这就需要地方政府、市场和社会共同发力来提供内容足够丰富、数量足够多的公共服务。可见，现阶段的社会治理在需求上有较强的民生性，在目标上有较强的治理性，在参与方式上有较强的协同性。当前，很多已有的社会治理研究抓住了社会治理的上述时代特征，尤其强调社会治理在服务民生、实现社会稳定或者多元社会参与中的意义，并在很大程度上指导了基层社会治理实践。与已有一些社会治理研究不同的是，从研究缘起和发展来看，首先，本书将社会治理放在转型社会背景下进行考察，引入传统治理、公正治理和过渡式治理三个维度，试图解释社会治理中的传统因素、均衡性因素和非正式因素等对现阶段社会治理理论和实践的影响。其次，将社会治理放在超大型城市背景下考察，引入人口、产业和区位等情景因素，试图将社会治理放在具体的经济社会发展情境中进行考察和解释。最后，围绕社会治理的研究范围和关注内容，立足兜底性社会治理的层次和水平，考察基本公共服务或基层社会治理的供给方式及其特征。

　　基于上述思路，本研究在分析北京市人口结构、经济社会发展阶段和特征的基础上，将研究重点放在以下社会治理重点领域中：一是外省市来京就业人口尤其是新就业形态从业人口的民生服务和社会管理；二是托底型基层社区自治的理论创新和实践做法；三是社会组织参与民生建设的组织化和系统化建设；四是社会领域尤其是非公企业参与志愿服务的新发现和新情况；五是智慧社区建设的社会认知和社会适应，等等。研究采用定性和定量分析相结合的实证研究方法，提出和引入托底型社会治理理论和NGT 价值匹配分析方法，在这些重点研究领域依据不同地区或社区的资源禀赋特征、治理方式和价值目标等维度，各选取三到五个案例进行详细分析，考察不同案例社会治理的匹配程度，并在不同社会治理领域提炼出相关社会治理方式的理想类型。在对上述社会治理重点场景进行深入刻画和分析的过程中，研究在很大程度上证实了托底型社会治理理论的信度和效度：即托底型社会治理是介于治安型社会管理和发散型社会治理之间状态下的社会治理，从内容上看，以满足市民的基本民生需求、公共服务、参与需求、发展需求和安全需求为重点；从理念来看，以注重公平资源配置、广泛社会参与和下沉式社会治理为主线；从参与方式来看，以统筹党委领导、政府负责、多元协商、社会动员和信息科技等为支撑。托底型社会治理的发展和完善，既符合当前我国转型阶段的经济社会发展背景，又融合了社会治理中的传统路径和科学方法，能够在社会治理理论化和实践化过程中发挥独特的解释力和影响力，相关案例研究在很大程度上证实了这一点。随着经济社会发展水平的不断提高，社会治理理论和实践也将在科学化和专业化水平上进一步提升。

感谢清华大学社会学系李强教授对我的授业之恩，他的言传身教使我终身受益；感谢沈原教授、戴建中研究员、冯晓英研究员、高勇教授、李伟东副研究员和李阿琳副教授对我的谆谆教诲和无私奉献，他们都曾带着我调研，也是生活中的良师益友。感谢山东大学社会学系、清华大学社会学系、北京市社会科学院对我的培育和知遇之恩，感谢各位同事和朋友，感谢调查中每一位组织者和被访者的慷慨和倾心，研究有很多不足之处，希望各位读者海涵。

李洋

2023 年 3 月 30 日

★ 目 录

第 1 章　导论

1.1　问题提出和主要概念

1.1.1　社会治理的缘起和发展

2013 年 11 月，党的十八届三中全会首次提出了"社会治理"的概念，要求"创新社会治理，必须着眼于维护最广大人民根本利益，最大限度增加和谐因素，增强社会发展活力，提高社会治理水平，全面推进平安中国建设，维护国家安全，确保人民安居乐业、社会安定有序"，并指出创新社会治理体制的内容包括"改进社会治理方式，激发社会组织活力，创新有效预防和化解社会矛盾体制，以及健全公共安全体系"等，从国家层面对社会治理创新的目标和内容进行了基本阐释。回顾从社会管理到社会治理的政策演进和变迁，早在党的十六大报告中，党中央就在社会建设领域提出了"改进社会管理"的发展要求，将其提上党和国家的重要议事日程。❶十六届四中全会进一步提出要"加强社会建设和管理，推进社会管理体制创新"，"建立健全党委领导、政府负责、社会协同、公众参与的社会管理

---

❶　参见 2002 年 11 月 8 日发布的《全面建设小康社会　开创中国特色社会主义事业新局面——在中国共产党第十六次全国代表大会上的报告》。

1

格局"❶，从国家层面肯定了社会建设的重要性，对社会管理体制创新提出了要求，并明确了社会管理格局的要素和作用。在此基础上，2007 年 10 月，党的十七大报告中提出要"健全基层社会管理体制"，"最大限度激发社会创造活力，最大限度增加和谐因素，最大限度减少不和谐因素"❷，从国家层面表达了健全基层社会管理体制和提升社会创造活力的意愿。2012 年 11 月，党的十八大报告中提出，"全面落实经济建设、政治建设、文化建设、社会建设、生态文明建设五位一体总体布局"，社会建设成为社会主义事业的必然成分。为此，要"在改善民生和创新社会管理中加强社会建设"❸，并提出立足改善民生和创新社会管理来加强社会建设的重点内容，包括针对以往社会管理中存在的科学化水平不高的问题，提出要在社会管理中提升科学化水平。针对政府提供公共服务方式等议题，提出要探索政府购买社会服务等新的供给方式；同时较早提出要在基层社会管理中加强服务体系的建设，通过完善社区服务功能和服务清单化提升城乡社区服务水平。此外，首次在大会上提出要引导社会组织健康有序发展，并注重发挥群众参与社会管理的基础性作用。这从国家层面肯定了社会建设的主体性地位，强调了创新社会管理在社会建设中的重要性，并提出全面加强和创新社会管理的基本思路和做法。

在国家层面从社会管理到社会治理提法的改变，体现了社会领域的建设思路由党政管理逐渐转变为"打造共建共治共享的社会治理格局"，体现了社会领域的建设任务由"改进社会管理"逐渐转变为"完善党委领导、政府负责、社会协同、公众参与、法治保障的社会治理体制"❹。从具体论述来看，社会治理的目标和内容也在不断丰富和发展：在目标上，从党的

---

❶ 参见 2004 年 9 月 19 日中国共产党第十六届中央委员会第四次全体会议通过的《中共中央关于加强党的执政能力建设的决定》。

❷ 参见 2007 年 10 月 15 日发布的《高举中国特色社会主义伟大旗帜 为夺取全面建设小康社会新胜利而奋斗——在中国共产党第十七次全国代表大会上的报告》。

❸ 参见 2012 年 11 月 8 日发布的《坚定不移沿着中国特色社会主义道路前进 为全面建成小康社会而奋斗——在中国共产党第十八次全国代表大会上的报告》。

❹ 参见 2017 年 10 月 18 日发布的《决胜全面建成小康社会 夺取新时代中国特色社会主义伟大胜利——在中国共产党第十九次全国代表大会上的报告》。

十六大强调维护社会稳定，到党的十六届四中全会提出构建社会主义和谐社会的战略任务；到党的十七大加快推进以改善民生为重点的社会建设；到党的十八大在改善民生和创新社会管理中加强社会建设；再到党的十八届三中全会着眼于维护最广大人民根本利益等创新社会治理体制。在内容上，从党的十六大的社会治安综合治理等，到党的十六届四中全会初步完善社会管理体系，鼓励充分发挥基层党组织、自治组织和社会组织的作用，并健全社会保障体系等❶；到党的十七大健全党和政府主导的维护群众权益机制，重视社会组织建设和管理，加强流动人口服务管理，坚持安全发展，维护社会安全和国家安全等；到党的十八大首次较全面论述了社会管理的内容和建设领域：包括社会管理科学化问题，社会管理法律、体制机制、能力、人才队伍和信息化建设等问题，社会管理和公共服务的提供方式问题，基层社会管理和服务体系建设问题，社会组织健康有序发展问题，流动人口等群体服务管理问题，党政主导的群众权益维护机制问题，以及公共安全体系和平安建设、国家安全等问题；再到党的十八届三中全会首次提出社会管理向社会治理的转变，并对社会治理内容和思路进行系统性阐释：在社会治理思路上，要提升社会治理的系统性、法治性、综合性和源头性。在社会治理方式上，通过加强党委领导、发挥政府主导作用，鼓励和支持各方面参与，实现政府治理和社会自我调节、居民自治良性互动等。在具体措施上，主张激发和发挥社会组织的活力和作用，将适合由社会组织提供的公共服务和解决的事项，交由社会组织承担；支持和发展志愿服务组织，限期实现行业协会商会与行政机关的真正脱钩，重点培育和优先发展行业协会类、科技类、公益慈善类、城乡社区服务类等四类社会组织。❷

1.1.2　新时代社会治理的体系化和制度化

党的十九大进一步明确了社会治理的地位、路径、方式和目标，即中

---

❶　参见 2004 年 9 月 19 日中国共产党第十六届中央委员会第四次全体会议通过的《中共中央关于加强党的执政能力建设的决定》。

❷　参见 2013 年 11 月 12 日中国共产党第十八届中央委员会第三次全体会议通过的《中共中央关于全面深化改革若干重大问题的决定》。

国特色社会主义事业总体布局是"五位一体"，社会建设是其中的重要组成部分。要"打造共建共治共享的社会治理格局"，就要明确社会治理的要点和抓手，即"加强社会治理制度建设，完善党委领导、政府负责、社会协同、公众参与、法治保障的社会治理体制，提高社会治理社会化、法治化、智能化和专业化水平"。同时，明确提出将社会治理的重心向基层移动，发挥社会组织在社会治理中的重要作用，进一步实现政府治理、社会调节和居民自治之间的良性互动；此外，报告还对社会治理的系统化建设进行了详细阐释，将其概括为公共安全、社会治安防控、社会心理服务和社区治理等体系的建设和完备。

党的十九届四中全会提出"社会治理是国家治理的重要方面"，不仅明确将国家治理体系与治理能力现代化作为"全党的一项重大战略任务"，而且将社会治理视为国家治理体系和治理能力现代化的重要组成部分。这就进一步阐明了社会治理与国家治理之间的关系，以及社会治理与现代化建设之间的关系，对社会治理的意义和实践方式提出了更高的要求。相应地，会议还提出加强和创新社会治理，就是要"完善党委领导、政府负责、民主协商、社会协同、公众参与、法治保障、科技支撑的社会治理体系"[1]。从党的十九大提出完善党委领导、政府负责、社会协同、公众参与、法治保障的社会治理体制，到十九届四中全会把民主协商和科技支撑纳入社会治理体系建设的内涵，作为社会治理理论的一项重要创新，这进一步丰富和突出了共建、共治和共享的社会治理制度的内容及其实现方式，为新时代加强和创新社会治理指明了方向。

党的二十大提出"坚持把实现人民对美好生活的向往作为现代化建设的出发点和落脚点"，在社会治理领域，要求在完善社会治理体系和健全共建共治共享的社会治理制度中，更加注重提升社会治理效能，包括重视"群众诉求表达、利益协调和权益保护"等渠道的规范和畅通，体现了对群众最关心、利益最相关的事务和议题进行积极回应的建设思路。在智慧城

---

[1] 参见 2019 年 10 月 31 日中国共产党第十九届中央委员会第四次全体会议通过的《中共中央关于坚持和完善中国特色社会主义制度 推进国家治理体系和治理能力现代化若干重大问题的决定》。

市或社区的建设过程中，通过信息化或智能化等基层治理平台建设，有助于健全城乡覆盖的社区治理体系，也有助于提高城乡社会治理水平。报告还将市域社会治理能力的提升和现代化建设，作为社会治理的重要内容，这是对城市社会治理提出的新要求和新举措。"建设人人有责、人人尽责、人人享有的社会治理共同体"❶，则体现了党对社会治理内涵认识的不断深化，它指明了每个人在社会治理实践中的地位和作用，具有较强的实践性和参与性。总之，党的二十大报告提出了健全社会治理制度等重要理论议题，这表明我国的社会治理实现了由社会管理到社会治理的发展过程，实现了由社会治理格局到社会治理共同体的发展过程，体现了新时代社会治理的系统性、制度化、参与性和民生性等特征。

1.1.3 北京市社会治理的思路和要点

1.1.3.1 以首善标准逐步完善社会治理体系

经党中央批准，北京市于 2007 年 10 月成立市委社会工作委员会、市社会建设工作办公室，成为全国较早成立社会工作和社会建设专业职能部门的城市之一。十几年来，北京市社会建设的经验主要概括为三句话：一是当大事抓，北京市委市政府每年都会召开会议，每年都会出台重要文件和重要举措。二是坚持两手抓，一手抓顶层设计，不断完善社会治理体系；一手抓基层基础，不断提高社会治理能力。三是形成社会建设工作体系、社会组织建设体系、社区建设体系、志愿服务体系等十大体系[1]。2014 年 2 月 26 日，习近平总书记在视察北京工作时发表重要讲话，对北京市"大力加强社会建设"工作予以充分肯定，北京市在不断完善社会建设体系和推动社会建设能力现代化等方面走在了全国前列。

2011 年 6 月，北京市出台了《中共北京市委关于加强和创新社会管理 全面推进社会建设的意见》，对北京市社会管理的总体要求，以及社会管理格局、创新服务、各类人群服务管理全覆盖、社区服务管理基础、各类社会组织和经济组织服务管理、信息网络服务管理水平、公共安全服务管理、社会

---

❶ 参见 2022 年 10 月 16 日发布的《高举中国特色社会主义伟大旗帜 为全面建设社会主义现代化国家而团结奋斗——在中国共产党第二十次全国代表大会上的报告》。

文明环境、党建工作创新以及保障措施十项重点任务进行了全面阐释。这既是全面贯彻落实党中央的精神和要求，也是结合北京市经济社会发展实际提出的加强和创新社会管理、全面推进社会建设的指导意见。其中，提出了北京市社会管理创新的五项基本原则，其中第一条原则是"坚持以人为本，服务为先"并贯穿全文，认为加强和创新社会管理是"维护最广大人民群众根本利益的必然要求"。强调要把维护人民切身利益、解决突出问题作为重要突破口，让社会建设所取得的成果能够惠及广大的人民群众，社会建设的重点是保障和改善民生，在这个过程中不断实现、维护和发展最广大人民群众的根本利益，在社会服务领域的城乡一体化和不同人群覆盖程度上下大力气等，不断拓宽"坚持以人为本，服务为先"的政策边界。

具体来看，在来京务工人员服务管理上，应努力解决社会保障、子女入学、医疗卫生等方面存在的突出问题。在社区服务上，切实发挥社区服务站承接政府公共服务职能；以居民需求为导向，整合社区服务管理资源，健全社区综合服务管理平台；大力培育和发展民生类公益社会组织，积极稳妥地推进社会服务类社会组织的直接登记；通过改善对员工服务管理来引导企业履行社会责任；在社区和农村地区持续推进公益性上网，解决和改善基层信息化建设；以安全社区为底线，注重居家安全的宣传、教育和服务管理，从基层做起，维护良好的治安环境。此外，社会治理本质上是人的全面提升，包括不断提高公众科学文化素养和人文关怀素养，因此，要引导人们自觉履行法定义务、社会责任和家庭责任；在此基础上，"推进行业规范、社团章程、村规民约、社区公约的完善"。同时，包括社会组织、社区、商务楼宇和非公企业等社会领域的党建工作，在北京社会动员中发挥着重要作用，要"充分发挥社会领域党组织在社会服务管理创新中的政治核心作用"，具体来说，就是用社会领域党建创新，来推动社会服务管理的创新，用社会领域党组织及其工作的全覆盖来提升社会服务管理的覆盖水平等。❶ 总之，上述做法体现了北京社会建设以"首善之区"❷为标

---

❶ 参见 2011 年 6 月 3 日中共北京市委十届九次全会通过《中共北京市委关于加强和创新社会管理 全面推进社会建设的意见》(京发〔2011〕13 号)。

❷ 参见 2007 年中共北京市第十次党代会提出"全面贯彻落实科学发展观，为构建社会主义和谐社会首善之区而努力奋斗"。

准开展服务管理，践行"以人文本，服务为先"的社会建设第一原则，体现出较强的民生性、系统性、基层性和广泛性等特征。

2015 年 5 月，为落实党的十八届三中、四中全会对创新社会治理体制的要求，中共北京市委、北京市人民政府印发了《关于深化北京市社会治理体制改革的意见》，明确了社会治理体制改革的总体思路、要求、任务和措施，为日后北京市社会建设工作提供了制度框架和任务要点。其中，六项重点任务包括：第一，深化社会服务体制改革，包括创新社会服务体系，在政府主导的基础上引入市场和社会力量供给社会服务，健全政府购买服务机制，等等。第二，深化社会组织体制的改革，包括建立和完善"枢纽型"社会组织服务体系，完善社会组织的登记制度和孵化机制，推动公益等四类社会组织直接登记，不断优化和健全社会组织治理结构，等等。第三，深化街道管理体制改革，包括赋予街道办事处城市管理和社会服务职能，按权责一致、属地为主的原则规范街道和区县关系，加强街道办事处协管员队伍建设和管理，等等。第四，创新社区治理机制，包括进一步加强社区治理的体系化，并在治理规范化、专业化和动员水平上下功夫。在全市范围努力实现社区服务体系全覆盖，推广"一刻钟社区服务圈"。进一步完善社区居民自治、减轻居委会负担，等等。第五，不断创新社会治理方式，包括在城市智慧化建设上发力，在治理方式上提升依法治理、源头治理和综合治理能力，等等。第六，加强和改进党对社会治理体制改革的领导，包括创新社会领域党建尤其是社区党建、非公经济组织党建和商务楼宇党建。加强社工队伍建设和社会动员机制建设，提升社工的专业化、职业化和积极性，实现志愿服务全覆盖，等等。总之，上述重点任务体现了北京在社会治理体制改革上的决心和信心，为不断夯实社会治理实践的制度打下基础。

1.1.3.2　扎根民生和基层的社会治理新风向

为了进一步提升全市人民的获得感、幸福感和安全感，在初步建立和完善社会治理体系的基础上，北京市开始探索深挖社会治理的需求潜力，突出社会治理的人、财、物优势，在最大限度上实现社会治理贴近民生、走向基层。2022 年 5 月 30 日发布的《中共北京市委北京市人民政府关于加强基层治理体系和治理能力现代化建设的实施意见》中提出"以习近平新时代中国特色社会主义思想为指导，紧紧围绕首都城市战略定位"，围绕加强党对基层治理的全面领导，重点加强基层政权建设和完善基层群众自治制度，利用深化吹哨报到和接诉即办改革的契机，通过对社会治理领域的赋权增能、减负增效和体制机制创新来全面开展城乡社区治理。其中，在方法上，要注意党建引领、政府治理和社会调节、居民自治之间的互动和联系，提高基层治理"社会化、法治化、智能化、专业化水平"。值得注意的是，上述文件明确了党建引领在基层治理制度中的"领导力、组织力、号召力和凝聚力"，充分发挥了基层党组织在服务群众、改善治理、化解矛盾和促进稳定中的能力优势和带头作用，通过区域化党建和社会领域党建充分调动党员服务基层的积极性和能动性。2021 年《北京市接诉即办工作条例》正式实施，是我国第一部接诉即办地方性法规，也是北京基层治理改革的一项重大创新。它通过服务队伍建设来强化街道的统筹协调能力，将群众满意度作为基层考核标准，通过接诉即办有效实现了主动治理和源头治理。同时，赋予和增强了街乡的综合管理权，增强了垃圾分类、背街小巷、流动人口、社会组织等服务管理的主动性和能动性，切实把畅通民生需求通道纳入治理实践中。

此外，上述实施意见还对基层治理实践的改革创新提出了要求，包括要健全居民自治机制，加强居委会规范化建设。在此基础上，提高社区动员能力和水平，推动社区服务多元供给，健全党建引领下的物业管理协商共治机制，发挥业主委员会（以下简称"业委会"）或物业管理委员会（以下简称"物管会"）的作用。实现"12345"市民服务热线和网格化服务联动，在智慧社区建设中加快实有人口登记管理、适老化信息服务和社区基础信息库等智慧平台和应用终端的建设和互联。引导社会力量参与基层治理，健全"五社联动"❶ 机制，优先选择治理结构完善的社会组织进行培育，打造社会组织品牌，提升其能力和专业化水平。引导物业服务公司在老旧小区开展兜底性物业服务工作和辖区单位资源共享，通过协商自治、

---

❶ "五社联动"是指由社区、社会工作者、社区社会组织、社区志愿者、社区公益慈善资源共同组成的社会服务体系。

邻里互助和公益慈善等方式培育社区公共精神等。

在"十四五"时期社会治理规划中，北京市又从基层治理亟待破解的难题出发，提出了新时代社会治理的 6 个基本原则和目标：即坚持党的全面领导、坚持以人民为中心、坚持新发展理念、坚持法治德治、坚持重心下移和坚持共建共治共享等。围绕社会服务、社会管理和社会动员等任务，不断完善"党委领导、政府负责、民主协商、社会协同、公众参与、法治保障、科技支撑"的社会治理体系，构建既充满活力又安定有序的社会治理共同体。此外，规划还针对性地提出一些新的思路和举措：包括在治理架构上，横向上探索建立社会建设相关部门与其他部门的协调机制，纵向上实现市、区、街道和社区的互联互通。鼓励基层创新，推出"小切口、大成效"的"微改革"和"微创新"。优化街乡的职责清单、赋权清单和地区职责准入制度，完善街道乡镇综合执法体制，出台和完善街道乡镇行政综合执法事项清单。继续发挥"12345"市民服务热线在反映民意诉求中的作用，在全市推广多方参与治理的社区协商模式，逐步完善党建引领的社区治理体系。通过"互联网+政务服务"建设，实现便民服务办理的就近、便捷、快速和网络化，并尽快建立全市统一的社区治理相关数据库。此外，对于接诉即办等相对成熟的治理举措，要不断提升数据监测和大数据研判能力。落实平台经济的经营主体和第三方平台责任，让市民享受安全服务。制定社会组织孵化中心的运营规范和服务标准。建立以群众满意度为主的社区工作评价机制，等等。❶

经过多年发展，北京市初步建成社会建设工作、社会党建、社会服务、社区治理、社会组织、社工队伍、志愿服务、社会动员、社区信息化和社会安全等社会治理体系。坚持把实现人民对美好生活的向往作为现代化建设的出发点和落脚点，坚持"以人为本、服务为先"，紧紧抓住全市人民最关心、最直接、最现实的利益问题和民生问题，依托基层社会治理改革和创新，采取较多的惠民生、暖民心举措，社会治理的服务水平、服务内容和覆盖人群不断提升、丰富和扩展。北京市作为一座超大型城市，截至

---

❶　参见 2021 年 11 月 18 日发布的《北京市"十四五"时期社会治理规划》(京社领发〔2021〕5 号)。

2021 年年底，其常住人口规模已经突破 2180 万人，人均地区生产总值已突破 2.8 万美元❶，既处在经济社会转型发展的关键节点，又面临社会治理领域深化改革和发展的需求和潜力。保持社会建设事业健康、稳定和持续发展，既是经济发展重要要求，也是社会治理的重要使命。当前，北京市既要践行"四个中心"的功能定位，又要不断提高"四个服务"水平，对社会治理的水平要求更高，内容要求更丰富，更注重改革和创新、更贴近民生和基层，既要尊重社会治理的普遍规律，又要契合经济社会发展的阶段性需求，因此需要对北京市社会治理的创新思路和经验做法进行深入有效的分析和探讨，以更好地丰富城市社会治理理论，推动城市社会治理实践。

1.1.4　主要概念

1.1.4.1　托底型社会治理

什么是社会治理？2014 年 3 月习近平总书记在参加全国两会上海代表团审议时，指出"社会治理是一门科学"，这就明确了社会治理的内涵和现代化建设的方向，也为创新社会治理理论提出了明确要求[2]。根据社会治理的政策实践和国内外社会治理理论，本研究认为社会治理是在党的领导下，充分调动和发挥政府、市场和社会等不同主体的积极性和能动性，围绕提升社会服务、社会管理、社会动员、社会文明和社会安全水平等发展目标，不断完善社会治理体系和提升社会治理能力，不断增强社会治理的法治化、专业化、科学化、广泛性、持续性和智能化水平，面向实有人口社会服务、基层社区治理、社会组织服务管理、社会参与和诉求表达等重点领域开展实践创新，不断增强广大群众的幸福感、满足感和安全感，通过社会建设来进一步促进和维护最广大人民群众根本利益的实践活动。

"托底"的概念来自社会政策和社会治理的理论和实践。社会政策中的托底是保底型社会政策，即满足社会成员的基本福利需求包括医疗、教育、就业和社会保障等。习近平总书记在党的十九大报告中指出，"加强社会保障体系建设，按照托底线、织密网、建机制的要求，全面建成覆盖全民、

---

❶ 按常住人口计算，2021 年北京市人均地区生产总值为 18.4 万元，此数据来自北京市统计局 2022 年 3 月 1 日发布的《北京市 2021 年国民经济和社会发展统计公报》。

城乡统筹、权责清晰、保障适度、可持续的多层次社会保障体系"。社会政策托底是现代国家治理能力建设的一个基本维度，也是强化国家治理能力的内生动力[3]。倪志伟认为市场经济体制下社会资源分配机制发生改变，即再分配体制向市场让渡[4]，但实际上在市场无法触及的民生和社会事业等领域，地方政府一般财政支出仍然发挥兜底性作用。尤其是考虑到当前我国经济社会发展不平衡不充分的矛盾依然存在，在社会治理的诸多领域如社区治理等方面社会参与不足显著，依然需要地方政府发挥托底性作用，形成托底型社区自治[5]。

结合上述社会治理理论和治理实践，可以发现，托底型社会治理是对社会治理基本思路和特征的描述，它是介于治安型社会管理和发散型社会治理之间状态下的社会治理，即在社会治理的过程中，从内容上看，以满足市民基本的民生需求、公共服务需求、参与需求、发展需求和安全需求为重点；从理念上看，以注重公平资源配置、广泛社会参与和下沉式社会治理为主线；从参与方式上看，在党委领导下，以统筹政府负责（如采用委托代理、购买服务、辅助性管理或指导监督等方式）、多元协商、社会动员和信息科技等为支撑，尤其重视发挥政府相关部门和基层自治组织的兜底作用，避免出现基层资源配置不优和多元参与无序等情况。换句话说，通过科学有效的社会治理，来托全面建成小康社会的底，以实现社会成员的共建共治共享；托社会和谐的底，以实现基层的安全稳定；托转变经济发展方式的底，以保障新经济业态和新市民服务的转型；托社区服务和社区治理的底，以保障流动人口和社区居民的权益；托社会成员预防和化解风险的底，以实现基本社会保障体系的落地，等等。

1.1.4.2　社会转型阶段

社会转型是指社会不同领域包括经济结构、生活方式、组织形式、文化形态、价值观念等方面所呈现出的现代性，即嵌入社会现代化脉络的体制转轨、阶段发展及形态转变[6]。党的十九大报告指出，在 2035 年之前，我国仍然处于向现代化过渡的社会转型和变迁过程中。社会治理与社会转型密切相关，一方面社会治理嵌入在特定的社会情境和社会发展脉络中，必然受到社会经济结构变迁的影响；另一方面，社会转型期所面临的问题不是从传统到现代的简单移动，而是为现代性要素的重组提供了特殊的时代机遇❶，两者互为动力机制。因此，当前我国的社会治理具有自身的理论特征和实践方式。

改革开放以来，我国经济体制改革取得了巨大成功，截至 2021 年年底，我国国内生产总值达到 114 万亿元，经济总量占世界 18.5%，稳居世界第二位，人均国内生产总值达到 1.2 万美元，也超过世界平均水平[7]。伴随经济总量的提升，中国特色社会主义进入新时代。当前我国社会主要矛盾是人民日益增长的美好生活需要和不平衡不充分的发展之间的矛盾，如何消除和化解这一矛盾，是构建和完善国家治理体系在社会领域中要完成的重要任务，即满足人民对美好生活的日益广泛和深化的需要，对物质文化生活更高的要求，以及对民主法治、公平正义、社会参与、生态环境和安全等领域日益增长的要求。❷ 但由于我国仍处在社会转型阶段，在社会治理中仍然存在着社会共同体意识不强，治理的社会参与程度有待提高，基层治理能力不足等问题，组织化和机制化之间的张力仍然存在❸，难以一蹴而就地实现有效社会治理，因此要在保证基本社会治理（或托底型社会治理）和聚焦重点治理领域上下功夫。只有不断通过社会治理改革来调整社会关系、促进社会的自发秩序，让社会变得更有活力[6]，才能更好推动人的全面发展、社会全面进步。

1.1.4.3 人口高密度城市

城市是人口较稠密且具有经济、政治、社会和文化功能的地区，它可以划分为居住区、工业区、商业区和公共区域且具有行政管辖职能。《中华人民共和国城市规划法》第三条规定，城市是国家按行政建制设置的直辖市、市、镇。截至 2020 年年底，我国城区常住人口在 1000 万人以上的超大型城市共计 7 个、500 万人以上的特大型城市共计 14 个，100 万人以上的大

---

❶ 参见 2017 年 10 月 18 日发布的《决胜全面建成小康社会 夺取新时代中国特色社会主义伟大胜利——在中国共产党第十九次全国代表大会上的报告》。

❷ 参见 2017 年 10 月 18 日发布的《决胜全面建成小康社会 夺取新时代中国特色社会主义伟大胜利——在中国共产党第十九次全国代表大会上的报告》。

❸ 参见 2021 年 11 月 18 日发布的《北京市"十四五"时期社会治理规划》（京社领发〔2021〕5 号）。

城市共计 84 个[8]。随着城市化的推进，城市规模越来越大、人口密度越来越高，以大城市为核心的城市群成为我国高密度人口分布和经济社会活动的重要空间载体。与其他城市或卫星城市相比，大城市尤其是人口高密度城市呈现出资源聚集性、需求多元化、运行现代化和不确定性等特征，这些特征既是城市社会治理的客观要件，又为城市治理提供了方向和指引。

党的二十大报告指出，中国式现代化是人口规模巨大的现代化。我国十四亿多人口整体迈进现代化社会，规模超过现有发达国家人口的总和，艰巨性和复杂性前所未有。过去四十年，我们走的是符合国情的城镇化和工业化道路，城市化仍然在推进过程中，大城市社会治理日益成为经济社会发展的关键议题。党的二十大报告还提出，完善社会治理体系，要加快推进市域社会治理现代化，提高市域社会治理能力。因此，人口高密度城市的社会治理要充分发挥资源集聚、运行现代化等优势，注重提升服务水平和专业化程度，完善多元供给机制以及科学应对不确定性等。

1.2 研究综述和分析框架

1.2.1 国内外社会治理理论

1.2.1.1 社会治理理论的比较视角

首先，社会治理的内涵是社会治理研究的基本问题，也是国内外社会治理研究的热点。基于多元治理理论，研究者纷纷将社会治理放在与社会管理或公共行政的比较中对其内涵进行探讨。从社会治理的主体、对象、思路、方法、价值和目标等方面指出社会治理的内涵和本质特征。比如，与社会管理或公共行政相比，社会治理从参与者角度来看是协商共建的，从过程上看是多向度的，从内容和结果上看是共治共享的[9,10]。社会治理是一种以人为本的治理方式，它以行为主体之间的多元合作和共同参与为治理基础，在科学有效的社会规范引导下，能够有效化解社会问题，配置社会资源，满足社会需求[11,12]。我国社会治理是指在中国共产党的领导下，由政府主导、社会组织和市场主体等多元治理主体参与的社会建设和实践活动，它体现了社会治理中党和政府的公权力与社会力量的社会权利之间的协调合作与和谐平衡[13-15]。

其次，还有学者从社会治理不同维度或状态的对比来对社会治理进行分析。社会治理包括正常状态下的社会治理和非正常状态下的社会治理，常态社会治理是社会有序运转时期的社会治理[2]。此时的社会治理由多元社会主体共同参与，有助于维护社会秩序、促进社会公平、协调社会关系、激发社会活力、推动社会进步[16]。非常态社会治理是指发生突发公共事件时期的社会治理，包括应急管理和危机管理两种形式[2]。应急管理又包括预防、监测、预警、处置、救援、恢复和重建等全流域的治理或管理过程[17]。应急管理具有较强的专业性，从这个角度看，社会治理也有助于实现社会的安全稳定和危机处理。常态和非常态社会治理处于治理连续谱的两端，两者相互交织、互相转换[2]。换句话说，中国特色的社会治理兼具统治和管理两种属性，一方面是维护国家总体安全和稳定的主体性工作，另一方面是社会自治或社会自我服务等基础性工作[18,19]。与单纯强调社会治理作为社会事务管理方式的意义不同，这种对社会治理两种维度或状态的划分体现了社会治理过程中工具合理性和价值合理性的统一，在公共管理或应急管理研究中也较有代表性。

最后，将社会治理纳入历史脉络中进行分析，强调社会治理兼具传统性和现代性两个面向。一是，我国社会建设在每个发展阶段，都有其重点和难点，都是党和人民开展社会治理的不同表现，在四十年历史进程中，社会治理的两大机制是自上而下的动员式治理和上下互动的协同式治理，因此当前社会治理机制也是两方面的。二是当前在党的全面领导下，政府和社会是社会治理的两种力量、缺一不可，两者发挥的作用不同，其中政府发挥宏观调控、职能转变和法治社会建设等职能，而社会和市场组织则是社会治理的基础性力量，因此政府依然发挥主导性作用。三是从历史和现实角度来看，社会治理兼具长期执政和人民民主两种发展需求。党和政府对社会治理秩序的全面把握体现在通过政法机关打击危害社会秩序的违法行为；通过基层党组织带动基层政府和社会力量培育法治精神和规则意识，因此社会治理是国家治理的重要组成部分，是国家意志的重要体现[18]。

1.2.1.2　国外社会治理理论及其困境

治理源于公共行政困境及其转型，研究者们认为从治理中看到了治理技术、治理价值和治理效率的统一[20]。联合国全球治理委员会认为，治理是各种公共的或私人的个人和机构管理其共同事务的诸多方式的总和。它是使相互冲突或不同的利益得以调和并且采取联合行动的持续的过程[21]。杰瑞·斯托克（Gerry Stoker）认为："治理理论源于认识到公共行政的主体已经超出了多层次的政府机构，而延伸至社区、志愿部门和私人部门，这些部门在公共服务及其项目实施中所扮演的角色是治理视角关注的重要领域"[22]。科勒·科赫（Beate Kohler-Koch）认为治理转型可以表现为两个进步：一是相关治理研究拓展出一个新的精细的维度，用于探讨政策制定和执行的类型、工具、条件及不同的行动者；二是治理体现了各种层次的制度转型并对解决问题的能力和民主责任形成了冲击[23]。在治理框架下，多个单独的治理单位通过合作、竞争、冲突可实现一种准市场环境下的竞争收益[24]。上述分析表明，与传统行政或管理相比，治理至少有三个要素：一是治理主体多元化，包括市场在内的社会力量也可以拥有治理权；二是治理格局多中心化，不同治理主体之间能够实现相互协同；三是治理结构扁平化，各主体通过治理网络中的各种规则表达，协调和实现需求[18]。治理理论中关于多元、多层次、多种治理结构的论述，体现出治理的两个特征：①在行政过程中的民主决策和参与执行，并期待不同主体的价值能够得到维护；②以各种治理方式及其组合来应对治理对象的复杂性、动态性和多样性，以期待效率得以实现[20]。

如何看待上述西方治理理论？以社会治理为例，社会治理实践中的多元参与源于两个理论：即协商民主理论和多中心治理理论，前者认为人们依照个体偏好来参与治理和行动，通过协商能够实现主体偏好的转换，以此来达成一致或实现公共决策[25]；后者认为多个独立主体的公共合作，在一定条件下可以解决制度供给、承诺和监督的难题。由于治理参与者利益关系多元，且事前的完美机制设计无法实现，运行良好的治理应该是不同的利益团体或中心在竞争和制衡过程中，自我演变出来的多元治理模式[26]。

无论是协商民主理论还是多中心治理理论，两者在实践中的共同缺陷在于，如何处理多元主体在参与中的地位结构问题，以及如何除依靠主体之间的作用和互动之外，在治理结构中加入政府强制、法律法规和市场力量等来共同解决治理问题[27]。这实际上又回到 20 世纪 60 年代治理理论产生初期所面对的困境，尤其是在公共行政理论陷入难以解决众多社会难题的时代背景下。

在治理理论产生之初，罗茨（Rhodes）和罗西瑙（Rosenau）等学者表现出明显的以治理理论取代传统公共行政学的热忱，但是治理理论兴起后 20 年，早期理论家逐渐从治理理论带"后现代色彩"的阐释，回到了强调国家或政府的主导地位的分析上[20]。由于治理理论的核心概念不够精致，适用条件不够充分，欧文·休斯（Owen E. Hughes）等认为治理理论仅适用于具有较强的工具性意义的事务，新的公共管理试图寻找最佳的决策实现路径，但是最佳路径取决于相关事务的性质、所创造的价值、条件和背景等，因此也只能从实用主义的立场上来理解背后的公共价值[28]。虽然传统公共行政中的科层制能够与治理理论中的多层次网络相结合，但是从现有治理理论中无法得知结合的机理是什么，因此，治理理论的基本假定、方法论和学科理论性依旧是缺乏系统性和关联的。治理理论强调责任，但也导致了问责制的困境[28-30]。如果该理论仍然坚持"浪漫的""后现代"的治理主张如政府缺位的治理、网络化主体的对等地位等，那么其解释力仍属有限[20]。当前我国社会治理的理论来源既不同于西方治理理论，也与传统社会管理有所区别，它与我国的社会转型和社会变迁紧密结合在一起，在中国政治、经济和文化发展背景下，具有自身的理论特质和实践模型[11]，需要在理论研究和实践过程中进一步予以总结和发展。

1.2.2　NGT 价值匹配理论

当前的社会治理研究虽然积累了相当数量的案例，案例形态也表现出多样性，但是尚缺乏对不同的治理方式进行统一的理论分析和提炼。沈原、刘世定等人提出价值匹配 NGT 分析理论和方法，试图运用模式化的思维方法，为治理理论和治理实践搭建一个清晰的分析框架[31]。该理论的基本假设是在城市的资源禀赋类型、社会治理方式和价值需求三者之间，存在着一定的稳定联系，通过案例分析能够揭示和发现这种稳定联系。其中，治理方式能够通过各个治理主体的能动性安排来予以改变。资源禀赋类型则是实施社会治理时给定的先决条件，这些条件在长期可能会发生变化，但在中短期是相对稳定的，因此在分析中是外生给定的。该理论假定，城市中不同禀赋特征类型和不同治理方式的组合，将会更有利于或不利于价值需求的实现。

理论上，资源禀赋类型、治理方式和价值需求都有多种形态，三者的匹配也有多种组合，但 NGT 价值匹配理论认为并不需要对所有的逻辑形态和组合均找到现实中的对应，并逐一加以研究，工作量大且缺乏现实必要性[31]。NGT 价值匹配理论采用"框架理论+历史分析"的策略，来处理理论逻辑分类和现实性之间的关系，即资源禀赋类型、治理方式和价值需求实现三者之间构成了框架理论，而对具体关系形态的选择则采用历史分析的方法，即依据研究者对这些形态的现实性、重要性的判断加以确定[31]。针对不同治理领域的资源禀赋、治理方式和价值需求等治理维度，重点提取人口特征要素（资源禀赋维度）、政府治理要素（治理方式维度）和民生要素（价值需求维度）等，形成影响城市社会治理的类别要素组，见表1.1。

表 1.1　NGT 价值匹配理论中资源禀赋、治理方式和价值需求的类别要素

类别	资源禀赋	治理方式	价值需求
1	人口特征（P）	政府（G）	民生（W）
2	经济水平（E）	市场（M）	安全（A）
3	治理传统（T）	社会（S）	发展（D）
4	空间区位（L）	联合（U）	认同/参与（R）

1.2.2.1　资源禀赋类型

可以从三个角度对资源禀赋类型进行分类，即外部条件、内部条件和历史条件。为了简化起见，在外部条件中关注的是空间区位（L），即空间外部性的扩散程度[31]；在内部条件中关注的是人口特征（P）和经济条件（E），

即经济的市场化程度和人口的在地化程度；在历史条件中关注的是治理传统（T），即治理方式的路径依赖程度[31]。三个维度中的程度（n）用高（$n=1$）、中（$n=2$）、低（$n=3$）表示。城市社会治理的资源禀赋类型即根据以上外部条件、内部条件和历史条件三个维度及每个维度中的程度组合而成，其中内部条件中的人口特征和经济条件取两者的合并值，每种类型均可用（L_n，$E_n \cup P_n$，T_n）中的取值来表示。举例来说，（L_1，$E_1 \cup P_1$，T_1）表示空间外部性扩散程度高（即中心城区）、经济市场化程度高且人口本地化程度高、社区治理路径依赖程度高（即有治理传统）的禀赋特征类型，以此类推。

1.2.2.2 治理方式

研究将社会治理假定为三种组织力量的作用结果，分别是政府（G）、市场（M）和社会（S）。为简化分析，采用三种力量的顺序关系（>，<，=）来表示治理方式的基本特征。例如，（G>M>S）表示政府介入程度强、市场力量居中、社会组织力量弱的社会治理方式；（G=M=S）表示政府、市场和社会三方力量较为均衡的治理方式，以此类推[31]。

1.2.2.3 价值需求

根据物质需求到文化需求、民生需求到自我实现需求等不同的层次，结合现实需求的复杂性，将价值需求提炼为民生（W）、安全（A）、发展（D）、参与和认同（R）需求。不同的需求之间有所联系，但是又能保持相对独立性。如前所述，不同的资源禀赋类型与不同治理方式进行匹配时，能体现出不同的价值实现需求，或者说，为了实现不同的价值需求，根据不同资源禀赋类型可以采用不同的治理方式。不同价值需求之间也可以采用顺序关系（>，<，=）来表示，依据的是马斯洛的需求层次理论[32]。

如果按照上述三个要素建立起城市社会治理的匹配关系，从资源禀赋和治理方式的类型数来看，能形成几百种匹配关系，任何研究都难以对每种匹配关系进行验证和分析，因此需要采用现实的历史分析方法[31]，从中筛选出具有分析价值和普遍性的匹配关系，此方面内容将在后文研究分析框架中进一步论述。

1.2.3 本研究理论和分析框架

1.2.3.1 增强社会治理的体系化和系统性

治理理论面临的难题或困境之一是多元主体如何确定各自的地位结构，以及如何将多元治理结构与已有治理传统和法律法规等制度因素结合起来，共同解决治理问题，避免陷入因公共行政过程中的科层制而导致的低效率、高成本困境以及多元治理过程中工具主义倾向和问责制困境。现有的治理理论难以找到科层制与多层次、多中心网络相结合的原理和机制[20]。系统性治理的思路成为破解困境的一种尝试[27]。党的十九大提出，要提高社会治理社会化、法治化、智能化和专业化水平。党的二十大提出，要提升社会治理效能，加快推进市域社会治理现代化，提高市域社会治理能力。社会治理效能或能力的提升，尤其是社会治理现代化、智能化和专业化水平的提高，都离不开专业的社会或市场机构。治理理论并不否认国家的职能，同样，多元社会治理虽然强调提升治理社会化程度，但也不否认政府或市场力量，相反，更重要的是如何实现政府、市场和社会三种力量的有机结合，来提升社会治理的效能和能力。纵观我国社会治理发展历程，建设和创新社会治理体系一直是理论和政策实践的要点。体系化建设并非单纯的治理扁平化，它本质上还体现了社会治理的逻辑性和结构性。

社会治理的目标是实现社会的统合性和秩序性，这与社会整合等社会理论议题所关注的问题和价值不谋而合。基于社会整合的概念，可以发现社会性治理是社会成员基于共同价值规范或共同在场的互惠、沟通、协调乃至博弈而达成某些秩序的治理方式[27]。系统整合是市场或法理（包括行政或大型组织）的、表现为功能性分化的整合[33]。相应地，系统性治理可以定义为借助市场机制、政府权力等超出人际互动和行动者意识的客观性的调节力量而达成某些秩序的治理方式。在社会治理问题上，社会性治理和系统性治理缺一不可[27]。从全部治理场景来说，社会性治理与一般的多元社会治理相像，即通过不同社会主体的互动如协商、合作或竞争等来达到主体收益或者社会共识，这里与传统行政治理的区别在于，社会主体也拥有社会治理的参与权。实际上，长期的社会治理实践发现，系统性治理在社会治理中发挥着举足轻重的作用，系统性治理为不同主体的治理参与提供了限制性边界，也提供了社会资源，这是任何社会主体的治理参与都必不可少的。在理论和实践上之所以强调社会主体参与治理过程，就在于它除了能够引导社会成员通过互动和协商达成共识，还能够激发出系统性治理，包括政府权力和市场机制等[27]。

当前构建社会治理体系的过程，实际上体现了系统性治理和社会性治理之间的结合。因此，实现有效社会治理的思路框架是：首先，社会治理离不开依靠市场机制和政府权力等系统性治理发挥作用，这在很多社会治理场景中都有所体现。比如在多个场景的社会治理平台或组织化过程中，政府相关部门都要发挥搭建平台和规范主体运行的作用[27]。基层社区治理中街道办事处对社区自治具有指导作用，还为社区自治提供人力、物力和财力等社区资源。还有政府相关部门在社区委托如行业协会或联合会等代行社区机构的服务管理职能，等等。市场组织或机制也是社会治理的重要主体，比如随着智慧化时代的到来，智慧治理日益成为趋势和捷径，而在当前智慧城市或社区建设中，智慧产品、设备或技术基本上都由市场组织依照市场机制予以供给。此外，在社区志愿服务等社区服务动员上，中小企业和个体工商户立足社区开展的经营活动，具有通过激励进行社会公益活动的先天优势，等等。在实践中，系统性治理通常与社会多元参与相结合，但是前者相比后者具有较强的优先性和引导性[27]，最终实现社会治理的良性运行和科学有效。

1.2.3.2 基于NGT匹配理论的城市社会治理分析框架

如1.2.2节所述，本研究将运用模式分析法，通过对研究对象各成分间相互关系进行解释和分析，为社会治理研究和实践搭建一个具备可操作性的分析框架。它的基本假设是在城市的社会治理中，不同地区（即区县、街道/乡镇或社区）的资源禀赋类型、社会治理方式和价值需求三者之间存在稳定联系，通过案例分析能够发现这种稳定联系或规律性认识，其意义在于：一方面可以根据地区的资源禀赋类型如经济结构和人口特征等，来寻求社会治理方式、途径或模式；另一方面可以对实践中有效的社会治理模式进行分析，来寻求需要推广的可能性或条件，如表1.1所示，初步可以将社会治理资源禀赋特征的理想或实践类型汇总如下，要注意的是，这些类型并未涵盖全部资源禀赋特征。

(1) $(L_1, E_1 \cup P_3, T_1)$：城区老工商业区

(2) $(L_3, E_1 \cup P_1, T_3)$：城市边缘的新工商业区

(3) $(L_2, E_2 \cup P_2, T_2)$：城市次边缘保障房地区

(4) $(L_1, E_1 \cup P_2, T_3)$：城区新工商业区和居住区

(5) $(L_1, E_1 \cup P_1, T_1)$：城区未改造的传统地区

(6) $(L_1, E_1 \cup P_2, T_1)$：城区改造中的传统地区

(7) $(L_2, E_2 \cup P_3, T_2)$：变迁中的城中村地区

(8) $(L_3, E_3 \cup P_1, T_1)$：农村地区

以此类推，治理方式按照政府（G）、市场（M）和社会（S）三个要素的组合可以分为以下三种[31]，即：

(1)（政府>市场>社会）：政府主导型

(2)（市场>政府>社会）：市场交易型

(3)（社会＝市场＝政府）：协商民主型

最后，结合价值需求的四个要素，即民生（W）、安全（A）、发展（D）、参与和认同（R）需求，根据社会治理日常实践和已有理论发现，形成城市社会治理的资源禀赋、治理方式和价值匹配关系（见表 1.2）。在后续各个章节的研究中，研究案例涉及部分社区类型及其相应匹配关系（如治理方式和价值需求），并将其作为贯穿后续章节的分析视角或思路，但并不会涵盖表 1.2 中的全部匹配关系。

表 1.2　城市社会治理中资源禀赋、治理方式和价值需求的匹配关系

价值需求	政府主导型	市场交易型	协商民主型
民生	城区未改造的传统地区 城区改造中的传统地区 城市次边缘保障房地区	城区新工商业区和居住区	变迁中的城中村地区 农村地区
安全	城区老工商业区 城区未改造的传统地区 城区改造中的传统地区 城市次边缘保障房地区	城区新工商业区和居住区 城市边缘的新工商业区	变迁中的城中村地区 农村地区

价值需求	政府主导型	市场交易型	协商民主型
发展	城区未改造的传统地区 城区老工商业区	城市边缘的新工商业区 城区改造中的传统地区	城区新工商业区和居住区 变迁中的城中村地区 农村地区
参与和认同	城区未改造的传统地区 城区老工商业区	变迁中的城中村地区	城区新工商业区和居住区 农村地区

1.3 调查对象、研究方法和研究意义

1.3.1 调查对象

1.3.1.1 北京市基本情况

本研究是在北京市开展调研的。北京是世界著名古都和现代化国际城市，有3000多年的建城史和800多年的建都史，是我国的首都。国务院批复的总体规划中将北京确定为中国的政治中心、文化中心、国际交往中心和科技创新中心。❶从地势来看，北京市西北高、东南低，北部、西部和东部三面环山，境内有永定河等多条河流途径，但水资源并不丰富。北京夏季高温多雨，冬季寒冷干燥，四季气候分明，是我国北方的一座宜居城市，也是世界一线城市。2008年北京成功举办夏季奥运会，2022年北京成功举办冬季奥运会，成为全世界第一个"双奥之城"。

2021年，北京地区生产总值达40 269.6亿元，比2020年增长约8.5%。按全市常住人口计算，人均地区生产总值达到18.4万元。居民人均可支配收入75 002元，比2020年增长8.0%，其中工资性收入增长10.2%，经营净收入增长15.8%，财产净收入增长5.7%，转移净收入增长3.5%。全市第三产业占主导地位，其中，信息传输、软件和信息技术服务业、金融业、批发

---

❶ 参见2017年9月29日北京市规划和国土资源管理委员会发布的《北京市总体规划（2016-2035）》。

22

和零售业是第三产业主体，三个行业对第三产业增长贡献率接近七成。❶ 2021 年，北京数字经济增加值达 16 251.9 亿元，占 GDP 比重达 40.4%，位列全国第一，近 3 年数字经济核心产业新设企业年均增加 1 万家，全市数字经济核心产业规模以上企业 8000 多家，占全市规模以上企业数量的 19.0%[34]。

全市下辖 16 个区县，总面积约 1.6 万平方米，截至 2021 年，北京市常住人口为 2188.6 万人，与 2010 年相比，增加了 228.1 万人。其中，外省市来京人口❷为 841.8 万人，占全市常住人口的 38.5%。城镇人口为 1916.1 万人，占常住人口的比重为 87.5%。全市居民人均可支配收入约为 7.5 万元。其中，城镇居民人均可支配收入约为 8.15 万元，农村居民人均可支配收入约为 3.33 万元。北京市常住人口中，平均每个家庭户的人口为 2.31 人。❸ 2020 年北京市户籍居民平均期望寿命为 82.43 岁[35]。

1.3.1.2　调查区县概况

本书相关研究主要是面向北京市开展，不同章节和研究内容选取的调查地点和对象不同，其中调查涉及的主要区县包括：首都功能核心区有东城区和西城区，城市功能拓展区有朝阳区、海淀区、石景山区和丰台区，城市发展新区有昌平区、通州区和大兴区，等等。不同功能分区的主要特征包括：首都功能核心区是全国政治中心、文化中心和国际交往中心的核心承载区，是历史文化名城保护的重点地区，是展示国家首都形象的重要窗口地区。城市功能拓展区是"四个中心"的集中承载地区，是建设国际一流和谐宜居之都的关键地区，是疏解非首都功能的主要地区。城市发展新区是首都面向区域协同发展的重要战略门户，也是承接中心城区适宜功能、服务保障首都功能的重点地区。此外，生态涵养区是首都重要的生态屏障和水源保护地，也是城乡一体化发展的敏感区域。❹ 此次研究的调查点

---

❶　参见 2022 年 3 月 1 日发布的《北京市 2021 年国民经济和社会发展统计公报》。

❷　外省市来京人口是指外省市来京并居住半年及以上的常住人口，也可以称作常住外来人口或流动人口。以上说法均来自全国人口普查办公室或国家统计局等公开发布资料，本书各章根据不同的写作情景酌情使用。

❸　参见 2022 年 3 月 1 日发布的《北京市 2021 年国民经济和社会发展统计公报》。

❹　参见 2017 年 9 月 29 日北京市规划和国土资源管理委员会发布的《北京市总体规划（2016—2035）》第十八条、第二十三条、第三十六条和第三十八条。

并未涉及生态涵养区。研究涉及主要调研区县主要包括人口和经济等两方面指标，基本情况如下。

西城区：位于中心城区西部，总面积约 50.7 平方千米，下辖 15 个街道，2021 年常住人口约 110.4 万人，其中常住外来人口约 21 万人，户籍人口 150.2 万人，全区人均可支配收入约 9.7 万元。2021 年，西城区实现地区生产总值约 5408.1 亿元，位居北京市第三位，其中第三产业占地区生产总值的占比为 94.9%。作为北京市的金融中心和数字经济政策发起中心，2021 年，西城区金融业实现增加值 2872.5 亿元，证券经营机构证券交易额累计实现 12.8 万亿元，股票交易额累计实现约 5.2 万亿元。❶

东城区：位于中心城区东部，总面积约 41 平方千米，下辖 17 个街道。2021 年，全区常住人口 70.8 万人，常住外来人口 15.5 万人，户籍人口 98.7 万人，全区居民人均可支配收入约 8.9 万元。2021 年全年实现地区生产总值 3193.1 亿元，第三产业占全区经济总量的 97.1%。从主要行业来看，金融业是占比最大的行业，占全区经济总量的 29.7%，金融业产值列北京市第四名。❷ 在交通运输上，东城区辖区有全国重要铁路枢纽北京站和全市交通枢纽东直门交通枢纽。此外，东城区是北京文物古迹最为集中的区域，辖区内拥有国家级文物保护单位 16 处，占北京市的 37%；市级文物保护单位 60 处，占全市的 24%。❸

朝阳区：位于主城区的中南部，总面积约 470.8 平方千米，下辖 24 个街道，19 个地区。2021 年，常住人口为 344.9 万人，常住外来人口 149.1 万人，户籍人口 216.2 万人，居民人均可支配收入约为 8.5 万元。2021 年实现地区生产总值 7617.8 亿元，位居北京市第二位。第三产业占比约 93.1%，第三产业中金融业占比最高。❹ 此外，住宿餐饮业、房地产业、租赁和商务服务业、居民服务和其他服务业等居北京市第一，批发零售业、金融业、信息传输、

---

❶ 参见 2022 年 3 月 1 日发布的《北京市西城区 2021 年国民经济和社会发展统计公报》。

❷ 参见 2022 年 3 月 22 日北京市东城区统计局发布的《北京市东城区 2021 年国民经济和社会发展统计公报》。

❸ 数据资料来源于北京市东城区人民政府网站对东城区情概况的介绍。

❹ 参见 2022 年 4 月 13 日北京市朝阳区统计局发布的《北京市朝阳区 2021 年国民经济和社会发展统计公报》。

软件和信息技术服务业、教育业等居北京市第二[36]。

海淀区：位于主城区的西部和西北部，总面积约 431 平方千米，下辖 22 个街道，7 个地区。2021 年，常住人口约 313 万人，其中外省市来京人口约 111.8 万人，占常住人口的 35.7%，户籍人口 244.1 万人。2021 年实现地区生产总值 9501.7 亿元，位列北京市第一，其中第三产业占比为 91.23%。❶ 第二产业以计算机、通信和其他电子设备制造业为主。第三产业中的信息传输、软件和信息技术服务业、科学研究和技术服务业、教育业等行业产值位列全市第一，占地区生产总值一半左右[36]。2022 年，海底区地区生产总值突破万亿元，社会消费品零售额预计 2750 亿元，全市占比约为 20%。❷ 海淀区高等院校数量和在校学生人数均列北京市第一。

丰台区：位于主城区西南部，下辖 24 个街道、2 个乡镇。2021 年，丰台区常住人口 201.5 万人，常住外省市人口约 63.6 万人，占总人口的比重为 31.6%，其中户籍人口 118.1 万人。2021 年实现地区总产值 2009.7 亿元❸，位列中心城区第五位。多年来丰台区将优化和提升产业结构作为重要发展目标，但是与其他中心城区相比，无论在经济总量还是结构上都有较大提升空间。丰台区是北京市重要交通枢纽，区域内有众多机场、铁路和公路客运站等。

昌平区：位于北京市北部郊区，总面积 1343.5 平方千米，截至 2021 年，下辖 8 个街道、4 个地区、10 个镇。2021 年，全区共有常住人口约 226.9 万人，其中常住外来人口 132.1 万人，占常住人口的 58.2%；户籍人口户数 30.1 万户，人口 67.4 万人，其中非农业人口 50.4 万人，占全区户籍人口的 74.8%，农业人口 17 万人，占全区户籍人口的 25.2%，是北京市农业人口较多的远郊区县之一。2021 年实现地区生产总值约为 1287 亿元，居民人均可支配收入约为 5.6 万元。❹

---

❶ 参见 2022 年 4 月 29 日北京市海淀区统计局发布的《北京市海淀区 2021 年国民经济和社会发展统计公报》。

❷ 参见 2023 年 1 月 4 日发布的《2013 年海淀区政府工作报告》。

❸ 参见 2022 年 3 月 18 日北京市丰台区统计局发布的《北京市丰台区 2021 年国民经济和社会发展统计公报》。

❹ 参见 2022 年 4 月 28 日北京市昌平区发布的《北京市昌平区 2021 年国民经济和社会发展统计公报》。

大兴区：位于北京市南部郊区，总面积约 1036 平方千米，下辖 8 个街道、5 个地区和 9 个乡镇。2021 年，大兴区常住人口 199.5 万人。2021 年实现地区生产总值为 1461.8 亿元，其中第二产业占比为 53.2%，第三产业占比为 45.8%，规模以上工业总产值 2254.4 亿元，规模以上工业总产值在北京市各区县中位列第二，其中以现代制造业和高技术制造业为主。❶

1.3.1.3 调查对象

本书各章节所涉及调查对象遍布多个区县，全部调查对象的详细情况在各章节分别予以介绍和说明，这里仅列出案例主要涉及调查对象的基本标签，见表 1.3。

表 1.3 各章节案例主要调查对象汇总

区县	调查对象/地点	性质	区县	调查对象/地点	性质
东城区	QD 社区	居委会、居民等	朝阳区	CW 街道	基层相关部门
	CD 社区	居委会、居民等		BL 社区	居委会、居民等
	DSX 社区	居委会、居民等		KDJ 小区	居委会、居民等
	LA 集团北分	非公企业		LZ 小区	居委会、居民等
西城区	SH 街道	基层相关部门		MC 体检集团	非公企业
海淀区	HZ 社工事务所	社会组织		JWS 大厦	商务楼宇
	AZ 社会组织联合会	社会组织		RB 社工事务所	社会组织
	ZA 志愿者联合会	社会组织	昌平区	HJ 社区	居委会、居民等
	SZ 民间工艺文化发展中心	社会企业		HLY 社区	居委会、居民等
丰台区	BP 村	村委会、村民等		YJ 小区	居委会、居民等
	SD 大厦	商务楼宇	大兴区	LI 村	村委会、村民等
D 区		某中心城区	S 区		某远郊区县

---

❶ 参见 2022 年 3 月 30 日北京市大兴区发布的《北京市大兴区 2021 年国民经济和社会发展统计公报》。

1.3.2　研究方法

研究采用了理论分析和实证研究相结合的方法，在大量调查的基础上，将实地调查与资料数据分析结合、深度访谈和问卷调查相结合，积累了丰富的研究资料和论证依据；尤其是调查对象涵盖了各个不同的治理主体如基层相关部门、社会机构和市场机构等调查，力争从多个维度和视角出发来还原问题并进行分析思考，更有助于提炼观点和寻找规律性认识。此外，研究过程中还注重与国内外相关研究的比较与借鉴，并尝试提出可操作的发展思路和建议。本书的调查研究和资料收集情况主要包括：一是近五年对北京市东城区、西城区、海淀区、朝阳区、丰台区、石景山区、大兴区、昌平区和通州区等 9 个区县部分辖区开展的访谈和问卷调查，见表 1.3。调查主题是社会组织、社区自治、流动人口服务和管理、城市志愿服务以及智慧社区建设等。访谈对象包括辖区社会组织、居委会、非公企业、商务楼宇、广大市民或社区居民以及基层相关部门等，共整理访谈资料约 30 万字，开展各类问卷调查 4 次，完成分领域调查问卷约 1000 份。二是采用文献和资料分析法，对北京市近年来公开发布的统计年鉴、区域统计年鉴、各区县志、第六次和第七次人口普查数据资料等进行资料的二次加工和分析处理。同时，对国内外相关领域的已有治理研究进行文献梳理，借以从中发现能够启发相关研究的理论视角、研究思路和实践做法。本书各章节所使用的调研资料或数据，除特殊说明外均来自实地调查。

此外，在研究操作化或研究方式上，首先，本研究注重采取科学的抽样方法来选取调研地区和对象。比如采取分类抽样或整群抽样的方式，分别在北京市中心城区、城市拓展区和远郊区县中选择有代表性的区县、街道和乡镇进行调研，以提升相关研究主题的解释力和典型性。其次，本研究注重对市民、社区居民、社区自治组织、社会组织、非公企业和商务楼宇等社会治理主体进行访谈或问卷调查，以提升研究的民生性和解释力。再次，本研究注重对基层相关部门等一线治理主体的调研和访谈，尤其是基层相关部门派出机构或"枢纽型"社会机构在社会治理中的作用和意义，力争从多角度尤其是基层视角来观察托底型社会治理的运作逻辑和意义。

最后，本研究注重发现调研资料或数据资料背后的规律性认识，注重采用归纳或者演绎的方法提升研究的科学性，尤其是与地区经济社会发展特征和水平结合起来进行分析，提升了研究发现的客观性和科学性，相关研究发现对社会治理实践也有一定的指导意义。

1.3.3 研究意义

1.3.3.1 填补和发展转型期托底型社会治理的相关理论

本研究提出托底型社会治理的内容、来源、目标、方式和意义，是对社会治理理论的重要补充。首先，它明确了托底型社会治理的状态是介于治安型社会管理和发散型社会治理之间状态下的社会治理，它既不是纯粹的管理，也不是纯粹的放任不管，而是在社会治理内容和方式上，以满足市民的基本民生需求、基本公共服务、基本参与需求、基本发展需求和基本安全需求为重点；以注重公平资源配置、广泛社会参与和下沉式社会治理为主线；以统筹政府负责、多元协商、社会动员和信息科技等为支撑的社会治理。其次，它抓住了转型时期的历史阶段和特征，即当前社会治理中仍然有社会共同体意识不强、治理社会化和专业化程度不高，以及基层治理能力欠缺等问题❶，社会治理迫切需要在加强社会动员及服务民生等重点治理领域上下功夫。最后，传统中国社会具有政府主导型社会等特征，在一定程度上，改革开放要在突破原有社会约束同时又传承我国社会文化之间找到均衡点[37]。托底型社会治理既能体现政府主导型社会的社会治理背景，又能在突破原有社会约束和传承我国社会文化之间找到均衡点，在很大程度上契合了当前我国社会治理的发展逻辑。

1.3.3.2 托底型社会治理是对民生建设理论的丰富和发展

《辞海》对民生的解释是"人民的生计"，"在现代社会中，民生和民主、民权相互倚重，而民生之本，也由原来的生产、生活资料，上升为生活形态、文化模式、市民精神等既有物质需求也有精神特征的整体样态。"[38] 一般认为，民生是人民的衣、食、住、用、行，即与人民的日常生

---

❶ 参见 2021 年 11 月 18 日发布的《北京市"十四五"时期社会治理规划》(京社领发〔2021〕5 号)。

活和生计密切相关的保障和服务，包括文化教育、就业、住房、卫生、社会保障、社区服务等公共事务。加强民生建设，完善民生保障制度体系，优化民生保障体制机制是我国当前社会建设领域的重要任务[39]。在党的十九届四中全会通过的《中共中央关于坚持和完善中国特色社会主义制度 推进国家治理体系和治理能力现代化若干重大问题的决定》中要求"注重加强普惠性、基础性、兜底性民生建设"。民生的实现即民生建设，民生建设作为社会建设的重要组成部分，其主体包括政府、市场和社会力量。从《辞海》对民生的定义中可以看出民生事业的实现方式，即面向民生的直接供给和通过保障民生权利的间接供给。实际上，通过社会治理来保障和实现民生事业的方式也有两个，一是直接提供民生服务如社会组织参与和志愿服务等，二是通过"促进社会公平，协调社会关系"来维护民生权益[2]。可以说，社会治理是实现民生建设的有效途径，民生事业是加强和创新社会治理的本质内容，因此，社会治理和民生建设两者之间相互依存，互为映衬。托底型社会治理则更是以满足基本民生需求、基本公共服务、基本参与需求、基本发展需求和基本安全需求为重点和倾向的社会治理，与民生建设内容有异曲同工之妙，在一定程度上是对民生建设的丰富和发展。

1.3.3.3　积累超大型城市社会治理的实践经验

城市社会治理是城市治理的重要组成部分。研究认为，城市治理是国家治理的局部体现，是社会治理的立体集合，标志着国家治理的水平和方向，承载着地方的社会经济特色和文化传统[40]。因此，城市社会治理既要响应国家治理，又要满足城市需求，体现城市特色。城市因经济社会发展阶段和历史文化传统不同而适用不同的社会治理模式。自社会治理进入政策框架以来，各地纷纷创新和发展社会治理的实践模式。就超大型城市而言，包括上海智慧城市的社会治理模式、深圳慈善组织的社会治理模式都曾启发和鼓舞了各地实践。北京社会治理模式理应体现出如下特点，即"鲜明的政治文化特色，高端的教育科技特色，悠久的古都风貌特色，以及和谐的社区文明特色"[40] 等。社会治理有较强的理论和实践相结合的特征，任何理论的创新和实践的验证都能深刻影响地方社会治理。对北京社会治理模式和做法的探讨，将丰富超大型城市社会治理的经验和样本，尤其是在人口高密度、经济社会发展基础好和地方历史文化传统悠久等复杂城市背景下，地方政府、市场主体和社会力量如何在科学有序的社会治理体系中各司其职、合作共建，实现保障基本民生、协调利益关系及确保社会安全等社会治理目标，这既是经济社会快速发展水平的体现，也能为经济社会发展保驾护航。随着城市化进程的推进，创新社会治理将为未来城市治理的先行先试打下良好基础。

1.4 主要观点和篇章介绍

当前国内一些地方社会治理实践强调在政府与民间或公私部门之间进行合作时，采用单线程的治理思路，表现为或者单纯依赖社会组织进行多主体互动式的治理实践，或者单纯通过技术手段来实现社会治理的整体架构和解决方案，或者单纯通过发包制来实现政府对社会治理的主导，或者模糊社会治理的民生性和基层性等内容和重点，对社会治理目标进行"一把抓"等。实际上，随着城市化进程的不断推进，在城市人口高密度、社会治理对象多元化、社会民生需求多层次和社会治理目标安全性等治理背景下，迫切需要不断"完善社会治理体系，健全共建共治共享的社会治理制度，提升社会治理效能"[1]。即在社会力量参与社会治理的理论和实践基础上，进一步促进和探索多种形式的政府协同和市场参与，形成系统化的社会治理体系来提升社会治理效能[27]，最终满足和回应社会治理领域最迫切的基本民生需求和治理要求，并切实发挥政府相关部门和基层自治组织的兜底作用，避免陷入潜在的资源配置错位、多元参与无序而导致的社会治理低效、社会福利踏空等矛盾局面。本书引入 NGT 价值匹配分析方法，在对北京人口构成及特征进行分析的基础上，对现阶段北京市在流动人口服务、社会组织参与和培育、基层社区治理以及城市志愿参与等社会治理重点领域的经验和做法进行分析和思考，认为基于北京不同地区的区位和人口结构等资源

● 参见 2022 年 10 月 16 日发布的《高举中国特色社会主义伟大旗帜 为全面建设社会主义现代化国家而团结奋斗——在中国共产党第二十次全国代表大会上的报告》。

禀赋，社会治理在民生、安全、发展、参与和认同等不同维度上体现出不同价值诉求。因此，社会治理在框架思路和实现路径上应与地区资源禀赋和价值诉求相匹配。结合对北京近十年社会治理实践和案例的分析和论证，研究首次提出了托底型社会治理这一崭新的社会治理理论框架，既有益补充了转型期的社会治理理论，也丰富了城市社会治理的案例和实践路径。

第 1 章从不同经济社会发展阶段出发，介绍了当前社会治理研究的经济和社会背景，对国内社会治理理论和实践的缘起以及发展脉络进行了梳理，尤其是如何从社会管理逐渐过渡到社会治理，再到新时代加强社会治理体系化和制度化的演变逻辑和过程。对北京市来说，随着经济社会的快速发展，为了满足人民日益增长的美好生活需要，全市以首善标准完善社会治理体系，坚持以人为本、服务为先，采取各项惠民生和暖民心举措，依托基层社会治理改革和创新，不断提升、丰富和拓展社会治理的服务水平、服务内容和覆盖人群，呈现出一种托底型社会治理的特征和状态。托底型社会治理是对社会治理基本思路和特征的描述，是介于治安型社会管理和发散型社会治理之间状态下的社会治理。首先，从内容上看，以满足市民的基本民生需求、公共服务、参与需求、发展需求和安全需求为重点；从理念来看，以注重公平资源配置、广泛社会参与和下沉式社会治理为主线；从参与主体和方式来看，以统筹政府负责、多元协商、社会动员和信息科技等为支撑。当前我国仍然处在社会转型阶段，基层治理能力不足等问题仍然存在，难以一蹴而就地实现有效社会治理，因此要在保证基本社会治理、聚焦重点民生领域，以及政府相关部门和基层自治组织兜底上下功夫，这就是托底型社会治理的缘起。其次，从国内外社会治理理论发展来看，国内社会治理理论对社会治理的内涵、目标、主体、方法和价值进行了历史和现实的考察。国外治理理论则源于公共行政理论的困境和转型，但治理理论仍面临着核心概念不精致，适用条件不充分，其基本假定、方法论和学科理论性仍缺乏系统性和关联，以及多元主体地位结构等困境。本研究引用社会治理中的系统性治理分析思路，借助 NGT 价值匹配理论和分析框架，采用定量研究和定性研究相结合的研究方法，对北京市东城区和西城区等 9 个区县展开了深度访谈和问卷调查，主题包括社会组织、社区自治、流动人口服务管理、城市志愿服务、智慧社区建设等，在积累了大量访谈和数据资料的基础上，通过大量的案例研究和数据分析，对转型期托底型社会治理的理论和实践进行了研究，填补和发展了转型期托底型社会治理的理论内容，丰富和拓宽了民生建设事业的理论内容和实践路径，又积累了城市社会治理的实践经验。

第 2 章对北京市人口构成与特征进行了分析。北京市第七次全国人口普查和 2022 年北京市统计年鉴数据显示：北京市共有常住人口数约为 2189.3 万人，中心城区人口总数略高于其他区县人口总数。随着城市化的持续推进，昌平区、大兴区和通州区等城市发展新区常住人口也超过百万，人口外扩趋势明显。从居民受教育程度来看，大学及以上学历的人数接近人口总数一半。从城镇居民人均可支配收入和消费支出来看，2021 年人均可支配收入为 8.15 万元，工资性收入占人均可支配收入的一半以上，住房、医疗、交通和教育是城镇居民消费支出的主要项目。从就业人口情况来看，20~39 岁的青年人，以及大学以上学历人员，在就业人口中占比较高，在不同年龄或学历人群中占比均超过半数。截至 2021 年年末，从业人员数量最多的两个行业是信息传输、软件和信息技术服务业，以及租赁和商务服务业；从业人员平均工资水平最高的两个行业是金融业，以及信息传输、软件和信息技术服务业。从流动人口的情况来看，外省市来京人口在城市发展新区居住的倾向更明显，其人数要高于居住在中心城区的人数。外省市来京人口中大学及以上学历人口占比接近半数，高学历和低学历外省市来京人口均占比较大，他们主要从事批发零售业、信息传输、软件和信息技术服务业以及建筑业等，这些行业就业人口数量约占外省市来京就业人口总体的四成。从"一老一小"情况看，全市 60 岁及以上老年人约占常住人口总数的五分之一，中心城区老年人口的数量和比例要高于远郊区县，且 60~69 岁的低龄老年人在老年人群体中占比较高。传统老城区如东城区和西城区老龄化程度最高，平谷区、密云区等远郊区县虽然老人数量较低，但老龄化程度也相对较高。全市老年人口的生活来源主要来自离退休金/养老金，九成以上的老年人身体健康或者基本健康。截至 2021 年，全市幼儿园教职工总数约为 10 万人，"一老一小"看护或照顾需求旺盛。

第 3 章基于不同地区的资源禀赋和人口构成，建立起地区类型、产业和人口构成之间的匹配关系。案例分析发现，与大约 10 年前相比，北京市流动人口构成呈现出城六区规模下降，主要集中在城市发展新区；家庭流动人口降低，就业人口成为主体；学历结构明显提升，高新技术从业人员规模庞大等特征。研究将案例地区流动人口的构成和主要从事产业、地区分布叠加起来，得到不同地区流动人口就业的构成和特征：即批发零售业和建筑业从业人员主要分布在城市发展新区，租赁和商务服务业和信息传输、软件和信息技术服务业从业人员主要分布在城市功能拓展区，制造业从业人员主要分布在城市发展新区。对上述重点区域中选取五个典型产业构成和人口构成的街乡进行分析，可以发现，不同区县的产业和人口状况等区别较大，形成了区域特色，这些街乡作为地区产业和人口的承载区，既要承担居住功能，还要承担本地就业或支撑外部就业的功能。这既与本地区主导的产业形态和经营模式密切相关，也与本地外部的经济社会环境有关，并非封闭的经济社会系统，其中有四种主要的社区类型：即本地产业社区、本地就业社区、待规划社区和重新规划社区。从上述 4 种类型中，研究选取了四个基于流动人口服务管理的典型案例：即"社区公约+技术支撑"模式、"物业化+市场化"模式、"集体土地租赁用房"模式和"市场主导、平台管理"模式。这些案例都是基于当地资源禀赋和人口构成特征，所进行的对实有人口服务管理尤其是面向就业、居住和生活等社区服务和公共服务的做法。由于这些案例实现了社会治理 NGT 价值分析方法中的高水平匹配，因此，既实现了实有人口服务水平的提高，又实现了地区经济社会可持续发展。

第 4 章基于当前城市社区不同社区类型，包括商品房小区、老旧小区和单位制小区（首次将商品房小区细化为一级物业管理小区和其他商品房小区等），从中选取了各社区基于社区资源禀赋和人口构成特征，而采用的不同的社区自治的思路和方法，作为案例。比较有代表性的包括"五民工作法""五方共建""菜单式物业"和"全要素小区"等治理案例。❶ 这些案

---

❶ "五民工作法"等提法来自对北京市东城区、朝阳区、昌平区等区县以及案例相关居委会，对属地社区治理案例的总结和提炼。

例有一个共同的特点，它们都以《中华人民共和国城市居民委员会组织法》为框架，以党委领导、居民自治和社区参与为基本思路来开展社区自治。案例中的社区由于因地制宜、广泛开展社区自治，都在社区治理尤其是满足民生需求和改善社区服务中发挥了托底型作用，取得良好的社会效益和居民满意度，很多做法已经贯穿于社区日常治理的方方面面，成为社区自治良性运行的重要保障。其中，"五民工作法"案例讲的是一种基于社区协商平台下的社区共治机制，即搭建由社区居民、社会组织、市场力量和其他第三方机构等构成的表达意见和协商讨论的平台，其特点在于注重程序的规范化和可操作性，因此具有较强的应用性和推广性，得到了市区相关部门的肯定和大力推广。"五方共建"案例讲的是以社区党组织为治理核心，成立党建工作协调委员会来引导居委会、业委会、物业公司以及社区社会组织等各方力量共商、共建、共治和共享的基层社会治理新模式。该模式是从法治出发、从需求出发，街道办事处鼓励创新、社区勇于创新的重要成果，由于其充分借助了某市级社区提升行动，因此取得了较好的治理效果。"全要素小区"案例提出了一个社区治理中的多维度概念，它既指基础设施和服务的完善，也指治理机制的完备和创新，其内容涵盖居民参与、社区服务、空间改造、环境整治、功能提升、人文关怀和法治保障等多方面，社区硬件改造提升居民生活水平，更新过程又给居民提供了参与社区事务的契机。这些案例的共同特征和推广要点包括：它们大多是充分利用社区内外部资源，在社区党支部和居委会的支持、组织或协调下形成的；大多以社区新问题和新需求为发端，以社区环境和设施提升等为基础，经历了从硬件提升到社区治理的提升，因此得到了居民的广泛参与和支持；都体现了社区治理"重在平时，重在基础"，平时居民动员好、数据和信息等基础建设扎实的，社区自治效果更好；从社区参与年龄来看，以中青年居民和积极分子居多，等等。可见，这些案例都具备较强的推广潜力和应用价值，尤其是这些案例来自老旧社区、商品房小区和保障房小区等大城市中不同的社区类型，具有较强的代表性，值得深入探讨和研究。

第 5 章将社会组织尤其是公益类社会组织作为民生建设主体之一，以政府引导、社会参与为主线，以社会组织服务管理机制和组织能力建设为突破口，围绕社会组织服务和实践，从"枢纽型"、操作型和支持性社会组织的发展、社会组织能力和机制建设等方面深入分析社会组织尤其是公益类组织的发展与民生事业之间的关系和适配性，通过社会组织体系的建立来探索其参与民生建设的一般路径。本研究的社会组织主要是指以公共事业为主要目标，向不特定多数的社会成员或有某种群体特征的社会成员无偿或有偿提供服务，使服务对象受益的社会组织。研究依据社会组织规模、类型和社区类型等维度，面向全市选取了 12 个社会组织或社区作为案例进行分析。重点关注社会组织参与养老为老服务、流动人口服务、青少年服务以及其他特殊群体服务等，探索实现社会组织参与民生建设的事业化运作、机制化运行和制度化的思路：一是重新赋予"枢纽型"社会组织以民生建设为重点的组织定位，发挥其资源整合、牵线搭桥和沟通协调等作用；二是大力发展支持性社会组织，如社会组织孵化器、社工事务所等；三是重点扶持民生亟需、有示范意义的操作型组织。研究发现，当前北京市呈现出较为典型的"橄榄型"人口社会特征，即中等收入群体规模大，低收入和高收入者并存的特征。因此，在民生需求上具有范围广泛、内容多样化等特征。社会组织以各种方式参与民生建设，从数量来看与 10 年前相比有了大幅度增长，各类社会组织各司其职，充分发挥服务民生的作用。但是社会组织在参与民生建设上仍然存在一些不足，包括社会组织参与民生建设缺少单独规划、政府购买社会组织服务的覆盖面和持续性问题，以及参与民生建设的社会组织数量不足、内容不够丰富，支持性社会组织作用有待发挥等。迫切需要按不同功能和层次分类培育"枢纽型"社会组织，发挥支持性社会组织的孵化和能力建设功能并对操作型社会组织进行分类支持和引导。最后，研究还以某社会企业为示范案例，介绍了带有趋势性的社会企业的经验做法。

第 6 章采用典型案例分析法，对北京非公有制企业（简称非公企业）参与志愿服务情况进行研究。当前非公企业已经成为国民经济在吸纳就业上占主体的经济形式。研究根据非公企业规模和性质，分别选取非公企业、行业协会/企业联盟、街道社区与辖区非公小企业共建等案例，对非公企业参与志愿服务问题进行了系统研究。非公企业在志愿服务中具有动员规模大、经营自主性较强、行业和人才多元化以及与企业社会责任目标紧密结合等特征，在志愿服务中具有较强的社会动员潜力。数据显示，当前非公经济组织在参与志愿服务过程中，存在社会动员机制有待完善、志愿服务队伍和注册志愿者人数总体不足、志愿服务参与率低，个体户参与不足等难题和困境。原因在于，企业经营行为与公益精神之间的不适性，以及志愿服务受企业组织化水平如社会责任部门是否健全等影响，等等。当前商务楼宇动员是非公企业参与志愿服务的重要方式，履行社会责任是非公企业志愿服务的内涵之一，组织化水平提升和资源整合是非公企业志愿服务的基础，党组织活动是企业志愿服务精神的重要体现。比如，有的企业将志愿服务事务纳入企业内部治理，成为企业绩效评测和管理过程的重要一环，成立独立社会事务部，注重志愿服务工作的独立性、专业性和事业性。有的企业充分发挥社会责任部的组织优势、企业公益文化优势以及覆盖全国的销售服务人才优势，在公益志愿领域开展了大量的专业性、持续性社会活动。此外，一些行业协会和商务楼宇，通过服务来赢得非公企业的信任，引导它们参加志愿服务活动，或通过吸纳在职党员参加楼宇党建活动，赢得在职党员们的信任，后者在企业经营中身先垂范，又赢得了非公企业负责人的认同和支持。最后，街道或社区利用社区志愿服务动员平台、地区资源共享平台等，在为中小企业提供帮扶的同时动员中小非公企业和个体工商户参与公益志愿服务，也取得了良好的实践效果。总的来看，要通过构建"组织化、多中心、扎根型"非公企业志愿服务体系，促进非公企业志愿服务组织的成长，并探索社会责任投资等做法来引导非公企业履责。

第 7 章根据不同社区类型、资源禀赋、人口构成和民生需求，选取商品房小区、老旧小区和保障房小区三个智慧社区建设的案例，并对某老旧小区进行了较大规模问卷抽样调查，来对当前尚处起步阶段的城市智慧社区建设的技术道路和社会问题等议题进行系统研究，尤其是如何通过社区智慧生态化的形成和完善，来提高社区精准治理和民生服务水平，同时协调好技术和社会之间的平衡关系。智慧社区是通过提升智慧化水平来实现社区有序治理和高品质服务，提高居民生活满意度和便利性的社区类型。研究发现，不同社区类型或资源禀赋在智慧社区建设的侧重不同：城乡接合部地区要以人口服务管理为切入点，通过地区智慧化水平提高，来处理好人口服务和社区发展、民生需求和技术应用、资源业态与智慧化水平，以及地区公共服务需求和供给等之间的关系。老旧小区要探索通过智慧化水平的提高，来实现老旧小区社区服务和治理的跨越式提升，既要补齐基础设施短板，又要以技术治理克服老旧小区人财物短缺。商品房社区智慧化的关键在于已有社区终端如何与地区信息平台互联互通、基础设备的更新升级，以及终端应用的供需匹配等问题。当前北京市智慧城市建设具有以下基本特征：一是以民生和社会事业为建设导向。当前已经建成一批以人为本的便民服务项目，包括政务、交通、医疗、教育、环境卫生和公共安全等应用场景。二是以智慧化基础设施建设为依托。北京是全国首批千兆城市，智慧基础设施优势明显。三是具有完备智慧城市生态的潜力。北京市在智慧产业从业者、应用场景、系统平台建设和社会需求上的优势使其具备建成生态化智慧社区的潜力。四是"市区街"平台互联互通、相对独立。市级平台主要在城市运行管理和数字政务系统上发力，区县、街道（乡镇）、社区等平台也在资源和数据整合、信息化数据共享和协同上发挥作用。五是以社区应用为重要依托，在社区基础设施高端化、政府服务协同化、社区管理智能化的基础上，加快社区智慧服务和设施的推广和应用。从 NGT 价值匹配的角度看，社区的技术基础包括 5G 宽带情况、物业管理系统、社区信息平台和已有智慧应用等，社区治理传统和人口构成，加之社区需求和目标，决定了智慧社区的技术路线和治理方式。在此基础上，对老旧小区的抽样数据显示，智慧社区资源禀赋、社区目标与建设方式之间的匹配度较高；老旧小区在智慧化改造中处于相对弱势；当前社区智慧化水平与居民需求仍存在距离；年龄、收入和房屋产权等差异对居民智慧化的态度无影响，而学历对其有影响。此外，案例研究发现，保障房小区的智慧化建设可以探索走政府主导、企业参与和社会监督的道路，其中区域城市智慧中心的建设和兼容对保障房社区的智慧化至关重要。商品房小区则可以探索建立高水平的智慧化生态系统。最后，智慧社区治理要处理好几个关系，包括社会适应性问题、网络融合问题、虚拟社区组织问题，多方共促智慧社区建设和治理。

第2章 北京市人口构成与特征分析

人口构成与特征反映了人口年龄、性别、分布以及人口的学历、职业和就业等基本特征。城市人口构成与特征是城市经济社会发展的基础，也是城市治理的重要依据和出发点。北京市人口构成体现出典型的超大型城市特征，即人口规模较大、就业人口较多、外省市来京人口较多、高学历人口较多、老年人口较多等，它在不同时期特点不同，处在不断的变迁过程中。准确把握和认识北京的人口构成特征及其变迁趋势，才能更好地、更有针对性地开展城市社会治理，才能更好地满足不同人口的民生需求，不断提升市民的幸福感和获得感。因此，本章对北京市常住人口、就业人口、外省市来京人口、"一老一小"❶ 的基本人口特征包括不同人口的构成、分布及其特征进行了初步分析，这既体现了以地区人口和资源禀赋来开展社会治理的基本研究思路，也能在一定程度上反映出当前和未来北京市人口的基本情况和变化趋势，有助于进一步明确社会治理的重点内容和服务目标。

2.1 北京市常住人口的基本情况

2.1.1 年龄、性别和地域分布

根据北京市第七次全国人口普查统计数据，如表 2.1 所示，北京市常住

---

❶ "一老一小"指的是 60 周岁及以上的老年人和 16 周岁及以下的少儿。该提法来源于 2020 年 12 月 14 日印发实施的《国务院办公厅关于促进养老托育服务健康发展的意见》。

人口数约为 2189.30 万人，其中男性人数约 1119.53 万人，女性人数约为 1069.77 万人，男女性别比约为 1.05，除了 60 岁以上人群，在其他年龄段全市男女性别比均大于 100。从各年龄段来看，0~9 岁年龄段约有 194.92 万人，占人口总数的 8.9%；10~19 岁年龄段约有 127.59 万人，占人口总数的 5.83%；20~39 岁年龄段约有 790.14 万人，占人口总数的 36.09%；40~59 岁年龄段约有 646.80 万人，占人口总数的 29.54%；60 岁及以上年龄段约有 429.86 万人，占人口总数的 19.63%。在 0~9 岁的年龄段中，0~4 岁的人口数要显著高于 5~9 岁的人口数，约为 101.63 万人；在 10~19 岁的年龄段，各子年龄段人口数分布较为均衡；在 20~39 岁的年龄段中，30~34 岁的人口数要显著高于其他子年龄段人口数，约为 250.30 万人；在 40~59 岁的年龄段中，各子年龄段人口数分布较为均衡；在 60 岁及以上年龄段中，60~64 岁的人口数要显著高于其他子年龄段人口数。其中，60 岁及以上人口约占人口总数的 19.63%，0~14 岁人口约占人口总数的 11.84%。

表 2.1　2020 年北京市分年龄和性别的常住人口数

年龄组	人口数/万人	占比/%	男性人口数/万人	女性人口数/万人
0~4 岁	101.63	4.64	52.66	48.97
5~9 岁	93.30	4.26	48.52	44.78
10~14 岁	64.23	2.93	33.57	30.66
15~19 岁	63.36	2.89	34.57	28.78
20~24 岁	135.05	6.17	71.60	63.45
25~29 岁	190.47	8.70	99.59	90.88
30~34 岁	250.30	11.43	130.92	119.38
35~39 岁	214.32	9.79	110.81	103.50
40~44 岁	160.21	7.32	83.84	76.37
45~49 岁	161.86	7.39	84.23	77.62
50~54 岁	161.98	7.40	84.25	77.73
55~59 岁	162.75	7.43	82.80	79.95
60~64 岁	138.65	6.33	67.70	70.95
65~69 岁	119.47	5.46	56.84	62.63

年龄组	人口数/万人	占比/%	男性人口数/万人	女性人口数/万人
70~74 岁	66.85	3.05	31.48	35.37
75~79 岁	41.52	1.90	18.47	23.05
80~84 岁	34.88	1.59	15.21	19.67
85~89 岁	20.19	0.92	8.94	11.25
90~94 岁	6.63	0.30	2.86	3.77
95~99 岁	1.39	0.07	0.56	0.83
100 岁及以上	0.28	0.03	0.11	0.17
合计	2189.30	100	1119.53	1069.77
0~9 岁小计	194.92	8.90	101.17	93.75
10~19 岁小计	127.59	5.83	68.14	59.44
20~39 岁小计	790.14	36.09	412.92	377.22
40~59 岁小计	646.80	29.54	335.13	311.68
60 岁以上小计	429.86	19.63	202.17	227.68

资料来源：北京市第七次全国人口普查领导小组办公室，北京市统计局. 北京市人口普查年鉴 2020（上册）[M]. 北京：中国统计出版社，2022.4.

从人口地域分布来看，如表 2.2 所示，朝阳区人口数量最多，总人数约为 345.25 万人，其次是海淀区（313.35 万人）、昌平区（226.95 万人）、丰台区（201.98 万人）、大兴区（199.36 万人）、通州区（184.03 万人）、顺义区（132.4 万人）、房山区（131.28 万人）、西城区（110.62 万）和东城区（70.88 万人），中心城区常住人口数略高于其他区县（1098.87 万人对 1090.44 万人），城市功能拓展区的常住人口数略高于城市发展新区（917.37 万人对 874.02 万人）。随着城市化的持续推进，昌平区、大兴区和通州区等五个城市发展新区常住人口均超过百万，人口外扩趋势明显；朝阳区、海淀区和丰台区则是中心城传统的人口大区；东城区和西城区是首都功能核心区，在非首都功能疏解的过程中，其常住人口数量一直处于稳中有降的态势；密云区、平谷区、怀柔区、门头沟区和延庆区 5 个区县作为远郊区县，在城市功能区划上属于生态涵养区，人口数量相对较少，分别约为 52.77 万人、45.73 万人、44.1 万人、39.26 万人和 34.57 万人。

表 2.2　2020 年北京市分区县和年龄的常住人口数　　　单位：万人

区县	全区合计	0~9 岁人口数	10~19 岁人口数	20~39 岁人口数	40~59 岁人口数	60 岁及以上人口数
东城区	70.88	7.14	4.34	19.62	21.04	18.75
西城区	110.62	11.43	6.95	30.19	33.32	28.73
朝阳区	345.25	29.79	17.58	125.95	101.03	70.89
丰台区	201.98	16.45	9.75	66.56	61.31	47.90
石景山区	56.79	4.80	3.24	18.04	16.93	13.78
海淀区	313.35	26.55	24.10	117.95	86.91	57.83
门头沟区	39.26	3.37	1.98	12.10	12.90	8.88
房山区	131.28	13.01	8.19	44.01	40.05	26.00
通州区	184.03	17.17	9.88	72.29	53.10	31.60
顺义区	132.40	11.99	6.70	50.44	41.40	21.88
昌平区	226.95	18.58	12.91	100.74	60.80	33.92
大兴区	199.36	18.58	11.26	80.72	58.88	29.92
怀柔区	44.10	3.74	2.61	14.08	15.05	8.62
平谷区	45.73	4.58	2.50	13.40	14.27	10.99
密云区	52.77	4.80	3.25	14.60	17.90	12.21
延庆区	34.57	2.93	2.33	9.46	11.89	7.96
全市合计	2189.31	194.92	127.59	790.14	646.80	429.86

资料来源：北京市第七次全国人口普查领导小组办公室，北京市统计局．北京市人口普查年鉴 2020（上册）［M］．北京：中国统计出版社，2022.4.

　　从不同年龄段人口的区域分布来看，与人口总体的区域分布略有不同，0~9 岁人口数最多的区县分别是朝阳区、海淀区、大兴区、昌平区和通州区，人口数分别为 29.79 万人、26.55 万人、18.58 万人、18.58 万人和 17.17 万人。10~19 岁人口数较多的区县分别是海淀区、朝阳区、昌平区、大兴区和通州区，人口数分别为 24.1 万人、17.58 万人、12.91 万人、11.26 万人和 9.88 万人，上述两个年龄段处于小学入学和就学阶段，人口数量会因区县学校数量不同而有所变化，教育资源丰富的区县适龄人口较多。20~39 岁人口数较多的区县是朝阳区、海淀区、昌平区、大兴区、通州区和丰台区，人口数分别为 125.95 万人、117.95 万人、100.74 万人、80.72 万人、72.29 万人、66.56 万人，丰台区总人数相对较多，但是青年人相对少。40~59 岁人口数较多的区县分别是朝阳区、海淀区、丰台区、昌平区、大兴区和通州区，人口数分别为 101.03 万人、86.91 万人、61.31 万人、60.8 万人和 53.1 万人。60 岁及以上人口数较多的区县是朝阳区、海淀区、丰台区、昌平区、通州区和大兴区，人口数分别为 70.89 万人、57.83 万人、47.9 万人、33.92 万人和 29.92 万人，从老年人的区域分布情况来看，中心城区老年人口数（237.88 万）要高于城市发展新区和生态涵养区等远郊区县的老年人口数（191.98 万）。

2.1.2 学历、职业和家庭收入

北京是教育大市，接受高等教育的人数和比例较高。表 2.3 显示了北京市第七次全国人口普查中 15 岁及以上人口的受教育情况。进一步统计发现，大学及以上学历的人数约为 919.07 万，约占 15 岁及以上人口总数的47.62%，接近 15 岁及以上人口总数的一半，且大学本科学历占比最高，约为 24.82%，即大概 4 个 15 岁或以上的人口中就有一个大学本科毕业生。从地区分布来看，大学及以上学历人口较多的区县是朝阳区、海淀区、昌平区、丰台区和大兴区，人数分别约为 169.98 万人、176.88 万人、100.66 万人、89.86 万人和 69.91 万人。在上述 5 个区县中，在 15 岁及以上人口中占比最高的是海淀区，约为 64.03%，其次是朝阳区、丰台区、昌平区和大兴区，占比分别约为 55.6%、49.91%、49.5% 和 39.8%。此外，东城区和石景山区虽然高学历人口总数较少，但是由于人口总数少，因此高学历人口占比也较高，占比分别约 52.98% 和 53.35%。海淀区和朝阳区既是人口大区，也是传统上的教育和经济大区，汇聚了全市数量最多和比例最高的高学历人口，总的来看，中心城区高学历人口的数量和占比较高，且昌平区、大兴区和通州区等城市发展新区的高学历人口数量和占比也在不断地提高。

表 2.3　2020 年北京市分地区和受教育程度的

15 岁及以上人口数　　　　　　　单位：万人

区县	15 岁及以上人口总数	不同教育程度人口数									
		未上过学	学前教育	小学	初中	高中	大学专科	大学本科	硕士研究生	博士研究生	大学专科及以上
东城区	61.05	0.41	0.02	2.64	9.97	15.67	9.66	17.53	4.52	0.63	32.34
西城区	94.83	0.67	0.03	4.08	15.22	21.21	14.23	27.74	10.18	1.47	53.62
朝阳区	305.73	1.92	0.12	14.22	59.25	60.24	46.72	94.03	25.92	3.31	169.98
丰台区	180.01	1.58	0.05	9.29	37.6	41.63	29.32	47.46	11.74	1.34	89.86
石景山区	50.33	0.52	0.03	2.49	9.12	11.32	8.54	14.18	3.59	0.54	26.85
海淀区	276.24	1.58	0.07	10.73	41.72	45.26	36.14	91.54	37.85	11.35	176.88
门头沟区	34.78	0.56	0.01	3.08	10.12	8.24	5.70	5.99	0.97	0.12	12.78
房山区	114.36	1.68	0.04	10.48	39.00	22.70	17.23	19.55	3.13	0.54	40.45
通州区	161.76	1.31	0.07	13.54	51.32	30.85	26.93	32.41	4.88	0.45	64.67
顺义区	116.87	1.34	0.03	10.76	43.61	21.81	15.92	20.22	2.92	0.26	39.32
昌平区	203.35	1.63	0.07	11.62	50.67	38.70	33.96	53.56	11.42	1.72	100.66
大兴区	175.67	1.68	0.08	14.50	54.58	34.93	28.20	34.28	6.74	0.69	69.91
怀柔区	38.91	1.06	0.03	4.40	13.83	8.23	4.96	4.91	1.28	0.21	11.36
平谷区	39.66	1.30	0.02	5.49	14.12	8.37	5.43	4.53	0.35	0.04	10.35
密云区	46.09	1.42	0.03	6.17	17.2	9.35	5.99	5.41	0.47	0.05	11.92
延庆区	30.52	1.04	0.02	4.71	10.88	5.76	3.90	3.82	0.34	0.04	8.10
合计	1930.16	19.68	0.73	128.2	478.22	384.26	292.84	477.14	126.3	22.79	919.07

资料来源：北京市第七次全国人口普查领导小组办公室，北京市统计局. 北京市人口普查年鉴 2020（上册）[M]. 北京：中国统计出版社，2022.4.

　　针对各区县初中及以下受教育程度人口情况，本研究对表 2.3 进行了二次汇总，结果如表 2.4 所示。由于特定人群的数量和构成受人口基数影响较大，因此这里只考察初中及以下受教育程度人口在各区县 15 岁及以上人口中的占比，这更能反映出不同地区高学历人口发展的潜力或当前发展基础教育的重点地区。延庆区、密云区、平谷区、怀柔区和顺义区初中及以下受教育程度人口在 15 岁及以上人口中的占比较高，分别约为 54.55%、

53.85%、52.77%、49.65%和47.69%，此外，房山区和通州区也达到了
44.77%和40.94%。这7个区县中有4个区县属于生态涵养区，3个区县
属于城市发展新区，这些区县距离市中心较远，教育发展潜力相对较大，
这也在一定程度上体现出教育发展的区域不均衡等情况在北京市也同样
存在。

表2.4 2020年北京市各区县15岁及以上人口数与初中及以下学历人口数情况

区县	初中及以下学历/万人	15岁及以上人口/万人	占比/%
东城区	13.04	61.05	21.36
西城区	20.00	94.83	21.09
朝阳区	75.51	305.73	24.70
丰台区	48.52	180.01	26.95
石景山区	12.16	50.33	24.16
海淀区	54.10	276.24	19.58
门头沟区	13.77	34.78	39.59
房山区	51.20	114.36	44.77
通州区	66.24	161.76	40.94
顺义区	55.74	116.87	47.69
昌平区	63.99	203.35	31.47
大兴区	70.84	175.67	40.33
怀柔区	19.32	38.91	49.65
平谷区	20.93	39.66	52.77
密云区	24.82	46.09	53.85
延庆区	16.65	30.52	54.55

从职业分布来看，如表2.5所示，在北京市常住人口中，人数较多的职
业分别是"社会生产服务和生活服务人员"，占比约为43.00%；"专业技术
人员"，占比约为25.69%；"办事人员和有关人员"，占比约为15.23%。
此外，"生产制造及有关人员"占比也较高，约为10.43%。"党的机关、国
家机关、群众团体和社会组织、企事业单位负责人"占比约为4.12%。值
得注意的是，"专业技术人员""办事人员和有关人员"和"党的机关、国

家机关、群众团体和社会组织、企事业单位负责人"三类职业共占比约 45.04%，其从业人员作为中等收入群体是北京市从业人口的主体，这一比例与北京市第六次全国人口普查时相关数据基本持平。

表 2.5　2020 年北京市常住人口的职业分布情况

职业分类	人数 /万人	占比/%
党的机关、国家机关、群众团体和社会组织、企事业单位负责人	4.18	4.12
专业技术人员	26.07	25.69
办事人员和有关人员	15.46	15.23
社会生产服务和生活服务人员	43.65	43.09
农、林、牧、渔业生产及辅助人员	1.46	1.44
生产制造及有关人员	10.59	10.43
不便分类的其他从业人员	0.09	0
合计	101.5	100

资料来源：北京市第七次全国人口普查领导小组办公室，北京市统计局. 北京市人口普查年鉴 2020（中册）[M]. 北京：中国统计出版社，2022.4.

　　从城镇居民人均可支配收入来看，如表 2.6 所示及进一步统计可得，2021 年人均可支配收入合计为 8.15 万元，比 2020 年提升了 7.8 个百分点，2021 年实际增长 6.6%。其中工资性收入占人均可支配收入的一半以上，与 2020 年相比，经营性收入、财产性收入和转移净收入基本持平且略有增长。从城镇人均消费支出合计来看，2021 年达到 4.68 万元，同比上涨 12.1%，其中居住支出是主要支出项目，2021 年人均消费支出用于居住的达到了 1.83 万元，占人均消费总支出的 39.1%，其次是医疗保健支出、交通通信支出和教育文化娱乐支出，分别达到 0.46 万元、0.44 万元和 0.37 万元。可见，住房、医疗、交通和教育仍然是北京市城镇居民消费支出的主要项目，与 2020 年相比，2021 年居民在医疗保健、教育文化娱乐和其他用品及服务等项目支出上大约都增加了两成。

表 2.6　2021 年北京市城镇居民人均可支配收入和人均消费支出情况

项目	2020 年收入/万元	2021 年收入/万元	2021 年与 2020 年 比值/%
人均可支配收入合计	**7.56**	**8.15**	**107.8**
工资性收入	4.46	4.92	110.2
经营净收入	0.07	0.08	116.1
财产净收入	1.32	1.39	105.5
转移净收入	1.71	1.77	103.3
人均消费支出合计	**4.17**	**4.68**	**112.1**
食品烟酒	0.88	0.97	111.1
衣着	0.19	0.22	116.2
居住	1.72	1.83	107.1
生活用品及服务	0.23	0.27	119.0
交通通信	0.39	0.44	111.0
教育文化娱乐	0.30	0.37	121.3
医疗保健	0.38	0.46	122.8
其他用品及服务	0.09	0.10	120.6

资料来源：北京市统计局，国家统计局北京调查总队．北京统计年鉴 2022 [M]．北京：中国统计出版社，2022.10.

2.1.3　十年来人口特征的变化

2.1.3.1　人口和家庭户的数量及构成

北京市第七次全国人口普查数据显示，全市共有常住人口 2189.3 万人，同 2010 年第六次全国人口普查的 1961.2 万人相比，10 年间共增加了约 228.1 万人，平均每年增加 22.81 万人，年平均增长率为 1.1%，人口增长幅度和速度与前两次全国人口普查相比都有所下降。此外，截至 2021 年，北京市共有家庭户 823.1 万户，占所有调查登记户的 90.1%，与第六次人口普查的 668.1 万户相比，家庭户数量增加 155 万户。此外，家庭户平均规模为 2.31 人，与 2010 年的 2.45 人相比，家庭户的人口规模有所减小。

2.1.3.2　人口受教育程度和人口区域分布

截至 2020 年，北京市全市 15 岁及以上常住人口中，约有一半人口是大专及以上受教育程度，总人数约为 919.07 万人，约占 15 岁及以上常住人口总数的 47.62%。与 2010 年相比，高学历人口数量增加了 301.3 万人，约增长 48.8%。其中，拥有硕士和博士学位的常住人口数分别约为 126.3 万人和 22.79 万人，约占 15 岁及以上常住人口 7.72%，与 2010 年相比约提高了 3.9%。此外，15 岁及以上年龄段中初中及以下受教育程度的人口约为 626.83 万人，约占 15 岁及以上常住人口总数的 32.48%，与 2010 年 43% 的占比相比下降明显[41]。从常住人口的区域分布来看，东城区和西城区的常住人口数量合计约 181.5 万人，与 2010 年的 216.2 万人相比下降了约 16.05%。朝阳区、海淀区、丰台区和石景山区等中心城区常住人口约为 917.37 万人，与 2010 年的 955.4 万人相比下降约 4%。通州区、顺义区、房山区、大兴区和昌平区等城市发展新区的人口总数则从 2010 年的 603.2 万人上升到 874.02 万人，已经基本接近中心城区的常住人口数。

2.1.3.3　人口性别比和老龄化程度

北京市第七次全国人口普查数据显示，北京市常住人口中男性人口占 51.1%，女性人口占 48.9%，人口性别比达到 104.7，与 2010 年第六次全国人口普查的 106.8 相比有所下降，性别构成进一步均衡。从人口老龄化程度来看，60 岁及以上常住人口约为 429.9 万人，与 2010 年相比，老年人口增加了 183.9 万人，其中 60~69 岁年龄组的老龄人口人数为 258.1 万人，是老年人口的主体，与 2010 年相比，60~69 岁组老年人口数量有所上升。整体来看，老年人口占常住人口总数的 19.6%，与 2010 年的 18.7% 相比，占比有所提高。

2.2　北京市就业人口的构成与分布

2.2.1　年龄、学历和地区分布

就业人口的构成和特征反映了地区的经济发展和人口教育水平，全国人口普查的就业人口是指年满 16 周岁且在调查参考期内为取得劳动报酬或经营收入而工作至少 1 小时的人。表 2.7 反映了北京市就业人口的年龄、受教育程度等基本特征。可以看到，20~39 岁年龄段就业人口占就业人口总数比例最高，达到 57.2%，其次是 40~59 岁年龄段就业人口，占就业人口总数的 40.3%，60 岁以上和 20 岁以下的就业人口数量较少。从受教育程度来看，大学本科和初中学历的就业人口比重最高，占就业人口总数的比重分别是 31.86% 和 20.12%，其次是大专学历和高中学历，这反映出北京市就业人口中较高学历和较低学历并存的就业市场特征，一定程度上也体现了不同行业或产业对就业人口受教育程度的需求差异。从不同年龄段就业人口的受教育程度来看，20~39 岁就业人口主力梯队中以大学学历为主，包括大学专科和本科学历，两者占比约 60.58%；在 40~59 岁年龄组的次级规模就业人口中，初中和高中学历两项合计人数最多，占比达到 48.02%，此外大学本科和专科占比同样较高，约 37.21%。

表 2.7　2020 年北京市分年龄和受教育程度的就业人口数　　单位：万人

受教育程度	16~19 岁人口数	20~39 岁人口数	40~59 岁人口数	60 岁以上人口数	合计
未上过学	0	0.02	0.13	0.06	0.21
学前教育	0	0	0.01	0	0.01
小学	0.01	0.38	2.25	0.48	3.12
初中	0.28	6.90	12.45	0.79	20.42
高中	0.25	7.86	7.19	0.31	15.61
大学专科	0.10	12.56	5.61	0.08	18.35
大学本科	0.03	22.61	9.61	0.09	32.34
硕士研究生	0	6.93	2.90	0.03	9.86
博士研究生	0	0.81	0.74	0.02	1.57
合计	0.67	58.07	40.89	1.86	101.49

资料来源：北京市第七次全国人口普查领导小组办公室，北京市统计局. 北京市人口普查年鉴 2020（中册）[M]. 北京：中国统计出版社，2022.4.

表 2.8 反映了北京市就业人口的区域分布，以及不同地区就业人口的学历构成。全市就业人口最多的 5 个区县是朝阳区、海淀区、昌平区、丰台区

表 2.8　2020 年北京市不同区县和受教育程度的就业人口数

区县	全区合计		不同教育程度人口数/万人									大学专科及以上学历占比/%
	人口数/万人	占比/%	未上过学	学前教育	小学	初中	高中	大学专科	大学本科	硕士研究生	博士研究生	
东城区	3.13	3.08	0	0	0.05	0.30	0.45	0.54	1.29	0.43	0.06	74.12
西城区	5.09	5.01	0.01	0	0.11	0.57	0.62	0.74	1.94	0.96	0.14	74.26
朝阳区	15.9	15.67	0.02	0	0.36	2.24	2.00	2.62	6.26	2.14	0.26	70.94
丰台区	9.83	9.68	0.02	0	0.22	1.48	1.51	1.87	3.57	1.03	0.12	67.04
石景山区	2.43	2.39	0	0	0.05	0.25	0.32	0.47	0.99	0.30	0.04	74.07
海淀区	14.61	14.39	0.03	0	0.36	2.04	1.71	2.06	5.17	2.55	0.68	71.59
门头沟区	1.53	1.51	0	0	0.05	0.32	0.29	0.35	0.45	0.07	0.01	57.52
房山区	5.35	5.27	0.01	0	0.17	1.49	0.99	1.16	1.27	0.23	0.03	50.28
通州区	7.94	7.82	0.01	0	0.25	1.87	1.36	1.75	2.29	0.37	0.03	55.92
顺义区	7.15	7.04	0.02	0	0.36	2.42	1.28	1.24	1.59	0.24	0.02	43.22
昌平区	11.89	11.71	0.02	0	0.34	2.42	1.87	2.37	3.84	0.90	0.12	60.81
大兴区	9.00	8.87	0.02	0	0.36	2.32	1.56	1.80	2.33	0.55	0.05	52.56
怀柔区	1.89	1.86	0.01	0	0.11	0.65	0.41	0.33	0.35	0.03	0	37.57
平谷区	2.11	2.08	0.01	0	0.11	0.72	0.48	0.42	0.35	0.02	0	37.44
密云区	2.30	2.27	0.01	0	0.13	0.82	0.48	0.41	0.41	0.03	0	36.96
延庆区	1.36	1.35	0.01	0	0.09	0.50	0.27	0.23	0.24	0.02	0	0
全市合计	101.5	100	0.22	0	3.12	20.42	15.62	18.34	32.34	9.86	1.57	61.19

资料来源：北京市第七次全国人口普查领导小组办公室，北京市统计局．北京市人口普查年鉴 2020（中册）[M]．北京：中国统计出版社，2022. 4.

和大兴区，其就业人口占全市就业人口总数分别为 15.67%、14.39%、11.71%、9.68% 和 8.87%。从就业人口总数来看，以中心城区和城市发展新区为主，远郊区县就业人数相对较少。从就业人口学历构成来看，这 5 个区县就业人口最多的学历都是大学本科，大学及以上就业人口占就业人口总数的 61.19%，这一数字比常住人口中大学及以上学历人口占比更高。从各区县情况来看，大学及以上学历就业人口占比排名前 5 的区县分别是西城区、东城区、石景山区、海淀区和朝阳区，占比分别为 74.26%、74.12%、74.07%、71.59% 和 70.94%，全部是中心城区，而城市发展新区虽然高学历就业人口数量多，但其占比并不如前 5 个区县高。

2.2.2 行业状况和收入分布

如表 2.9 所示，2021 年年末全市法人单位从业人员总数为 1076.6 万人，其中，法人单位从业人员人数最多的 5 个行业是信息传输、软件和信息技术服务业，租赁和商务服务业，批发和零售业，科学研究和技术服务业及制造业，从业人员数量分别约为 138.9 万人、135.4 万人、102.2 万人、100.6 万人和 77.6 万人，这些行业以第三产业相关门类为主，除了批发零售业和部分制造业等人口密集型产业之外，其他产业大多是高新技术和科学研究相关的行业。从收入情况分析来看，北京市全行业从业人员平均工资约为 16.65 万元，除去收入最低的居民服务、修理和其他服务业以及农、林、牧、渔等第一产业外，其余行业人员平均工资均在 10 万元以上。从业人员平均工资水平最高的 5 个行业是金融业，信息传输、软件和信息技术服务业，卫生和社会工作，电力、热力、燃气及水生产和供应业及教育业，平均工资分别为 29.23 万元、25.79 万元、20.58 万元、18.84 万元和 18.75 万元，其中既包括金融业，信息传输、软件和信息技术服务业等新兴较高收入水平行业，也包括卫生和社会工作等为社会提供公共服务的行业，还有电力、热力、燃气及水生产和供应业等传统基础设施运营和服务行业，行业类别分布广泛。

表 2.9　2021 年北京市法人单位从业人员人数及工资情况

行业	从业人员年末人数/万人	从业人员工资总额/亿元	从业人员平均工资/万元
农、林、牧、渔业	2.1	15.3	7.4345
采矿业	2.8	43.6	15.26
制造业	77.6	1193.9	15.31
电力、热力、燃气及水生产和供应业	10.4	192.7	18.84
建筑业	75.3	879.6	11.72
批发和零售业	102.2	1398.6	13.61
交通运输、仓储和邮政业	60.4	788.8	12.83
住宿和餐饮业	41.3	259.3	6.28
信息传输、软件和信息技术服务业	138.9	3557.4	25.79
金融业	64.2	1923.9	29.23
房地产业	62.4	710.2	11.52
租赁和商务服务业	135.4	1793.2	13.11
科学研究和技术服务业	100.6	1796.1	17.85
水利、环境和公共设施管理业	15.6	163.9	10.16
居民服务、修理和其他服务业	20.1	122.3	5.93
教育	60.2	1195.6	18.75
卫生和社会工作	36.5	739.5	20.58
文化、体育和娱乐业	27.0	497.0	18.58
公共管理、社会保障和社会组织	43.6	759.9	17.62
合计	1076.6	18030.8	16.65

资料来源：北京市统计局，国家统计局北京调查总队．北京统计年鉴 2022［M］．北京：中国统计出版社，2022.10.

2.3 外省市来京人口的构成与分布

2.3.1 年龄、性别和地区分布

第七次全国人口普查数据显示，北京市常住人口中外省市来京人口约841.84万人，占常住人口总数的38.45%。其中，男性454.55万人，女性387.29万人。各个年龄段性别构成类似，60岁及以上年龄组女性人数高于男性人数。从年龄构成来看，20~59岁人口共有约687.65万人，占外省市来京人口总数的81.68%，20~39岁年龄组人口最多，达到442.98万人（表2.10）。

表 2.10　2021年北京市分年龄、性别外省市来京人口数

年龄	人口数/万人			占外省市来京人口总数比重/%		
	男	女	合计	男	女	合计
0~9岁	24.84	22.4	47.23	2.95	2.66	5.61
10~19岁	22.38	15.84	38.22	2.65	1.88	4.54
20~39岁	240.14	202.84	442.98	28.52	24.09	52.61
40~59岁	134.79	109.88	244.67	16.02	13.06	29.07
60岁及以上	32.40	36.33	68.73	3.85	4.31	8.17
合计	454.55	387.29	841.84	53.99	46.01	100.00

资料来源：北京市第七次全国人口普查领导小组办公室，北京市统计局. 北京市人口普查年鉴2020（中册）[M]. 北京：中国统计出版社，2022.4.

从地区分布来看，如表2.11所示，截至2021年全市常住外省市来京人口最多的5个区县分别是昌平区、朝阳区、海淀区、大兴区和通州区，人口数分别约为132.1万人、126.1万人、107.1万人、102.2万人和89.9万人，此外，丰台区也有63.6万常住外来人口，这与常住人口的地区分布情况基本一致，区别在于在这6个人口大区中，昌平区、大兴区和通州区等城市发展新区常住外来人口的数量要高于朝阳区、海淀区和丰台区等中心城区。

总体来看，与 6 个中心城区包括首都功能核心区和城市功能拓展区相比，常住外省市来京人口在昌平区等城市发展新区的居住倾向更为明显、居住的人口更多。即便如此，与常住人口分布情况相比，外省市来京在门头沟区、房山区、怀柔区、密云区和延庆区等更为偏远的生态涵养区居住的人口数和比例都较低。

表 2.11　2020-2021 年北京市常住外省市来京人口的区县分布　单位：万人

区县	常住人口		常住外省市来京人口	
	2021 年	2020 年	2021 年	2020 年
东城区	70.8	70.9	15.5	15.7
西城区	110.4	110.6	23.4	24.1
朝阳区	344.9	345.1	126.1	127.6
丰台区	201.5	201.9	63.6	64.2
石景山区	56.6	56.8	16.3	16.6
海淀区	313.0	313.2	107.1	108.4
门头沟区	39.6	39.3	11.6	11.5
房山区	131.3	131.3	44.1	44.0
通州区	184.3	184.0	89.9	90.4
顺义区	132.6	132.4	60.3	60.2
昌平区	227.0	226.9	132.1	131.8
大兴区	199.5	199.4	102.2	102.4
怀柔区	44.1	44.1	15.6	15.6
平谷区	45.7	45.7	7.8	7.8
密云区	52.7	52.8	11.1	11.2
延庆区	34.6	34.6	8.1	8.1
合计	2188.6	2189.0	834.8	839.6

资料来源：北京市统计局，国家统计局北京调查总队．北京统计年鉴 2022 [M]．北京：中国统计出版社，2022.10.

注：2021 年数据为人口抽样调查推算数，2020 年数据来源于北京市第七次全国人口普查数据。

2.3.2　学历、职业和收入分布

如表 2.12 所示，北京市 25 岁及以上的外省市来京人口共有约 674.82 万人，这个年龄段人口是外省市来京就业人口的主体。其中，大学及以上学历的外省市来京人口 280.23 万人，占 25 岁及以上外省市来京人口总数的 41.53%，大学本科学历占 25 岁及以上外省市来京人口的 22.19%。朝阳区、昌平区、海淀区、通州区和大兴区 25 岁以上高学历外省市来京人口最多，分别为 54.04 万人、47.37 万人、41.46 万人、28.44 万人和 27.62 万人，其次是丰台区约 25.11 万人。这 6 个区县是高学历外省市来京人口的主要居住区域，其中既包括就近就业的地区，也包括跨区县职住分离的居民，这与常住人口在各区县的总体分布情况基本一致，也体现出中心城区和城市发展新区为主的人口居住格局，区别在于北部的昌平区吸纳了大量高学历的外省市来京人口，这与昌平区及其周边地区以高新技术产业园区为发展重点的产业规划密切相关。

此外，在 25 岁及以上外省市来京人口中，中学学历人口（含初中和高中）外省市来京人口数约为 335.51 万人，约占该部分人口总体的 49.72%，初中及以下 277.19 万人，约占该部分人口总体的 41.08%。这也基本反映了北京市外来就业人口总体的受教育基本状况，即不同学历外来就业人口分布较为均衡，高学历和低学历外来就业人口均占比较大。与高学历外省市来京人口分布状况有所区别的是，初中及以下学历外省市来京人口在中心城区和城市发展新区分布较为均衡，各个区县人口规模基本相同，略向城市发展新区倾斜。

表 2.12　2020 年北京市分区县和受教育程度 25 岁以上外省市来京人口数

区县	全区合计人数/万人	不同教育程度人口数/万人									
		未上过学	学前教育	小学	初中	高中	大学专科	大学本科	硕士研究生	博士研究生	大学及以上
东城区	13.37	0.09	0	0.91	3.75	2.94	1.81	3.04	0.77	0.06	5.68
西城区	20.88	0.20	0	1.55	5.99	4.44	2.65	4.48	1.46	0.11	8.70
朝阳区	105.97	0.59	0.03	6.18	27.77	17.36	15.19	31.38	7.05	0.42	54.04
丰台区	53.87	0.44	0.01	3.61	14.57	10.13	8.40	13.67	2.88	0.16	25.11
石景山区	13.57	0.14	0.01	1.01	3.25	2.29	2.18	3.78	0.84	0.07	6.87
海淀区	85.84	0.70	0.03	5.87	22.01	15.77	11.49	20.88	7.42	1.67	41.46
门头沟区	9.39	0.10	0	0.98	3.32	1.64	1.41	1.68	0.25	0.01	3.35
房山区	34.20	0.35	0.01	3.33	13.07	5.73	4.94	5.85	0.82	0.10	11.71
通州区	71.70	0.41	0.02	5.93	25.07	11.83	11.48	15.07	1.80	0.09	28.44
顺义区	49.35	0.38	0.01	5.18	22.42	7.93	5.26	7.11	1.01	0.05	13.43
昌平区	102.57	0.74	0.03	7.07	29.63	17.73	16.41	26.23	4.44	0.29	47.37
大兴区	80.53	0.63	0.04	7.41	30.89	13.94	11.37	13.81	2.31	0.13	27.62
怀柔区	11.99	0.14	0.01	1.54	5.94	2.07	1.11	0.95	0.19	0.04	2.29
平谷区	6.32	0.08	0	0.83	3.05	1.08	0.66	0.55	0.06	0.01	1.28
密云区	9.02	0.12	0	1.19	4.27	1.59	0.94	0.81	0.09	0.01	1.85
延庆区	6.25	0.10	0	1.01	3.19	0.89	0.54	0.45	0.06	0.01	1.06
全市合计 人数/万人	674.82	5.21	0.20	53.60	218.19	117.36	95.84	149.74	31.45	3.23	280.23
全市合计 占比/%	100	0.77	0.03	7.94	32.33	17.39	14.2	22.19	4.66	0.48	41.53

资料来源：北京市第七次全国人口普查领导小组办公室，北京市统计局．北京市人口普查年鉴 2020（中册）[M]．北京：中国统计出版社，2022. 4.

表 2.13 为北京市第七次全国人口普查的长表抽样数据，从外来就业人口的行业分布来看，外来就业人口从事最多的行业前 5 位是批发零售业，信息传输、软件和信息技术服务业，建筑业，租赁和商务服务业及制造业，此外，住宿和餐饮业，科学研究和技术服务业，居民服务、修理和其他服务业，教育等也占比较高。这些行业既包括批发零售业和建筑业等劳动密集型产业，也包括信息技术服务业、租赁和商务服务业等高新技术产业和新兴服务业，还包括居民服务业和教育等公共行业，覆盖的行业门类相对比较齐全。从外来就业人员的地域分布来看，选取外省市来京人口中就业人数最多的 5 个行业进行分析：其中，批发和零售业的就业人员主要分布在朝阳区、昌平区和海淀区；信息传输、软件和信息技术服务业的就业人员主要分布在昌平区、海淀区和朝阳区；建筑业的就业人员主要分布在大兴区、昌平区和顺义；租赁和商务服务业的就业人员主要分布在朝阳区、海淀区和昌平；制造业的就业人员主要分布在大兴区、昌平区和顺义区。可见，不同行业外来就业人员的分布与各区县的传统行业和规划产业密切相关，批发零售业、制造业和建筑业等第二产业或劳动密集型第三产业就业人员主要分布在城市发展新区，其他行业就业人员在各个区县均有所分布。

从外来就业人口的职业分布来看，如表 2.14 所示，从业人数排名前三位的职业是社会生产服务和生活服务人员、专业技术人员，以及生产制造及有关人员，分别占外来就业人口总数的 51.97%、20.32% 和 14.00%，合计占就业人口总数的 86.29%，其中，社会生产服务和生活服务人员是第三产业中涵盖门类较广泛的职业门类，包括金融服务人员、信息传输和软件和信息技术服务人员，也包括批发和零售业服务人员、租赁和商务业服务人员等；专业技术人员的从业人数在外来就业人口的总人数中占 20.32%。外来就业人口的职业分布与行业就业人口分布、受教育程度分布等情况也能相互对应。

表 2.13　2020 年北京市部分区县和行业外来就业人口数

单位：万人

行业	东城区	西城区	朝阳区	丰台区	石景山区	海淀区	房山区	通州区	顺义区	昌平区	大兴区	全市
农、林、牧、渔业	0	0	0.01	0.01	0	0.02	0.05	0.04	0.07	0.05	0.07	0.32
采矿业	0	0	0.01	0	0	0	0	0	0	0	0	0.01
制造业	0.03	0.05	0.30	0.24	0.04	0.35	0.24	0.52	0.55	0.67	0.84	3.83
电力、热气及水生产和供应业	0	0.02	0.03	0.03	0.01	0.02	0.01	0.02	0.02	0.03	0.02	0.21
建筑业	0.05	0.08	0.67	0.42	0.17	0.49	0.28	0.52	0.76	0.76	0.85	5.05
批发和零售业	0.17	0.25	1.48	1.12	0.16	0.93	0.40	0.84	0.56	1.31	1.02	8.24
交通运输、仓储和邮政业	0.03	0.04	0.32	0.17	0.03	0.19	0.10	0.29	0.55	0.30	0.34	2.36
住宿和餐饮业	0.16	0.27	0.55	0.27	0.05	0.66	0.11	0.21	0.25	0.44	0.24	3.21
信息传输、软件和信息技术服务业	0.07	0.12	1.00	0.48	0.13	1.18	0.16	0.39	0.24	1.83	0.35	5.95
金融业	0.05	0.11	0.33	0.19	0.05	0.18	0.04	0.15	0.06	0.19	0.11	1.46
房地产业	0.08	0.14	0.39	0.20	0.04	0.4	0.06	0.17	0.12	0.28	0.18	2.06
租赁和商务服务业	0.11	0.17	0.91	0.48	0.09	0.66	0.15	0.44	0.27	0.54	0.38	4.20
科学研究和技术服务业	0.04	0.09	0.46	0.27	0.07	0.63	0.12	0.25	0.14	0.57	0.29	2.93

续表

行业	东城区	西城区	朝阳区	丰台区	石景山区	海淀区	房山区	通州区	顺义区	昌平区	大兴区	全市
水利、环境和公共设施管理业	0.02	0.03	0.08	0.05	0.02	0.08	0.02	0.09	0.06	0.08	0.06	0.59
居民服务、修理和其他服务业	0.06	0.11	0.52	0.23	0.05	0.41	0.11	0.19	0.22	0.38	0.23	2.51
教育	0.03	0.07	0.35	0.19	0.05	0.50	0.09	0.19	0.12	0.54	0.17	2.30
卫生和社会工作	0.03	0.06	0.17	0.18	0.04	0.22	0.06	0.07	0.04	0.17	0.11	1.15
文化、体育和娱乐业	0.04	0.06	0.42	0.13	0.03	0.16	0.04	0.20	0.07	0.17	0.10	1.42
公共管理、社会保障和社会组织	0.03	0.07	0.09	0.07	0.01	0.10	0.02	0.04	0.03	0.05	0.06	0.56
国际组织	0	0	0	0	0	0	0	0	0	0	0	0.01
合计	1.00	1.74	8.09	4.73	1.04	7.18	2.06	4.62	4.13	8.35	5.42	48.37

资料来源：北京市第七次全国人口普查领导小组办公室，北京市统计局. 北京市人口普查年鉴 2020（中册）[M]. 北京：中国统计出版社，2022. 4.

表 2.14　2020 年北京市外来就业人口的从业情况

职业分类	人数/万人	占比/%
党的机关、国家机关、群众团体和社会组织、企事业单位负责人	1.82	3.58
专业技术人员	10.32	20.32
办事人员和有关人员	4.76	9.37
社会生产服务和生活服务人员	26.39	51.97
农、林、牧、渔业生产及辅助人员	0.34	0.67
生产制造及有关人员	7.11	14.00
不便分类的其他从业人员	0.04	0.09
合计	50.78	100.00

资料来源：北京市第七次全国人口普查领导小组办公室，北京市统计局. 北京市人口普查年鉴 2020（中册）［M］. 北京：中国统计出版社，2022.4.

2.4　北京市"一老一小"的构成与分布

2.4.1　年龄、性别和老龄化水平

参考北京市"一老一小"社保政策，"一老一小"是指 60 岁及以上以及 16 岁及以下的人口，但是根据北京市全国人口普查以及北京市统计年鉴的统计口径，这里将"一小"的年龄范围界定为 14 岁及以下。如表 2.1 所示，全市 14 岁及以下人口共计约 259.16 万人，其中，0~4 岁的人口约为 101.63 万人，占比约 39.22%，5~9 岁的人口约为 93.3 万人，占比约 36%，10~14 岁的人口约为 64.23 万人，占比约 24.78%。可见，在 14 岁及以下年龄组中 0~4 岁和 5~9 岁等较低龄儿童人口数最多，合计占比约 75.22%。此外，在 14 岁以下的各个年龄组中，男性儿童数量都要高于女性儿童。从儿童的区域分布来看，0~9 岁的儿童住在朝阳区、海淀区、昌平区、大兴区、通州区、丰台区、房山区、顺义区和西城区的人数较多，原因一是这

些区县人口基数相对较大，二也有房屋价格和父母工作地点等因素的影响。值得注意的是东城区和西城区等各类教育资源相对丰富的区县，0~9 岁儿童数量也相对较高，高于常住人口在全市中的占比。

如前所述，2020 年 60 岁及以上老年人占北京市人口总数的 19.63%，且中心城区老年人口的数量和占比要高于远郊区县老年人口的数量和占比。具体来看，参考表 2.1，60~69 岁老年人在老年人群体中占比最高，占总人口的 11.79%，其中又以 60~64 岁老年人占比较高，占总人口的 6.33%，70~79 岁、80~89 岁、90 岁及以上老年人占总人口比例分别为 4.95%、2.51% 和 0.37%。如果放在老年人总体中，60~69 岁老年人占老年人总数的 60.05%，其中 60~64 岁老年人占老年人总数的 32.25%。可见，在老年人群体中，低龄老年人群体占主体。从性别构成来看，在老年人口的各个年龄段，女性老年人数量都要高于男性老年人数量。

老龄化程度是指 60 岁及以上人口在总人口中的比重，它反映了人口基本结构状态的指标之一。从各区县老龄化程度来看，如表 2.15 所示，老龄化程度超过 20% 的区县包括东城区（26.45%）、西城区（25.97%）、石景山区（24.26%）、平谷区（24.03%）、丰台区（23.72%）、密云区（23.14%）、延庆区（23.03%）、门头沟区（22.61%）、朝阳区（20.53%）。各区县的老龄化程度逐渐加深，反映出老龄人口在各区县人口中的占比不断提升，人口构成越来越呈现出老龄化状态。其中，东城区和西城区作为首都功能核心区和老城区，老龄人口的占比较高；石景山区和丰台区也是传统上老旧小区较多的区县，老龄人口的占比也较高；由于常住人口和就业人口总量相对较少，平谷区、密云区和延庆区等远郊区县虽然老年人口总量较少，甚至很多区县老年人口数排在全市末位，但是老龄人口占比相对较高。总的来看，北京市老城区和生态涵养区等远郊区县老龄化程度在逐渐加深。

表 2.15　2020 年北京市分区县老龄化程度

区县	总人口数/万人	60 岁及以上人口数/万人	老龄化程度/%
东城区	70.88	18.75	26.45
西城区	110.62	28.73	25.97
朝阳区	345.25	70.89	20.53
丰台区	201.98	47.9	23.72
石景山区	56.79	13.78	24.26
海淀区	313.35	57.83	18.46
门头沟区	39.26	8.88	22.61
房山区	131.28	26.00	19.80
通州区	184.03	31.60	17.17
顺义区	132.40	21.88	16.53
昌平区	226.95	33.92	14.95
大兴区	199.36	29.92	15.01
怀柔区	44.10	8.62	19.55
平谷区	45.73	10.99	24.03
密云区	52.77	12.21	23.14
延庆区	34.57	7.96	23.03
合计	2189.31	429.86	19.63

资料来源：根据表 2.2 数据分类汇总而成。

2.4.2　老年人的学历、职业和收入分布

从老年人的受教育程度来看，如表 2.16 所示，中学学历人数最多、占比最高，初中和高中学历分别约有 144.15 万人和 103.91 万人，两项合计占老年人口总数的 57.71%；大学及以上学历占比次之，合计人数为 88.73 万人，占老年人口总数的 20.64%，小学受教育程度的老年人有 77.04 万人，约占老年人口总数的 17.92%。总的来看，初中及以下受教育程度占老年人口总数的 55.19%。从老年人口的各个年龄组来看，75~79 岁和 80~84 岁两个年龄组大学及以上受教育程度比例最高，占比分别为 24.51% 和 22.8%；

85 岁及以上和 70~74 岁两个年龄组初中及以下受教育程度占比最高，分别为 69.64% 和 60.79%。

表 2.16　2020 年北京市分年龄老年人口的受教育程度

		60~64 岁	65~69 岁	70~74 岁	75~79 岁	80~84 岁	85 岁及以上	合计
不同教育程度人口数／万人	未上过学	1.78	2.54	1.70	1.65	2.94	5.05	15.66
	学前教育	0.05	0.05	0.05	0.05	0.07	0.11	0.37
	小学	13.25	18.00	14.42	10.05	11.22	10.11	77.04
	初中	45.1	50.89	24.47	12.18	6.94	4.57	144.15
	高中	51.08	23.49	12.91	8.13	5.15	3.15	103.91
	大学专科	14.38	13.50	7.41	3.95	2.59	1.69	43.52
	大学本科	11.27	9.99	5.54	5.29	5.79	3.61	41.49
	硕士研究生	1.40	0.85	0.30	0.19	0.14	0.17	3.06
	博士研究生	0.35	0.16	0.06	0.04	0.03	0.04	0.66
	合计	138.65	119.47	66.85	41.52	34.88	28.49	429.86
大学专科及以上占比/%		19.76	20.50	19.91	22.80	24.51	19.34	20.64
初中及以下占比/%		43.40	59.83	60.79	57.63	60.69	69.64	55.19

资料来源：北京市第七次全国人口普查领导小组办公室，北京市统计局. 北京市人口普查年鉴 2020（上册）[M]. 北京：中国统计出版社，2022.4.

如表 2.17 所示，北京市老年人口的生活来源主要来自离退休金/养老金（83.69%）、家庭其他成员供养（8.39%）和劳动收入（4.16%），合计占所有生活来源的 96.24%。在抽样调查样本的 42.8 万人中，通过领离退休金/养老金作为主要生活来源人口数最多的区县是朝阳区（6.63 万人）、海淀区（5.38 万人）和丰台区（4.5 万人），占老年人口数比例最高的区县则是东城区（95.59%）、西城区（94.83%）和石景山区（94.24%）。通过家庭其他成员供养作为主要生活来源的老年人口占比最高的区县分别是延庆区（19.48%）、怀柔区（18.29%）和房山区（17.39%）。通过劳动收入作为主要生活来源的老年人口占比最高的区县是平谷区（13.64%）、怀柔区（10.98%）和延庆区（10.39%）。除此之外，以最低生活保障金、财产性收入和失业保险金作为老年人主要生活来源的人数和占比都比较低。

表 2.17　2020 年北京市不同区县老年人口主要生活来源　　单位：万人

区县	不同生活来源人口数						
	全区合计	劳动收入	离退休金/养老金	最低生活保障金	失业保险金	财产性收入	家庭其他成员供养	其他
东城区	2.04	0.04	1.95	0.01	0	0	0.04	0.01
西城区	3.1	0.06	2.94	0.01	0	0	0.08	0.02
朝阳区	7.05	0.14	6.63	0.02	0	0.01	0.18	0.07
丰台区	4.83	0.10	4.50	0.02	0	0	0.17	0.05
石景山区	1.39	0.02	1.31	0.01	0	0	0.05	0.01
海淀区	5.93	0.20	5.38	0.02	0	0.01	0.26	0.06
门头沟区	0.86	0.03	0.68	0.03	0	0	0.07	0.05
房山区	2.53	0.13	1.83	0.07	0	0.01	0.44	0.06
通州区	2.99	0.15	2.19	0.06	0	0.04	0.43	0.14
顺义区	2.13	0.17	1.40	0.06	0	0.02	0.44	0.05
昌平区	3.32	0.18	2.56	0.06	0	0.03	0.42	0.07
大兴区	2.74	0.15	2.00	0.04	0	0.04	0.44	0.08
怀柔区	0.82	0.09	0.51	0.03	0	0	0.15	0.03
平谷区	1.10	0.15	0.67	0.04	0	0	0.18	0.06
密云区	1.20	0.09	0.91	0.05	0	0	0.11	0.04
延庆区	0.77	0.08	0.38	0.06	0	0	0.15	0.09
全市合计	42.8	1.78	35.82	0.57	0	0.18	3.59	0.86

资料来源：北京市第七次全国人口普查领导小组办公室，北京市统计局．北京市人口普查年鉴 2020（下册）［M］．北京：中国统计出版社，2022.4.

2.4.3　"一老一小"的健康和养育

北京市第七次全国人口普查对"一老一小"的健康和养育问题进行了专门的统计调查，如表 2.18 所示，北京市基本健康和健康的老年人合计占比约为 90.68%，"不健康，但生活能自理"和"不健康，生活不能自理"的老年人合计占比约为 9.35%。北京市常住人口中 60 岁及以上老年人口约为 429.86 万人，因此大约有 40.19 万老年人口处于不健康的身体状况，其中生活不能自理的老年人约为 12.25 万人。

表 2.18 2020 年北京市分性别 60 岁以上老龄人口的健康状况

健康状况	人数/万人	占比/%
健康	26.56	62.03
基本健康	12.25	28.62
不健康，但生活能自理	2.78	6.50
不健康，生活不能自理	1.22	2.85
合计	42.8	100.0

资料来源：北京市第七次全国人口普查领导小组办公室，北京市统计局.北京市人口普查年鉴 2020（下册）[M]. 北京：中国统计出版社，2022.4.

从北京市幼儿园的基本情况来看，如表 2.19 所示，不同地区和城乡的幼儿园数量和幼儿数量有所差异，全市共有幼儿园约 0.2 万所，其中城区约有 0.16 万所，镇区约有 0.02 万所，乡村约有 0.03 万所。全市共有幼儿园班级 2.01 万个，其中城区有 1.68 万个，镇区和乡村分别有 0.17 万个和 0.16 万个。全市共有在园幼儿数约 56.67 万人，其中城区约有 47.85 万人，镇区和乡村分别约有 4.65 万人和 4.17 万人。全市幼儿园共有教职工数 9.83 万人，全市幼儿园共有卫生保健人员 0.5 万人，其中城区约有 0.44 万人，镇区和乡村分别约 0.03 万人。

表 2.19 2021 年北京市幼儿园基本情况

项目	城区	镇区	乡村	合计
园数/万所	0.16	0.02	0.03	0.2
班数/万个	1.68	0.17	0.16	2.01
在园幼儿数/万人	47.85	4.65	4.17	56.67
教职工数/万人	8.42	0.74	0.67	9.83
卫生保健人员/万人	0.44	0.03	0.03	0.50

资料来源：北京市统计局，国家统计局北京调查总队.北京统计年鉴 2022 [M]. 北京：中国统计出版社，2022.10.

第3章 基于资源和需求的流动人口服务管理

北京作为一座超大型城市，围绕人口问题衍生出来的社会议题始终是城市经济社会发展的中心议题之一。多年来，流动人口服务管理一直是首都经济社会发展过程中的重要议题之一。北京的流动人口服务管理既要践行非首都功能疏解的决策部署，又要满足流动人口在京就业、居住和发展的民生需求，还要符合地区产业结构升级和经济高水平发展的要求。因此，迫切需要各地区根据当前北京乃至京津冀地区的经济社会发展要求、特征和趋势，来采取相应的流动人口服务和管理措施，从而实现基于地区资源和需求的流动人口有序服务和管理，为北京非首都功能疏解和经济社会良性运行做贡献。本章选取了朝阳区崔各庄乡、海淀区西北旺镇、昌平区北七家镇和霍营街道、通州区马驹桥镇和大兴区西红门镇5个区县的部分辖区作为案例，采用依据不同地区资源禀赋、人口构成和服务管理方式和类型的匹配分析方法，来对上述问题进行相关分析和研究。

3.1 人口普查十年北京市流动人口的变迁和新趋势

3.1.1 城六区人口规模下降，新区人口最多

从地区分布来看，昌平区是流动人口数量最多的区县，人口数约为132.1万人。自2000年开始，在快速城市化和中心城区人口疏解等政策背

景下，北京市流动人口分布逐渐从市区向郊区过渡。2010 年第六次全国人口普查数据表明，中心城区流动人口数量下降到占流动人口总数的六成以上。2020 年，第七次全国人口普查数据显示，北京市城市发展新区的流动人口数量（428.6 万人）超过了中心城区（352 万人）。这主要是由于城市发展新区经济发展较快、产业门类众多，能够提供的就业岗位多，因此吸引了大量就业人口的涌入。实际上，流动人口在北京的空间分布是一个漫长的变化过程，不仅受各区县就业机会和居住成本等影响，也受各地医疗卫生、交通和教育等公共服务水平的影响，此外还受到各区产业规划和人口疏解政策等因素影响。

3.1.2 家庭流动人口降低，劳动人口占主体

与 2010 年北京市第六次全国人口普查数据相比，2016 年北京流动人口中家庭整体迁移的比例下降了 8% 左右，虽然总体上仍然有超过半数流动人口举家迁移，但家庭迁移的比重有所下降。此外，北京市第七次全国人口普查显示，在京流动人口中劳动年龄人口即 15 岁到 64 岁人口约为 739.38 万人，占流动人口总数（841.84 万人）的 87.83%，这一数字超过了北京第六次全国人口普查时的流动人口总数（704.5 万人）[42]，在流动人口中占绝对主体。

3.1.3 学历结构提升，高新技术就业凸显

北京市第七次全国人口普查数据显示，近十年来在京流动人口的高学历人才比例快速上升，截至 2020 年，3 岁及以上流动人口受教育程度中，大学及以上人口比例约达 41.1%（即 3 岁及以上流动人口数为 828.61 万人，其中大学及以上学历人数约为 340.55 万人）[42]，这比第六次全国人口普查期间大学及以上学历人口占比 24.4% 约提高了 17 个百分点，即从流动人口总体来看，不到三个流动人口中就有一人接受过高等教育，这一增速也要高于 2010 年相对于 2000 年的增速。正因为如此，流动人口中从事信息传输、软件和信息技术服务业等高新技术行业的人员达到约 11.89%，专业技术人员达到约 20.32%。后者比 2010 年第六次全国人口普查的 13.1% 上涨了约 10 个百分点。

3.2　城市发展新区的资源禀赋和治理条件

3.2.1　重点行业就业人口分布

如前所述，从事制造业、建筑业或其他劳动密集型行业的流动人口主要分布在城市发展新区[43]，但实际上制造业包括传统制造业和现代制造业，比如其中的 IT 和软件制造业等并不属于劳动密集型产业，北京市第七次全国人口普查数据显示，北京传统制造业和现代制造业的从业人数基本上是"五五"开。因此，如果考虑到城市功能分区、行业大类及子类别的具体情况并交叉汇总，更有助于判断不同区县流动人口就业的构成和特征[44]。具体来看，本研究将行业大类分为三类：第一类是批发和零售业及建筑业，第二类是租赁和商务服务业及信息传输、软件和信息技术服务业，第三类是制造业，并按城市功能区划予以统计汇总，如表 3.1 所示。第一类批发零售业及建筑业的从业人员主要分布在城市发展新区，除生态涵养区外在全市占比分别为 47.85% 和 57.43%；第二类租赁和商务服务业及信息传输、软件和信息技术服务业主要分布在城市功能拓展区，除生态涵养区外在全市占比分别为 56.27% 和 49.34%；第三类制造业主要分布在城市发展新区，占比为 66.50%。因此，总体来看，城市发展新区是劳动密集型产业和制造业从业人员的主要聚居地，需要补充说明的是，昌平区吸引了 30.30% 的信息传输、软件和信息技术服务业从业人员，且制造业门类中包括近半数 IT 和软件制造等现代制造业的从业人员。

表 3.1　北京市全市及部分区域/区县流动人口主要从事行业统计

行业	全市合计	城市功能拓展区	城市发展新区	昌平区	顺义区
建筑业 人口数/万人	5.52	1.75	3.17	0.76	0.76
占比/%	100	31.71	57.43	13.77	13.77

行业	全市合计	城市功能拓展区	城市发展新区	昌平区	顺义区
批发和零售业 人口数/万人	8.63	3.69	4.13	1.31	0.56
占比/%	100	42.76	47.85	15.18	6.49
租赁和商务服务业 人口数/万人	4.30	2.14	1.78	0.54	0.27
占比/%	100	56.27	41.40	12.56	6.28
信息传输、软件和信息 技术服务业人口数/万人	6.04	2.79	2.97	1.83	0.24
占比/%	100	49.34	49.17	30.30	3.97
制造业 人口数/万人	4.24	0.93	2.83	0.67	0.55
占比/%	100	21.93	66.5	15.80	12.97

资料来源：北京市第七次全国人口普查领导小组办公室，北京市统计局. 北京市人口普查年鉴 2020（中册）［M］. 北京：中国统计出版社，2022.4.

3.2.2　产业和人口结构

城市功能定位、产业结构布局、城市增长方向和公共服务水平等经济社会因素都会对人口迁移产生影响。近些年城市发展新区是产业结构调整和公共服务资源配置的重点区域，因此也是人口迁移最活跃的区域。从人口增速来看，近年来昌平区、通州区、大兴区和房山区等区县的人口迁入速度都要远高于城市功能拓展区等中心城区。如前所述，2020 年第七次全国人口普查数据显示在流动人口规模上，北京市全国人口普查首次出现城市发展新区高于城市功能拓展区的情况，人口外扩趋势明显。

从具体街道和乡镇的产业和人口结构来看，由于产业功能齐全、公共服务水平较高等因素，城市功能拓展区和部分临近中心城区的城市发展新区，辖区一些街道和乡镇已经成为兼具产业功能、居住功能和公共服务功能的人口聚居区，包括朝阳、海淀区、丰台区、石景山区，以及城市发展新区的中心区域，尤其是位于城乡接合部地区人口密集的街道和乡镇。这种就业人口从中心城区向周边地区或者其他省份逐渐外扩的趋势，会随着未来城市发展新区或周边省市基础设施完善和产业调整而持续下去。具体到区县各辖区的产业发展情况，本研究对朝阳区崔各庄地区、海淀区西北旺地区、昌平区北七家镇、霍营街道、通州区马驹桥镇和大兴区西红门地区五个区县的部分辖区进行了实地调研，其中主要是城市发展新区，也包括部分外围城市功能拓展区的乡镇或地区，调研的时间节点是 2019 年。调研案例所在辖区的共同特征是它们都处在城市和乡村相互交接的地区即城乡接合部地区。研究考察了辖区的产业特色和人口结构特征，见表 3.2。

表 3.2 2019 年北京市 5 个典型辖区的产业特色和人口结构特征

地区	产业特征	人口特征	区域功能
朝阳区崔各庄地区	文化产业集群	常住人口 10.7 万人，流动人口 6.99 万人	居住、中心城区就业为主、本地就业为辅
海淀区西北旺地区	高新技术产业集群如永丰基地、上地产业基地等	常住人口 16.48 万人，流动人口 9.72 万人。流动人口中商业服务业人员、生产运输设备操作人员和专业技术人员占比较高	居住、本地就业和外部就业如中关村、上地产业基地等占比均较高
昌平区北七家镇	高新技术产业和批发零售业集群	常住人口 30.89 万人，流动人口 21.87 万人。人口规模庞大。流动人口从事批发零售业、服务业、建筑业等占比较高	居住、本地就业为主如批发零售业等、外部就业为辅
通州区马驹桥镇	制造业及交通运输和物流仓储业	常住人口 17.58 万人，流动人口 10.55 万人。流动人口以加工制造业和仓储物流业等产业工人为主	居住、本地就业和外部就业如亦庄经济技术开发区占比均较高
大兴区西红门地区	集体产业园区和中小企业	常住人口 18 万人，流动人口 11.69 万人。流动人口以从事制造业、商业服务业和批发零售业等为主	居住、本地区就业

资料来源：北京市第七次全国人口普查领导小组办公室，北京市统计局. 北京市人口普查年鉴 2020（下册）［M］. 北京：中国统计出版社，2022.4.

可以发现，不同区县的产业和人口状况等区别较大，形成了自己的区域特色，这些街道和乡镇作为地区产业和人口的承载区，既要承担居住功能，还要承担本地就业或支撑外部就业的功能。这既与本地区主导的产业形态和经营模式密切相关，也与本地外部的经济社会环境有关，并非封闭的经济社会系统。例如，海淀区西北旺地区地处城市功能拓展区的边缘位置，传统上周边商品批发市场等批发零售业较为集中，但受到海淀区总体产业规划和周边中关村科技园区等影响和带动，其高新技术产业园区等经济形式同样发达。通州区马驹桥镇传统上是制造业和物流仓储业较为集中的地区，其流动人口中产业工人的比重最高，占一半以上，但受到周边亦庄经济技术开发区的影响，本地人口外部就业的比例较高。可见，由于地区的经济社会发展水平和特征不同，所处的外部环境（如邻近区县和产业园区等）不同，各地区在制定公共政策或开展基层治理时，必须从本地实际情况出发并考虑到外部环境因素的影响，才能增强社会治理的有效性，更好地为本地经济社会发展和保障人民生活服务。

3.2.3　城乡接合部的四种社区类型

在对上述案例中城乡接合部地区的产业特色和人口特征进行分析的基础上，本研究将北京城乡接合部社区按照其所在区位（或周边相邻）、产业结构和人口特征等初步划分为以下 4 种类型（这些类型只反映调研街乡的特征，并不代表北京城乡接合部地区的整体情况）。

3.2.3.1　本地就业社区

本地就业社区是指在城市化推进过程中，一些城乡接合部地区（如大兴区西红门地区）等所形成的人口在本地就业、生活和居住的社区形态，社区正常运转所必需的生产、生活用品等都由社区内部或周边的商业中心供给或满足，其中，本地就业的生产经营人员或者居住就业一体，或在市场周边租房居住。对社区所在的街道或地区办事处来说，社区居民的本地就业活动既是当地重要的产业支撑和收入来源，也是本地居民的收入来源之一，还满足了本地居民的日常生活需要。因此，这一城乡接合部的社区类型既能满足属地人口的就业、居住和生活的多重需求，也具有社区常住人口多和流动人口多等特征，且本地产业具有一定的分散化和非正规等特征。

3.2.3.2 本地产业社区

本地产业社区是指本地在第二产业或第三产业上具有优势地位，是区县乃至北京市的传统优势产业，具有较强的辐射效应和丰富的经营管理经验，进而吸引外省市、外区县或其他街道乡镇的劳动人口来此就业，比如案例中的朝阳区崔各庄地区和海淀区西北旺地区。这些优势产业有的是全市乃至全区规划的各类产业园区包括高新技术园区、文化产业园区等；有的是地区办事处或村镇长期经营的中小规模企业。这类城乡接合部由于吸纳外来就业人口规模较大，因此除了个别产业园区提供职工宿舍外，很多人并不一定在本地居住和生活。

3.2.3.3 待规划社区

待规划社区是指一些城乡接合部地区，以往由于村镇缺乏科学规划和公共资源配置，面临较大的人口资源环境压力，难以满足居民居住、生产和生活需求，由于村镇经济核算等原因尚未重新纳入村镇规划日程，但今后有可能进行重新规划和产业布局的地区。比如昌平区北七家镇的部分社区，这类社区在社会治理上的主要矛盾在于人口资源环境承载力不足，尤其是以往按照户籍人口配置的农村基础设施难以满足当前居民的生产生活需求，也给社区日常生活带来一定安全隐患。

3.2.3.4 重新规划社区

重新规划社区是指从 2008 年年底开始，为解决一些城乡接合部地区存在人口资源环境承载力问题，纳入北京市城乡接合部综合配套改革试验而重新进行规划和建设的社区。在这些城乡接合部地区，采用"政府主导、以农民为主体和政策创新"等改革思路，通过完成"调（调规）、拆（拆旧）、建（建产）、转（转居）、管（管理）"等分项任务[45]，既实现了农村集体经济产权制度改革，又确保了村民整建制农转居，还通过农民上楼、引入物业等方式改善了村民的居住条件，最终实现了地区人口、经济、社会和资源环境的可持续发展。这些社区经过重新规划建设后，基础设施和环境得到极大改善，村庄私自搭建的多层建筑转变成低层的成套房屋，房屋租金有所上涨。此外，作为新建社区，社区中心配置了先进的网络中心和信息系统，在社区自治和服务管理中发挥了较大作用，改建后昌平区下辖的 HJ 社区就是其中的典型，具有一定的代表性。

3.3　城市流动人口服务管理模式和路径

3.3.1　"社区公约+技术支撑"模式

3.3.1.1　背景和案例简介

在城市化的推进过程中，以智慧终端和信息平台为支撑的技术治理是社会治理的趋势。技术治理通过信息共享、处理和分发等方式，在社会服务、城市安全、人口统计和市民参与等领域内发挥了不可替代的作用，充分体现了技术治理尤其是智慧终端和信息平台参与治理的专业、高效、精准和便捷等优势及特征。当前北京市很多老旧小区面临物业管理失位、新建小区物业管理不力等问题，在老旧小区社区提升和新建小区社区升级的过程中，如何发挥技术手段在人口服务管理等社会治理事务中的优势，成为不同类型社区尤其是老旧小区和新建小区居民关注的焦点。

昌平区的 HJ 社区和东城区的 QD 社区是开展相关研究的两个案例社区。HJ 社区是 2016 年"村改居"后由 HJ 村转变过来的回迁上楼社区，社区共有常住人口约 1400 户、5000 多人，流动人口约 3500 人，其中户籍人口大多是本村的村民，流动人口以中青年人居多，大多在昌平区和海淀区等产业园区和企事业单位工作，家庭租住和合租等形式约各占社区居民一半比重。在社区建成后，原来的 HJ 村村民实现了由村民到居民的身份转变，居民则以入股方式实现了集体资产的运营。由于是新建小区，HJ 村在社区管理充分发挥后发优势，建成数字化社区信息平台，为社区服务管理奠定基础。

QD 社区位于东城区，建成于 20 世纪六七十年代，属于单位制老旧楼房小区，社区共有常住户数约 950 户，常住人口约 2200 人，其中流动人口约 180 户，600 余人，其中常住人口大多是单位退休职工或者就近入学子女，社区老龄化程度较高，租房居住的中青年人大多是附近上班的职员或餐饮等服务行业从业人员。QD 社区虽然是老旧小区，但是在老旧小区改造提升过程中，楼内外公共环境得到改善，社区管理井然有序，居民生活满意度较高，在社区服务和居民参与方面积累了一定的管理经验，成为老旧小区有序服务管理的典型案例。

3.3.1.2　内涵与特征

"社区公约+技术支撑"的服务管理方式是指在全体社区居民达成共识的基础上，在日常生活中通过技术支撑、信息共享和居民参与等方式，将技术应用与人为操作结合起来，共同应对社区公共服务事项，最终实现对流动人口的社区服务与属地管理相结合。其内涵主要体现在两个方面：

（1）社区公约是达成社区共识的规范和引导居民参与的基础。案例中的社区公约是在居民委员会或业主大会等社区组织的引导下，由社区议事机构协商、居民代表大会通过的社区规范或行动准则，它在一定程度上对社区居民具有约束性和指导性。社区公约有助于社区共识的达成，社区共识的达成意味着居民有了共同行动的意愿和姿态，因此，它也是引导居民参与的基础。

（2）技术支撑是实现精细服务、替代传统管理的有效方式。案例中的技术支撑包括两种类型或两个层次。第一种类型或第一个层次是充分利用新建社区的后发技术优势和智慧社区建设方案，在专业人员的操作和运营下将流动人口服务纳入社区服务平台，从而在总体上实现有效服务和管理，即通过技术手段弥补人为管理的不足，来达到技术效益最大化。具体是指通过建设社区信息中心和社区服务 App 等数字应用平台，从横向上搭建起服务事项、项目运行团队、本地负责人和用户终端之间的信息沟通渠道，从纵向上搭建起社区服务和流动人口服务管理平台的信息共享渠道，及时、快速和有效引导社区居民对流动人口和房屋信息进行登记，并有针对性地开展专项社区服务。如案例中的 HJ 社区。

第二种类型或第二个层次是在社区治理过程中，社区居民达成治理共识并广泛参与社区事务，以居民治理为主、技术治理为辅，来实现实有人口全面登记和出租房屋有序管理，其中技术手段虽然只是作为辅助手段，但发挥着不可替代的作用。具体是指社区积极分子或带头人投入一定时间和精力,搭建房屋出租和人员进出管理微信群,在获取社区居民和居委会授权的基础上,对社区居民房屋出租和人员流动情况进行登记、服务和管理,并与专门的社区服务平台对接开展流动人口服务和管理,如案例中的QD社区。

其特征主要体现在以下四个方面:①以家族或熟人关系为基础构建社区共识。两个社区的居民原来分别是同一村庄的居民,具有较强的家族纽带关系,另一个社区是同一单位的职工,具有较强的熟人纽带关系,这是社区共识达成的重要基础。尤其是在房屋出租的服务管理问题上,社区居民将其作为业主的房屋出租管理权利进行了让渡,由社区社会组织、居民代表或社区积极分子来履行出租房屋服务管理的职责,并对业主和社区负责。即便居民不主动参与房屋出租管理或实有人口登记等社区事务,也只是属于不履行社区公约,并不涉及法定义务或强制性问题。因此,以家族或熟人关系作为社区动员的基础,更容易形成社区公约或达成社区共识。能否进行有效的社区动员,是关系社区行动力强弱的重要因素,也是社区治理或房屋出租和流动人口服务管理能否取得成效的重要因素。

②开放式平台和资源共享。借助当前各种终端应用的开发使用,社区居民、市场供应商、社会组织和相关政府部门都成为接入社区信息平台的用户。社区居民可以将自家房屋出租和人员居住情况通过手机应用上传到平台服务器,也可以在平台中发布居家服务需求等各种事项,以方便其他机构组织或居民进行对接;市场供应商可以将中介事项或服务内容上传到信息中心的发布平台上;社区社会组织可以用机构 App 来发布服务内容和了解居民需求,提高社区服务的针对性和有效性;相关部门可以通过汇总数据对本社区或周边地区的流动人口和房屋出租情况进行分析,以便改善地区公共资源配置。

③动态精准的服务管理。在引入平台和终端管理等信息化手段之前,对社区人口的登记和服务管理依靠的是街道或社区专职干部上门,居委会、业委会和其他社区组织很难了解到社区出租房屋和居住人口等情况,引入平台和终端管理等信息化手段之后,在动员居民参与的基础上,社区实有

人口状况能够及时掌握，对社区居民能够有针对性地提供相关服务，对房屋出租和使用中存在的安全隐患也能够及时了解和排查，还能够减少社区党支部和居民委员会用于事务性工作的时间，将更多的精力放在组织社区活动上。

④实有人口登记和服务管理。实有人口登记和服务管理是多年来北京市一直在探索和推进的一项重要工作，对有稳定就业、工作和就读等需求的外省市户籍人口通过申领居住证等形式进行了较有效的人口登记和服务。❶ 在基层社区层面，实有人口登记是人口服务和社区治理的基础和重点，也是事务性工作中的难点。在一定程度上可以说社区工作开展得好不好，基础性事务是决定性的，而实有人口登记则是基础中的重点，无论是人口普查还是日常社区服务都证明，良好的、运转有序的、真实可靠的社区人口信息系统能够让社区自治产生事倍功半的效果。对社区实有人口来说，实现入住登记是居民的权利和义务，但由于缺乏相关法律法规，街道和居委会仅能以动员的方式来开展相关工作。"社区公约+技术支撑"的方式是从居民或业主入手来开展人口登记和服务管理的新尝试，是通过技术方式从对"乙方"的社区动员转向对"甲方"的社区动员的思路转变和有效尝试。

3.3.1.3　运作方式

（1）居委会主任和"社区能人"的带动、组织和协调。已有研究证明，居委会主任或"社区能人"是决定社区治理好坏的重要因素。HJ 社区书记和主任一人两职，新社区建成后，在区县和街道相关政府部门的指导和支持下，他在社区规划建设、建章立制、居民动员、社区管理和服务以及智慧化社区建设等各个领域出谋划策、身体力行、身先士卒，面对居民收入、环境提升、居民动员、社区公德重建、智慧社区建设和提升服务水平等困境和难题，他都能开阔思路，尤其是在充分利用昌平区高新技术产业优势来搭建社区信息平台的过程中，抓住了解决社区治理难题的"技术"法宝，最终实现了"村转居"社区的可持续发展和重建民生福祉，得到居民普遍认可。

QD 社区老旧小区居多且各个楼栋实行分区管理，某栋楼的离退休阿姨

---

❶　参见 2016 年 5 月 17 日北京市人民政府第 270 号令公布的《北京市实施〈居住证暂行条例〉办法》。

有精力、有热情、有声望、有想法、有执行力，她向居委会提出了停车管理和房屋出租登记的想法后，得到居委会的认可和支持，通过社区提升也得到了楼栋居民的支持，于是她行动起来，项目方案的构思、设计、画图、引资（向原单位申请）、招标和施工监理，由她这个"社区能人"全权负责、全程负责，居民也表示放心。这位"社区能人"具有较强的统筹能力和大局观，在她看来，小区基础设施提升只是第一步，包括出租房屋管理在内的社区治理提升才是关键和核心，才是她关注的重点，这正中社区治理要害。

（2）借助新区建设或老区提升来解决资金来源问题。搭建社区信息中心和服务平台需要大量的前期资金投入和运营成本，HJ 社区充分利用"村转居"农民"上楼"后的政策红利，在保留集体土地所有权的基础上建立经济合作社，由合作社来负责组织、实施集体资产股份制运营包括物业管理公司、商贸公司等，用资产增值、物业服务和出租等收入来补贴社区治理成本，包括社区信息中心平台的搭建和运营。据不完全统计，自 2016 年农民"上楼"后，合作社每年投入社区建设和服务、"一老一小"补贴和外聘人员工资等资金约 200 万元。

QD 社区部分楼房则通过属地和单位的老旧小区提升项目来获得社区建设和服务的资金支持，目前大多数居民都是单位退休职工，在居民对原单位提出楼宇改造资金需求后，原单位予以大力支持，出资用于楼宇内部和外部环境的修缮和提升，内容包括：楼内外重新粉刷、安装进出口智能门禁、智能充电桩、社会停车管理采购和运营等，并安排专门的资金补贴了小区物业管理成本支出。因此，这几栋楼宇虽然年岁已久，但是楼内外环境都井井有条。

（3）借助新区建设或老区提升来凝聚人心并制定"社区公约"。凝聚人心、达成共识既需要以家族或熟人关系为基础，更需要居民切实感受到居住和生活水平的提升，甚至是让渡部分既得利益来维护社区环境和安全稳定。以 HJ 社区为例，在改造初期部分村民依然遵循原有一些不良生活习惯，不仅困扰居民委员会，也引起其他居民的不满。随着社区环境和服务水平的提升，越来越多的居民开始形成社区认同和归属并对其他居民产生带动作用。趁此契机，在居民委员会的牵头下社区制定了"HJ 居民公约"，内容涵盖社区党建、社区治理和服务、居民参与和议事以及民主监督等五章五十五项条款，既规范了居民行为，又形成了良好的社区风尚，在民主监督上，社区中心的大屏幕实时曝光社区不文明行为，形成人人监督的良好氛围。

QD 社区与其他城市社区一样，即便是单位熟人关系，要达成"社区公约"或认同，同样需要一个契机，通过老旧小区提升，解决了居民长久以来的楼宇环境整治、居民停车和老旧小区物业管理等问题，社区环境及其日常维护得到较大提升，当居民积极分子提议由专人专事负责出租房屋管理工作时，居民纷纷签字表示支持。

（4）以"社区公约+技术支撑"实现实有人口服务管理。对 HJ 社区来说需要以下几个步骤。

第一步：HJ 社区地处昌平区，辖区范围内进驻产业园区的高新技术企业密集。2017 年，社区党支部和居委会经过前期调研和论证，决定将智慧社区建设纳入发展规划。

第二步：与开发技术团队合作，在征集居民意见和多方讨论的基础上，确定以"重民生、顺民情和畅民意"为基本主题并形成完整的方案。在此过程中，居民试用阶段反馈意见，经过三次改版，按照方便社区全体人群尤其是老年人使用的目标，开发团体不断优化页面、栏目和操作设计。最终确立了党建、物业、服务、管理和文化 5 个智慧板块，并通过积分商城和居民互助系统，来真正做到以人机互动和居民参与为首要目标的服务管理类 App，以区别其他社区 App。该软件于 2019 年上线。

第三步：利用智慧化建设的开放性，将智慧社区 App 与实有人口服务管理相关联。一是在智慧管理板块中建立"大数据管理平台"，其中包括社区垃圾分类、流动人口和出租房屋等电子档案和可视化数据，成为社区服务管理的基础。二是将智慧社区 App 与社区信息中心关联，在建立智慧门禁系统的基础上，将智慧门禁的系统数据与实有人口登记互通互联，提高数据容量及真实性。居民通过智慧社区 App、微信群和告知楼门志愿者等方式对家庭房屋出租情况进行登记。

第四步：通过"社区公约"将实有人口服务管理纳入社区服务基础工

作。"社区公约"规范了居民行为、维护了居民权利，增强了居民的社区归属感。在面向实有人口服务管理的过程中，HJ 社区目前已经有近 3000 名居民注册使用 App，日均活跃量 500 多人次，尤其是民生服务和社区参与等板块，居民在感受到方便、快捷的同时也纷纷通过 App 认领的方式互帮互助，比如具有专业技术特长居民进行技术帮扶等。

对 QD 社区来说：

首先，制定"社区公约"并得到居民认可，允许居民自发成立房屋出租小组，对房屋出租进行集中出租管理；其次，业主与房屋出租小组签订协议，规定双方的权利和义务，尤其是规定业主将房屋出租和管理的权限转交给房屋出租小组，并承诺因租户违反出租房屋使用管理规定的，房屋出租小组将与业主协商退租；最后，安排专人进行小区出租房屋登记，并负责告知承租人关于小区居住和电梯使用等"社区公约"的详细情况。

3.3.1.4 实施效果

（1）居民生活满意度提升，社区秩序井然有序。通过社区硬件提升、环境改善、治理的智能化，以及以民生为基础和重点的服务效率和水平的提升，社区实有人口的服务管理得到全体社区居民的认可，居民增强了社区主人翁意识，愿意为社区服务管理贡献一技之长，也愿意参与社区活动，尤其是在"社区公约"的约束下，破坏社区环境的事情少了，大家自觉遵守社区公德，社区环境得到提升，在熟人或者家族关系的基础上居民之间更加增添了一层相互信任、支持和帮扶的融洽关系，整个社区的精神面貌为之一新，社区秩序井然有序，"人人为我、我为人人"的良性人际微循环得以形成和制度化。

（2）助力社区治理和地区经济社会发展。实有人口服务管理做得好并持续下去，需要得到社区居民的认可和认同，这毕竟涉及权利让渡等居民利益相关的社区事项。社区参与和治理离不开全体社区居民的支持，尤其是流动人口的支持，只有这样社区治理才有可能实现破局。当前制约社区自治的居民动员和社区资源等问题，在很大程度上来自流动人口的社区不参与或活动缺位，社区服务和贡献是双向的，只有为流动人口提供好服务才能更好地做好社区动员。此外，服务好流动人口，可以减轻周边就业的企事业单位的经营负担，更好地为地区经济社会发展贡献力量。

3.3.1.5 推行条件

首先，是要取得地方政府及其派出机构即地区/街道办事处的指导和支持，除了人财物的支持外，更重要的是鼓励社区和居民创新想法。其次，是社区带头人的作用，包括社区书记、居委会主任或社区居民中的"能人"，有想法、有精力、有干劲，这是必要条件。其次，是有资金来源，包括社会资金和地方资金的支持，能够承担社区基础设施建设和环境提升，这是获得居民认同的基础。再次，是居民之间有信任基础，能够达成社区共识，这种信任来自家族、熟人或者是邻里关系融洽，信任基础与社区提升是达成社区共识的两个必要条件。最后，要能把握住居民关切，讲究社区动员方式方法，讲究权利和义务并重。在达成共识的基础上，要将居民的关切和居民义务的履行放在同等重要的位置，"社区公约"的制定和履行就是要达成这个目的，这是社区动员的关键。

3.3.2 "物业化+市场化"模式

3.3.2.1 背景和案例简介

（1）城乡接合部从农业地区到城市新城的转变。随着北京周边城乡接合部地区从远郊农业区县向城市新城性质的逐渐转变，人口和经济结构逐渐转型，尤其是农村地区在城市化中实现社区化管理后，很多地区的村民在业态上逐渐成为新市民，新建社区在社区化管理上存在新旧管理方式过渡的问题。对于已经完成"村转居"而实现农民上楼的新建社区，大多数社区经过完善的村域规划方案设计和产业运营管理，基本实现了可持续发展和环境提升，新的社区生活风尚和社区治理秩序也在逐渐建立。与此同时，在一些城乡接合部农村地区，原有村庄社区化管理后剩余部分平房社区的服务和管理问题随之而来。

（2）空置平房地区公共服务供需不匹配。近年来，城乡接合部的部分空置老平房社区的管理问题日益凸显，已经成为影响城乡接合部基层治理的重要难题。长期以来这些地区存在的基础设施薄弱等问题逐渐暴露，随着闲置老平房地区人口的迅速增长，服务管理缺位和无序的情况较为突出，长期高位运行的市政的水、电、道路、环卫等问题凸显甚至影响周边地区整体面貌，给公共服务造成较大压力。一些空置下来的老平房地区，还存在小旅店、小洗浴等违法建筑经营问题，造成部分区域治安问题频发，成为地区社会治理的盲点。

（3）经济社会发展对城乡接合部地区治理提出新要求。原本城乡接合部地区就位于城市建成区与非建成区的接壤地带，其区域特征是城乡地域之间、农民和居民之间以及街道和乡镇治理之间交织在一起。加上实有人口增长带来的村庄公共需求压力，社区服务管理困难重重。在社区化管理之后，闲置平房已经不是基层治理的重点，成为影响地区环境整洁和社会治安的严重隐患。因此，从基层治理方式上进一步捋顺闲置平房地区服务管理的责任义务，成为一些城乡接合部地区流动人口服务管理的要点。随着新城建设加快和城乡接合部地区整体发展水平的提升，闲置平房如何进一步有序规划管理成为影响当地经济社会发展的重要内容。进一步探索和推动闲置平房的科学规划和有序管理是转变地区经济发展方式、调整城乡结构的重要组成部分，如何规划和利用闲置平房也是保持村庄运营资金来源和可持续发展的重要途径。

（4）案例简介。大兴区 LI 村（包括 LI 一村和 LI 二村两个自然村），该村东临机场高速、南靠南六环，距离北京地铁四号线黄村站约四公里，地理位置优越、交通条件便利。此外，由于地处远郊区县，租房成本较低，这里居住着很多在周边上班的就业人口尤其是配送员群体。全村共有常住人口 3000 余人，村民以集体资产分红和房屋出租为主要收入来源，在实行社区化管理以后，部分村民的闲置平房院落虽然进行了出租，但是面临房屋年久失修和居住环境较差等问题，房屋租金和收入水平与周边地区相比较低，也给村庄公共服务设施带来较大压力。

3.3.2.2 内涵与特征

"物业化+市场化"服务管理模式是指镇政府与国有住房运营企业签订战略合作协议，由镇政府委托该公司与村委会一起，对辖区内自愿签订委托协议的农民，将其闲置院落或房屋统一装修并以较低租金向周边地区外卖配送等新业态就业群体提供公寓式住宅租赁业务；对签约农民按年度进行租金补偿，对已签订协议的租户实施房屋统一规划、统一管理的城乡接合部地区出租房屋服务管理方式。其内涵主要体现在：

（1）社区化服务管理。社区化服务管理是指对行政村或者自然村进行社区化的服务管理，按照城市社区组织的功能定位，整合社区职能部门、党组织、社区服务站和其他各类社区社会组织等资源，通过规范化的制度设计和机构人员配备搭建起社区服务管理平台；并通过资源整合，将流动人口统一纳入社区实有人口服务管理体系，提供均等化的社区服务和就业指导服务等，力争做到在社区环境、安全防护、物业管理和社区参与等标准和规范上向社区标准看齐。

（2）市场化运营。由住房运营企业按照市场化的模式进行运营，包括物业管理及项目策划和运营，以及完善项目供需市场两个方面。在项目策划和运营、物业管理上，该企业根据周边新城保障区域的功能定位，对自愿签约闲置平房区域采取公寓运营模式，满足企业宿舍、普通蓝领、白领等人群的居住需求，在为配送人员等新就业群体提供运营服务的同时，也促进了属地农民的增收。针对配送人员的工作特点，将定期保洁、快速维修、充电桩建设、公寓管家、企业定制和社区沙龙等多元化服务纳入其中，为就业人口提供舒适和安全的居住条件与环境。值得注意的是，项目委托专业物业管理公司，作为村庄大物业管理中的小物业，专门面向项目区域开展专业物业服务。项目的运营和管理把握住新就业群体的需求导向，提高了项目对其的吸引力和辐射能力。此外，在对村民的租金补贴上，采取细化价格核定、优先租金发放等措施，鼓励农民将闲置房屋用于统一规划建设和出租。

"物业化+市场化"服务管理模式主要特征包括：

（1）开展房屋集约经营、多方吸纳建设资金。在镇政府的指导下，由村集体经济组织与社会企业相结合，与房屋运营公司建立合作关系，以相关房屋运营企业作为村庄发展的外部支撑，即通过运营公司与村民签订协议，对闲置平房院落采取整院租赁、统一规划、统一设计、统一运营的运作方式。在项目实施过程中，乡镇、村集体经济组织和社会企业都可以提出相关意见，最终的决策由村集体和镇企联合公司制定执行，资金来源包括乡镇政府、村集体经济组织和社会企业三个途径。通过两年多的合作，属地住房运营公司已经成功经营20多个平房院落，改造房屋300多间。

（2）乡镇"植桐引凤"，以青年公寓为基础发展多元产业。镇政府采取了"一村一业，多元经营"等建设思路，采取整院收购或租赁等方式，根据不同村庄闲置房屋的规划需要和当地特色，将院落改造成青年公寓、文化院落和共享空间等，通过试点取得较好的市场反响。在院落改造的过程中着重强调通过规划设计达到居住体验升级，比如利用二层或三层等非居住共享空间建立健身房、图书馆、托幼室和心理诊室等专业设施设备，为入驻企业或消费者营造更舒适的生活和就业环境。

（3）将智慧化运营贯穿项目始终。租房平台全程采用线上方式进行房源展示、入住预约、签约合同、日常缴费、入住退房等功能，租赁公寓还配备了移动安防、云监控、线上水电充值并与移动终端相关联，方便入住人员。此外，租赁公寓还与智慧乡村数字平台实现了出入证管理、车辆管理、大数据中心、互联网+政务服务等配套功能，能够直接实现相关业务的线上办理。同时，对于村庄治理来说，租房平台融合村庄治理数据，能够对租赁公寓的文化及民宿公寓和共享空间的使用情况等进行大数据分析。

（4）党建引领，从保障居住权益到保障就业和法律权益。以面向配送员的房屋租赁为例，"物业化+市场化"服务管理方式并不仅限于解决配送员群体的住房问题，它实际上也是维护和保障配送员群体就业和法律权益等合法利益的"港湾"。由于地理位置佳、交通便利和房租较低等原因，周边地区配送员群体较为集中，企业用工和经营行为过程中难免发生各种劳动纠纷和消费纠纷等，面向配送员群体的房屋统一租赁实际上真正为他们营造出了家庭港湾，通过租赁公寓的党建活动、就业服务和法律服务等，有效保障了配送员群体各项合法的社会权益。

3.3.2.3 运作方式

（1）乡镇引导，村庄社区参与。镇政府主导"物业化+市场化"的房屋租赁和服务管理，从政策制定、组织动员，到政策执行、检查监督、奖惩制度，逐步建立起完善的实施体系。各村庄将项目实施纳入日常治理工作中，与房屋运营公司和乡镇政府共同负责对申请闲置房屋统一租赁的住户进行审批、公示、建档，并建立对出租房屋承租人的档案，设立合理的租赁期限（如 3~8 年不等）。房屋运营公司是租赁公寓具体工作的运营主体，由其与房屋出租村民签订协议，以村民现有的房屋院落为基准，对相应的宅基地使用权人和房屋所有权人，在协议基础上，每年发放一定数额的房屋租金。

（2）根据租户需求做好项目调查，聘请专业机构规划设计。项目实施前，运营公司结合周边地区配送人员集中居住的特征，明确了面向配送人员租赁的项目建设初衷。明确项目思路后，运营公司对配送人员的数量、结构、需求和工作日程等信息进行初步汇总，以此为依据在租赁公寓共享空间的设计上以日常生活和休闲需求为保障重点。随后，邀请专业规划设计团队对租赁公寓及其公共空间进行室内外设计，在设施设备上都能体现使用的便利性和功能的完备性，尤其是注重智能终端和线上交互功能的实现。此外，重点提高单身公寓设计的数量和比重，并以每月 800~1500 元的较低租金租给配送人员。

（3）对闲置平房重新设计施工，走产业化运营之路。原有闲置房屋院落虽然同样用于房屋出租，但是由于房屋年久失修，既影响了租户的居住满意度，也给村庄基础设施带来较大压力。与闲置房屋所有人签订合同后，运营公司对闲置房屋院落重点进行三方面提升：一是对基础水、电和暖进行重新施工，提高院落基础设施载荷能力，以保障租户的安全使用和多场景使用为基本要求。二是提升网络和智慧设施，架构高速率宽带网络，安装智慧安防系统等智慧产品，满足配送员等客户群体多场景的线上使用需求。三是由于配送员大多数是外来就业人口，因此在室内装修中突出舒适和温馨的主题。此外，运营公司将配送员住宅租赁项目纳入新就业群体居住产业的整体布局中，除了优先满足配送员使用外，按照产业化运营的租赁院落实际上也为未来的转型和提升积累经验。

3.3.2.4　实施效果

（1）强化多元治理，提升了实有人口的服务水平。"物业化+市场化"是在地方政府主导下社会、市场和居民多方参与的社会治理方式，政府出台政策、牵线搭桥，市场提供专业化运营、有效实现资产效益最大化，居民或者实现增收或者实现居住和社会权益的保障，并为区域经济社会发展提供了新的发展空间，这种多元参与的模式有效奠定了社会治理基础。尤其是重点面向配送员群体开展各项服务，抓住了新业态发展和新就业群体这一崭新的基层民生需求的关键，有效提升了实有人口服务管理水平，也为未来面向新就业群体服务做出了重要表率。

（2）初步改善了村庄面貌和基础设施。"物业化+市场化"的闲置平房地区房屋租赁方式，通过对周边环境的整理和提升，改善了周边农村地区的生活和居住环境，以往一些村庄相对无序和较为杂乱的面貌基本消失，通过局部和全域的基础设施改造，提升了村庄基础设施的承载力，初步实现了人口资源环境的可持续发展。此外，村庄社区化和物业化的服务管理方式也为辖区提供了较高的安全保障。

（3）实现了农民增收和可持续发展。纳入院落和房屋租赁的家庭，在出租房屋更新改造后，虽然租房人数在绝对数量上有所降低，但居住环境和生活环境得到了改善，农民出租收益却没有下降甚至不降反增，且由于市场运营方式介入，农民在很长一段时间内的收入状况有了稳定保障。此外，该项目和方案的实施，从区域的角度看，环境的改善也吸引了更多社会投资的目光，随着大兴区辖区其他乡镇、村庄的环境提升和有序治理，其他相关产业投资势必逐渐增加，这就增加了农民的就业机会，有利于农民增收实现可持续发展。

3.3.2.5 推行条件

（1）村民自治能力强。乡镇政府牵头、集体经济自治参与和市场力量协同缺一不可。其中，村民自治能力的强弱是决定租赁模式成功与否的重要因素。根据《中华人民共和国村民委员会组织法》第六条相关规定，"村民委员会及其成员应当遵守宪法、法律、法规和国家的政策，遵守并组织实施村民自治章程、村规民约，执行村民会议、村民代表会议的决定"。面对一些城乡接合部地区环境失序的复杂局面，村民自治能力较强的村庄更能集思广益、群策群力，通过形成村委会集体决议或村规民约等方式来谋求创新和发展，因此，村委会对村民决策的支持和肯定，也是村域闲置房屋进行统一租赁和改善提升相关政策得以落地的必要条件。

（2）资金充裕。资金问题也是影响租赁公寓能否落地的重要保障。农村集体经济组织实行自我管理、自我发展，各个村庄经济发展水平不一，资金充裕的村庄更容易开展相关经营管理活动，更能得到村民的理解和支持，尤其是前期改造的经费需求较大，离不开乡镇政府、集体经济组织、企业或银行等市场主体的共同注资，离开任何一方的资金投入都难以负担较大规模的项目设计和规划建设成本。

（3）符合区域产业规划。该做法的成功离不开对区域产业规划和未来发展的科学认识，符合区域产业规划和功能定位的做法，更有利于农民的增收，更能得到地方政府和社会企业的政策和资金等支持，更能形成产业集约效应。配送员公寓的建成和落地就是乡镇和村庄对辖区产业发展保障区这一功能定位的准确把握，也符合周边新业态和新就业群体规模较大的村情村况和区域人口就业特征，因此通过市场运营的方式更容易得到消费者的青睐，也更容易取得成功。

（4）提高居住规划的专业性，增加民生供给的类型和比重。在市场运营机制下，不管对地区出租房屋进行重建，还是局部修缮和维修都需要因地制宜，考虑三种需求，即区域发展的需求、承租人的需求和房主的需求，只有规划设计符合三方需求才能在市场竞争中脱颖而出。对青年就业人口和白领人员来说，他们更需要完善的设施、独特的设计风格和 24 小时新业态友好型服务设施，避免陷入"就近租不起，低档看不上"的长期空租现象；房主的需求是指村庄的基础设施承载力，以及房主提高自身居住水平的需求。此外，要将租赁公寓与社区公共服务水平的提升相融合，将实有人口服务管理与社区公共服务水平提升相结合，以租赁公寓片区为标杆，线上线下同时开展劳动就业、社会保障、文体教育、人口计生、社区安全等民生和安全方面的服务供给，将租赁公寓的服务管理经验推广到整个乡镇和村庄，将乡镇和村庄的大物业管理涵盖到租赁公寓的建设和运营过程中。

3.3.3　"集体土地租赁用房"模式

3.3.3.1　背景和案例介绍

（1）面向新市民和青年人群的保障性住房需求。为解决新市民、青年人等住房困难群体的居住问题，加快完善以公租房、保障性租赁住房和共有产权住房等为主体的住房保障体系建设，2021 年国务院办公厅印发的

《关于加快发展保障性租赁住房的意见》中明确指出，"人口净流入的大城市和省级人民政府确定的城市，在尊重农民集体意愿的基础上，经城市人民政府同意，可探索利用集体经营性建设用地建设保障性租赁住房"。其中包括两种类型，一种类型是"利用城区、靠近产业园区或交通便利区域的集体经营性建设用地建设保障性租赁住房"，另一种类型是"农村集体经济组织可通过自建或联营、入股等方式建设运营保障性租赁住房；建设保障性租赁住房的集体经营性建设用地使用权可以办理抵押贷款"。集体土地租赁用房（以下简称"集租房"）通常地处交通轨道枢纽区位，周边环境和商业配套完善，较好地满足了新市民和青年人群的居住生活需求。作为保障性租赁住房，其优势在于对收入和户籍门槛没有要求，一定程度上能满足实有人口的住房租赁需求。

（2）案例简介。BP 村地处丰台区西南端，与大兴区相邻交界，北侧邻近世界公园，西侧临近森林公园，周边地区规划为绿地，环境良好，由于地处市中心边缘地带，轨道交通和道路通行便利。全村共有 519 户，户籍人口 1350 人，截至 2021 年常住人口近 4000 人。BP 村集租房项目所在建设地块由多家房地产公司共同开发建设，于 2019 年开工，土地的前身是村集体建设租赁的家居仓储卖场，属于 BP 村集体土地。由于项目周边交通便利、环境优美、商业和服务设施完善，且临近丰台区总部基地，市场租赁需求大，消费者大多是周边上班的白领群体，首期面向社会投入 2400 多套保障房，且项目配建有幼儿园、养老机构，以及社区卫生服务中心，2021 年已经投入运营使用。❶

3.3.3.2　内涵和特征

集租房服务管理模式是依托集体土地租赁用房，面向新市民和青年人口的居住和生活需求开展的流动人口服务管理的方式。集体土地租赁用房是在尊重农民集体意愿的基础上，经市人民政府同意，在集体经营性建设用地上建设的一种保障性租赁住房。其内涵主要包括：

（1）集体用地经营与公共服务目标相结合。集租房体现了政策引领下

---

❶　案例资料来源于实地调查。

的地方的创新实践活动。对于集体经济组织来说，在城市空间规划布局等相关规定下，农村集体经济组织如何实现可持续发展，集体资产如何实现保值增值，是地方政府和集体经济组织的共同关注。对于新市民和青年人群来说，在租售并举解决城市居住问题的政策思路下，新市民尤其是刚参加工作的青年人，或购买住房或租赁房屋来解决居住问题，城市房屋租赁需求旺盛。在"房住不炒"和加快完善城市住房保障体系的政策要求下，在为企业排忧解难，解决园区或企业职工的住宿问题，保障地方经济社会快速发展的现实需求下，由地方政府、村集体经济组织和其他市场力量共同参与建设集租房，并作为保障性住房大规模上市，成为搭建村企双方、政企双方合作桥梁，能够解决园区企业或职工居住问题，最终实现村庄和地区经济社会可持续发展的重要契机。

（2）新市民居住保障与地区环境提升相结合。与以往城乡接合部村庄的个人出租房屋甚至"群租房"相比，集租房项目经过国土规划和建设部门的严格审批后上市，经过专业设计和施工团队的施工，项目统一规划、统一建设、统一运营和管理，在很大程度上提高了新市民的居住条件，改善了新市民的居住环境，为解决城市新市民和青年人群的居住问题增加了一个新的方案。与此同时，集体建设用地及其周边地区经过统一规划、建设、运营和管理之后，村庄的整体面貌焕然一新，反过来又促进了地区经济发展和招商引资力度的提升。

集租房主要特征包括：

（1）集体建设用地统一规划、设计、建设和运营。加快完善以公租房、保障性租赁住房和共有产权住房等为主体的住房保障体系是我国新时代解决城市住房问题的重要举措。2017 年 8 月，自然资源部和住房和城乡建设部联合发布《利用集体建设用地建设租赁住房试点方案》，明确第一批在北京、上海、南京等 13 个城市开展利用集体建设用地建设租赁住房试点，允许村镇集体经济组织以自行开发运营、联营、入股等多种方式建设运营集体租赁住房。这标志着集体建设用地的运营和发展走出了一条建设租赁住房来完善城市住房保障体系的新路。与以往农村闲置房屋出租不同，集租房实行统一规划、设计、建设和运营，村集体经济组织以单独或合作开发的方式参与其中，它是城市住房保障体系的重要组成部分。

（2）以新市民和青年人群的需求为导向的准公共服务项目。以 BP 村的集租房项目为例，第一期项目建成 2300 余间房，全部是 30 平方米左右的开间，其目标就是控制建设成本，将月租金水平限制在青年人能承受得起的范围，单间的月租金平均在 3000 元，比市场房屋租金低了三成左右。❶ 小区公共空间的规划设计和室内装修，突出了青年人群的年龄特征和职业特征，迎合了青年人的建筑口味和喜好。整个项目由多个公寓楼围合而成，其中心区域是开放式公共绿地，小区半地下室设有健身房、台球厅、放映厅和图书借阅厅等文化和体育设施。同时，对集租房这种公寓型租赁住房，项目实施的是全装修交付，这就省去了租客进行二次装修的烦恼，保证其能迅速入住。

此外，作为保障性住房的一种，集租房体现了较强的公益性质和准公共服务性质。首先，集租房不再像公租房一样设置收入限制门槛和户籍门槛，无论收入高低和是否是当地居民等都可以申请，这就体现了住房保障领域的公共服务性质和原则。其次，在房屋租金上，项目运营方经过精确计算，严格遵守微利原则，以大幅度低于周边地区同类产品的租金面向社会出租。

3.3.3.3 运作方式

（1）依据地方集租房政策，选择合适的发展路径。在国家相关部门出台政策鼓励利用集体建设用地建设保障性租赁房屋的意见之后，北京市密集出台多个鼓励和支持集体用地建设集租房的政策文件。❷ 其中允许各区县从项目实际出发，引导乡镇、村集体经济组织选择合适的建设和运营方式，这些方式包括：一是乡镇、村集体经济组织自行投资建设；二是以土地使用权作价入股，采用联营的方式与其他国有企业及其下属单位合作建设；三是在建成以后通过出租项目经营权，与市场上各类企业进行合作开发并取得项目收益。对集体经济组织来说，要聘请专业的第三方机构，通过精

---

❶ 案例资料来源于实地调查。

❷ 包括《关于进一步加强利用集体土地建设租赁住房工作的有关意见》（市规划国土发〔2017〕376 号）、《关于加强北京市集体土地租赁住房试点项目建设管理的暂行意见》（京住保〔2018〕14 号）、《关于我市利用集体土地建设租赁住房相关政策的补充意见》（京规自发〔2018〕64 号）、《关于进一步加强全市集体土地租赁住房规划建设管理的意见》（京建发〔2020〕365 号）等。

确的计算和核算，来确定集体用地建设集租房的方式和路径，找到最适合村庄可持续发展和最能实现村庄集体资产保值、增值的方式。BP 村则选择了第三种方式，即以与其他国有企业联营的方式来进行项目的投资和开发建设。具体来说，村集体经济组织将租赁住房项目经营权转让给社会企业，后者出资建设并获得 50 年的经营和收益权，社会企业保底固定收益而村集体获得固定收益和项目分红。

（2）积极开展项目选址、资金筹措和项目审批工作。BP 村提供了相对独立且完整的地块，项目规划总用地规模约为 6 万平方米。总建筑面积约为 10 万平方米，容积率 1.6，建筑高度 18 米，绿化率约为 30%。作为北京市集租房项目试点中的第一批公示项目，在 2019 年 11 月之前就完成了用地批复和建筑工程施工许可证办理等全部审批手续。❶ 为了解决资金难题，项目动员和利用村集体经济组织、国有企业和其他社会资本的加入，开拓资金来源渠道。目前集租房项目已经得到金融机构的充分重视，许多国家级银行已经确定将出台集租房长期贷款融资方案，向符合条件的集体经济组织、与国企合作的联营公司等提供长期性的大额度贷款。

（3）组织国内外专家进行设计和评审。该项目经过严格专业设计和专家评审，旨在为新市民和青年群体创造符合他们预期和习惯的居住生活空间。小区整体上以红、黄、灰为主题色，包括住宅楼在内的多栋建筑，总体形成"大街区、小组团"的小区布局，小区内部既有健身房、购物中心、图书室等商业街区，也有会客厅、咖啡厅和社区活动中心等公共服务设施，力争从规划设计上给租赁社区增添熟人社会的温情和互动。此外，项目方案在确定之前还邀请规划设计专家学者进行评审，评审会邀请周边园区企业职工和村庄居民参与，对建设方案提出意见建议，后来也积极吸收到项目设计中，开放式的规划设计和开放式的建筑施工贯穿整个项目过程，力争以项目特色和优势吸引更多的新市民和青年职工入住。

（4）项目运营物业化、智慧化和集团化。BP 村集租房项目引入专业的物业管理公司进行物业管理，租赁人员使用水、电、气、热均按照民用价

---

❶　案例资料来源于实地调查。

格执行, 全装修包括床、床垫、书桌椅、衣柜、冰箱、洗衣机、空调、抽油烟机和热水器等日常生活设施, 并与智慧化居家管理系统联网。整个公寓接入总公司标准的智慧公寓建设系统, 提供智能人脸识别门禁系统, 保证租户群体的安全。项目允许集租房租赁签订不同年限的住房租赁合同, 但鼓励租户签订长期合同。由建设单位成立的公司负责项目运营, 采取包干管理制度, 由运营团队对公寓楼进行分包管理, 物业公司受委托加强监督管理, 严禁"以租代售"或"转租"等行为。此外, 项目运营还面向社会接受集团或企业团体租赁, 包括按人数和房间数租赁两种形式, 这在一定程度上能降低项目运营成本。

3.3.3.4 实施效果

(1) 有效缓解了周边新市民和青年群体居住问题。第一期项目上市房屋 2000 余套, 大大缓解了周边就业新市民和青年人群的居住难问题。上市以来吸引居住的都是年轻人, 其中既有在周边总部基地和产业园区工作的年轻人, 还有很多住在丰台区但在其他区县上班的就业群体。

(2) 有效实现村庄经济可持续发展。对项目所在的 BP 村来说, 集租房的投用使用为全体村民的生产生活提供了稳定和持续的经济来源, 仅一期项目周期就使得村庄未来几十年的发展有所保证, 对村域村貌的改观也是整体性的。此外, 村庄吸引了大量新市民和青年人群入住, 也给村集体经济社会发展注入了新的活力, 成为创新人才和要素的重要聚集地, 增强了城市的活力和包容性, 也为村集体经济组织的发展提供了潜在的人才资源。

3.3.3.5 推行条件

(1) 政策先行先试, 激发市场活力。北京市先后出台多项政策大力支持集租房建设, 政策密度和支持力度在全国处于领先位置, 为基层治理实践创新营造了良好的社会氛围。在项目审批、建设和运营中, 市区两级政府切实发挥指导协调作用。比如, 在 BP 村项目进行规划审批时, 受益于"多规合一"平台, 多个部门协同会商, 加快了建设规划审批速度。项目尚未落地, 区县部门就召开企业园区和租赁运营商的对接洽谈会, 为集租房双方牵线搭桥。相关部门在解决项目配套设施指标的问题上献计献策, 不断优化项目质量和建设水平; 相关部门积极搭建融资需求平台, 为项目建设多方筹措社会资金。这都是集租房项目能在全国走在前列的重要因素。

（2）地理位置优越，目标需求明确。BP 村地处北京中心城区近边缘区域，周边既有总部基地等产业园区，又有成熟配套的商业设施，还有绿地公园等公共活动空间，地上地下公共交通便捷，环路、快速路和高速路密集。项目一旦建成，以其较低的价格、较高的居住和生活舒适性，立刻辐射周边地区乃至京西南部地区的住房租赁市场。项目建设和运营方以市场需求为导向，在立项前对青年职工等消费群体展开需求调研，不惜改变传统租赁住房建筑简单中庸的建筑风格和整齐划一的功能布局，注重在保障青年人群体基本的居住生活需求的基础上，提高其日常生活中的体验感和归属感，努力营造温馨、多元和智慧化的居住品质，得到较好的市场反响，基本能实现满租、满运营。

3.3.4 "市场主导，平台管理"模式

3.3.4.1 背景和案例简介

（1）区域经济的发展与就业人口的增长。区域经济发展与就业人口数量和构成之间存在一定的匹配关系，在北京产业结构升级调整过程中，区域就业人口的数量和构成也在发生变化，形成人口快速迁移和变迁的长期趋势。经济发展速度越快，产业结构优化越明显，对一定规模和特征的就业人口需求越显著。以往在各区县经济发展和产业结构调整过程中，出现过经济发展、人口规模和地区资源不匹配的现象，尤其是在一些经济发展水平高、速度快的地区，地区公共服务水平难以跟上实有人口数量的上升。比如在朝阳区、海淀区和顺义区等一些经济水平较高的区县，快速增长的就业人口规模对辖区尤其是产业园区周边的环境容量、社会治理以及公共服务形成了较严峻的挑战，尤其是公共服务和辖区治安等问题相对突出，例如房屋非法出租问题持续存在、社会治安受到影响、部分城乡接合部地区基础设施超负荷运行以及很多流动人口就业和居住权益得不到保障，等等。上述情况的出现，很大程度上与经济快速发展和产业规模快速增长有关，即社会治理和公共服务水平难以跟上就业人口的增长。

（2）案例简介。S 区是北京市"一核一主一副、两轴多点一区"城市

规划中"多点"中的一点,是北京市重点发展新城之一,是首都国际航空中心核心区,也是中心城区功能产业转移的重要承接地,作为北京市的经济和产业重镇,2021 年 S 区地区生产总值达到 2076.8 亿元,在北京市各区县中排名第五,先后获得"首都文明区""国家新型工业化产业示范基地"等荣誉称号。❶ 截至 2021 年年末,S 区常住人口为 132.6 万人[36]。S 区的经验在于不断谋求建立现代化产业集群,在"十二五"规划期间,S 区已经形成汽车与交通设备、电子信息、装备制造、基础与新材料、都市工业、生物医药等大主导产业。在过去 10 年中,S 区实现二次产业升级和向高端制造业转型,目前已经形成智能汽车、航空航天、第三代半导体等三大产业集群,拥有国家级高新技术企业 1776 家。❷ 产业升级转型需要不断引入一定规模和特征的就业人口,如何为就业人口提供良好的服务管理,成为区县相关部门尤其是产业园区周边地区等的重要议题,实现地区社会治理和公共服务水平匹配得上经济和产业发展水平,也是区县社会各界的共识。

3.3.4.2 内涵和特征

S 区辖区范围内各类产业基地或园区众多,包括汽车产业基地、高新技术产业基地和空港产业基地等,各个产业基地吸纳来自全国各地的就业人口,它们同时面临着解决职工的居住、就业和日常生活等问题。由于产业基地或园区同时兼具生产和生活两种功能,因此,与一般以居住和就业为主的区域相比,对企业职工的要求更高,对产业基地或园区、企业的服务管理要求也更高。针对较大规模产业集中和人口集中尤其是第二产业和第三产业中的劳动密集型产业的就业人员开展的实有人口服务管理,可以概括为"市场主导、平台管理"的做法。"市场主导"包括两个含义:一是增强产业调整和转型升级中面向就业人口服务管理的市场属性。产业调整和转型将带来就业人口规模和构成的调整,地方在追求经济增长和产业发展的同时,必将会提升产业科技和文化附加值,因此会出现由劳动密集型产业逐渐向高科技增加值产业的过渡,实际上就业人口的结构和规模是经济

---

❶ 参见 2020 年 3 月 6 日发布的《工业和信息化部关于公布第九批国家新型工业化产业示范基地名单的通知》。

❷ 数据资料来源于实地调查。

发展和产业结构调整的结果之一。二是提高产业基地或园区，以及园区企业自身的职工服务管理水平，切实将提升企业职工的福利待遇作为企业发展的内在职能，并通过制度化设计予以贯彻实施。

"平台管理"是指，地方政府相关部门并不直接参与包括人才引进和招聘在内的企业经营管理，而是通过建立服务管理平台来对企业生产经营行为和员工福利保障进行监督和管理。其内涵包括两方面：一是充分利用企业生产经营平台，对企业生产经营状况和员工福利保障情况进行服务、管理和监督。企业生产经营是其履行内部管理职责和社会责任的基础，只有企业效益好，才能更好地为职工提供服务。对于那些处于监测异常的行业或企业，相关部门应当及时予以引导、帮扶和解困。二是充分利用住房租赁服务管理平台对园区或企业周边地区的房屋租赁情况进行监督和管理。企业职工能否有地方住，避免出现"群租"等社会问题，关键是企业或周边能否有符合其市场能力和消费水平的租赁房屋，要切实将园区或企业周边纳入房屋租赁平台才能更有效地服务和监管。相关部门应该协调周边闲置房屋纳入平台供给，并对超出市场租赁价格范围的地区进行直接干预。这实际上是通过为企业提供帮扶、改善区域公共服务水平等方式来达到就业人口服务管理的目标，有效和持续性地实现了企业发展、人口发展和地方发展的三结合。

3.3.4.3 运作方式

（1）依托市场主导实现流动人口服务和管理。当前 S 区在第二次产业升级中着力构建现代化产业体系，在高新技术产业集群形成的基础上，不断增强人工智能、新能源汽车等细分产业领域的产业规模和技术水平，当前吸引了大量具有较高人力资本和创新能力的人才向 S 区聚集。相关部门要出台各项规划和政策，一是鼓励高新技术等新兴产业集群实现二次产业结构升级，对在人工智能和新能源汽车等国家重点发展领域有突出成就的园区或企业予以大力的扶持和减免税收等。此外，在相关产业基地和园区周边的用地规划上提高生活服务业、居民服务业和商业商贸业等服务行业，以及医疗、教育和卫生等公共服务设施的用地规模和占比，解除园区或企业发展的后顾之忧。二是通过税费减免等方式，鼓励园区企业改善职工居住和生活条件等企业后勤保障水平，鼓励园区企业开展节能增效来提升经营效率、改善职工福利水平。

（2）发挥两个平台的管理和监督作用。第一个平台是企业生产经营管理平台。需要在平台监管内容中加入企业员工保障管理子系统。首先，按月份或季度对重点企业的生产经营状况进行管理和监督，通过终端数据分析，对那些近期生产经营状况异常的企业，及时予以帮扶和解困，避免企业陷入进一步的衰退。其次，按月份或季度对重点行业的行业发展状况进行管理和监督，属于市区两级规划重点支持的行业，要为行业规模扩大和效益提升创造好的政策环境；属于市区两级规划以外的行业，要通过各项政策引导，来提高行业的集约型和经营效益，促进相关行业在生产方式、场所和企业内部治理的转型升级，比如一些加工制造业和批发零售业等。

第二个平台是住房租赁服务管理平台，这个平台的运行、管理和监督需要协调住建等相关部门共同开展。住房租赁服务管理平台是近年来在全市范围内新建的对辖区房屋租赁市场情况进行监管的专业平台。区县相关部门应充分认识到城市智慧化的治理方法和平台在基层治理中的地位和特殊作用，充分利用技术手段来提升人口服务管理的精细化和智慧化程度，充分开发已有平台在解决实有人口尤其是流动人口的居住和住房租赁市场稳定上的重要作用。要对园区或企业周边地区的房屋租赁价格和市场供求情况进行监督。当周边市场价格高于地区平均价格或者企业员工消费水平的时候：一是开展房屋租赁市场执法监督，杜绝和避免扰乱正常市场行为的企业违法经营行为，尤其是针对园区或企业周边地区的房屋中介公司和其他租赁房屋个人进行重点监管，确保企业职工能够租得起房。二是增加房屋租赁管理平台的供给渠道，包括针对园区和企业周边的集体土地房屋或者其他商业闲置房屋，鼓励相关产权单位将房屋投入住房租赁市场，或者牵线搭桥、面向园区或企业定向进行房屋租赁，来平抑住房租赁市场价格。

3.3.4.4 实施效果

（1）经济迅速发展，产业结构和就业结构持续优化。"十三五"时期，S区地区生产总值得到大幅增长，2021年全区地区生产总值比2016年相比约增长24%，全区国家高新技术企业达到1776家，较2016年增长四倍；率先在全市出台"智能制造"三年行动计划，相关标杆企业数量排名全市前

列。2020 年一般公共预算收入 170.98 亿元，居民人均可支配收入 4.18 万
元，与 2016 年的 137.9 亿元和 3.6 万元相比，分别增长了 24% 和
16.1%[46]。截至 2020 年，全区常住人口 132.4 万人，其中流动人口 60.2
万人。从就业结构来看，制造业是 S 区的优势产业和重点发展行业，截至
2020 年，制造业吸纳了全区 12.97% 的外来就业人口，在全区各行业中排名
第二；从就业人口总数来看，2020 年共有 1.04 万名制造业就业人口，约占
全市制造业就业人口的 12.46%。制造业门类众多，从制造业的小类来看，
截至 2020 年，第七次全国人口普查数据显示计算机、通信和其他电子设备
制造业和汽车制造业等六类机械电子制造业就业人口为 3904 人，比 2010 年
相关行业就业人口数量减少 20.98%。另一方面，信息传输、软件和信息技
术服务业作为第三产业中的高端服务业，2020 年就业人口数为 3498 人，与
2010 年相比增长了近 6 倍（表 3.3）[42]。

表 3.3　2020 年和 2010 年 S 区制造业及信息传输、软件和
信息技术服务业就业人口　　　　　　　　单位：人

	行业	2020 年	2010 年
制造业	计算机、通信和其他电子设备制造业	475	1027
	通用设备制造业	646	617
	专用设备制造业	387	458
	铁路、船舶、航空航天和其他运输设备制造业	191	2157
	汽车制造业	1909	
	电气机械和器材制造业	296	464
制造业小计		3904	4723
信息传输、软件和信息技术服务业		3498	511

资料来源：北京市第六次全国人口领导小组办公室，北京市统计局，国家统计局北京调查总
队. 北京市 2010 年人口普查资料［M］. 北京：中国统计出版社，2012.1；北京市第七次全国人口
普查领导小组办公室，北京市统计局. 北京市人口普查年鉴 2020（中册）［M］. 北京：中国统计出
版社，2022.4.

（2）变被动治理为主动治理，持续提升社会治理水平。在产业发展和

市场转型过程中，通过市场资源配置的方法来实现地区经济和社会的健康稳定发展，是实现社会治理由被动变为主动并可持续性发展的重要基础和保障。S区充分利用第二次产业升级的市场机遇和契机，相关经济管理和规划部门加大政策引导力度，积极引导高新技术产业转型投入人工智能等专业细分领域，加大资金投入力度、研发力度和人才引进力度，全区人工智能等智慧相关产业迅速成为新的经济增长点和发展高地。随着二次产业升级的持续推进，地区就业人口的结构和规模也在发生转变，地区企业竞争力和技术竞争力不断增强；与此同时，经济社会发展也使得地区财政收入持续增长，在此基础上，地区用于宣传法律法规、劳动就业、子女入学、卫生防疫、保障性住房等方面的公共财政投入增加了，极大提高了地区的经济发展水平和公共服务水平，进一步加快了辖区城乡公共服务一体化进程。

3.3.4.5 推行条件

（1）地区产业布局科学，市场活力凸显。多年来，S区内走以产业强区之路，既有高新技术产业引领，又有临空经济产业区托底，形成了相对完善的产业门类和布局。其中，机场临空经济区产业规模不断扩展，占到全区经济总量的80%、财政收入的85%，仅2022年就新引进注册企业581家；以汽车制造、电子通信、装备制造为代表的现代制造业产业集群保持稳定增长，尤其是智能汽车、第三代半导体等新兴产业集群发展迅速。❶ 以制造产业发展为基础，S区呈现出商业服务业等第三产业快速增长的局面，区域市场活力凸显，市场成为地区资源配置的有效方式，相关部门则通过监管平台的建设，有效发挥了监督和管理等职能，为区域经济社会发展保驾护航。

（2）当务之急是区域智慧化平台的建设、接入和使用。面向高新技术企业的服务更需要高新技术平台的支撑，一些地区也具备这个条件。一是充分发挥市区两级面向不同企业的运行管理平台，加大对相关平台硬件和软件的更新，将企业职工保障管理系统纳入企业服务管理平台，进行定期

---

❶ 数据资料来源于实地调查。

或不定期的监督管理。将面向企业的技术服务管理纳入区域智慧化建设的重要内容，由相关部门出资引入专业机构进行建设完善；对于其中涉及企业安全生产或危险品生产等重点行业和企业的，要强制纳入平台进行日常管理；对于辖区其他企业类型，则需要行业协会或相关主管部门牵头优先成立本行业企业运行管理系统或平台；进而与人口服务管理等其他平台实现资源和信息共享。二是打破不同平台间的横向壁垒，对地区产业升级和企业发展有益的事项，由主管部门牵头与其他部门管理平台建立链接，比如在房屋租赁管理服务平台与企业经营管理平台之间实现数据共享，能更有针对性地化解企业职工公寓建设和租赁问题等。三是建立高水平数字中心或平台，借鉴已有的区域平台或"城市大脑"的运营管理方式，借助辖区高新技术企业的产品和人才优势，在 S 区等区县实现产学研就地一体化，建设和完善高水平城市智慧平台或数字中心，发挥数字中心在辖区治理、企业管理和社会服务中的结构分析和趋势预测功能，比如在监测企业发展现状的基础上，对企业未来的生产经营和职工保障等内容进行科学预测。

（3）较强的企业社会责任感。职工服务管理是企业管理的重要组成部分，也是职工福利和义务的重要体现。在企业发展过程中，既要坚持发挥市场在资源配置中的基础性作用，又要切实不断增强企业社会责任感。包括在企业园区内部建设职工集体宿舍、提高职工福利待遇水平，增强改善居住等生活条件的能力，与周边村庄和社区合作协调，共同出资建设和管理周边地区人才公寓或职工宿舍，等等。此外，企业还要加强内部职工服务管理制度建设，加强职工社会责任感的培育，倡导职工形成文明健康的生活风尚。最后，企业在日常生产经营过程中，要积极开展转型升级和科技创新活动，增强企业的人才吸引力和经济效益。

第 4 章　北京市托底型社区自治的理论和实践

当前北京市肩负着建设全国政治中心、文化中心、国际创新中心和科技创新中心等"四个中心"的发展重任。❶ 作为超大城市，北京社会治理的重要着眼点是夯实城市建设和发展的社会基础，提升城市治理的能力和水平，以市民为中心不断提高社会治理的精细化、法治化和参与性水平。近年来，北京社区治理呈现出"点面结合、多点开花"的新局面，是社会治理的重要组成部分，也有效服务了全市经济社会发展，其中一些做法和经验具有较强的托底型社会治理的特征：即在服务供给内容上以保障基本民生供给为基础，在服务供给方式上以充分发挥基层社区的主动性和能动性为保障，在服务效果上以实现基层社区良性运行为目标。研究通过对北京市朝阳区、东城区、昌平区等不同区县的各种社区类型进行问卷调查和实地走访，尝试对托底型社区自治的特征和规律进行有益探索。

4.1　研究问题、过程和框架

4.1.1　社区治理的新议题

新时代加强北京社区自治的理论探索和实践创新，既是提升社会治理

---

❶　参见 2017 年 9 月 29 日发布的《北京城市总体规划(2016 年—2035 年)》。

水平、实现经济社会持续发展的重要保障，也是北京市作为超大型城市的经济社会发展阶段所要求的。一方面，如前所述，《北京城市总体规划（2016 年—2035 年）》带来了城市功能、产业布局和人口规模结构的调整，社区治理的经济社会条件和对象正在发生重要变迁，这给以往社区治理经验带来新的挑战。其中比较典型的新问题包括：社区变迁带来的社区治理创新需求，包括：郊区大型社区带来的社区服务需求多样化和纵深化、中心城区新老社区商业服务设施的更新和升级、老社区物业因社区年限增长而带来的基础设施维护维修需求、旧城平房区居民的社区服务需求，以及新产业园区周边居住区的社区治理需求，等等。在商品房小区、老旧小区等不同社区类型中，人们社区治理需求也存在明显差异。另一方面，在地方社会治理思路由管理到治理转变的大背景下，社区治理如何更好地融入城市治理体系和社会治理体系，也需要社区治理内容、目标和思路等方面的创新。其中比较典型的新议题包括：一是如何继续发挥党建引领在社区治理中的引领作用，如何实现社区治理与地方管理的协调并存；二是在社区治理内容上如何体现"居民参与"而非"居民参加"；三是社区治理如何与其他社会治理机制相互融合和促进；四是伴随社区资源多样化，如何实现不同服务内容的支出平衡和规范化，并不断提高社区资源的使用效率；四是随着社区治理的新思路和新做法层出不穷，如何实现从社区"治理"到精细化社区"治理"，如何提升社区治理的信度和效度，等等。这些问题迫切需要基层社区治理实践日益精细化，并尝试对已有的社区自治方式进行提炼和创新，力争找到其中的规律性认识和实践经验。

社区自治是指社区居委会及其他驻区机关、团体、部队和其他企事业组织，根据社区居民意愿依法管理社区事务，它是社会治理的重要基础和组成部分，也是社区治理的核心和基本要素。当前北京市社区自治领域已经形成大量行之有效的实践案例，这些案例的基本特征是它们都在社区自治的规范化建设、专业化和科学化水平提升以及社区动员的有效性和深入性等方面取得了丰富的实践经验和较好的预期成果。其中，比较有代表性的包括昌平区的"五方共建"案例、东城区"五民工作法"案例、朝阳区"全要素小区"案例、"菜单式物业"案例，等等。这些案例或做法都是居民委员会或部分业委会在街道办事处的鼓励和支持下，依照各自社区治理的需求和迫切需要解决的问题，在长期实践中总结发展出来的，虽然面向的问题和需求不同，但目标相同，都以社区参与、居民自治等形式创新了基层社区治理模式。很多案例或模式已经贯穿于日常社区自治的各个方面，成为社区治理的"万能钥匙"，很大程度上发挥了触类旁通和"牵一发而动全身"的作用。综上所述，希望通过这些案例分析，可以发现如：上述社区自治的基本特征和规律是什么？这些案例在实践过程中需要什么条件，有什么要点，具体的实现路径是什么？尤其是在提升社区动员水平以及社区自治专业性、科学化水平等方面有什么新的认识和启发？这是本章的研究重点也是社区自治实践的需要。

4.1.2 研究方法和对象

4.1.2.1 研究方法

在研究方法上，采用定性研究为主，定性研究与定量研究相结合、理论探讨和实证分析相结合的研究方法。定性研究的访谈等资料主要来自对北京市近 10 个社区的深入访谈，数据资料主要来自两次问卷调查：一是2019 年上半年对北京市东城区某老旧小区和平房小区关于社区提升的调查问卷，共计完成约 400 份；二是 2019 年上半年对东城区某商品房小区和保障房小区关于社区自治问题的问卷，共计约 300 份。本研究主要对两次问卷中的某些变量进行了描述性统计分析。此外，还考察了国内其他城市社区自治问题的相关研究和经验做法，希望予以对比，通过多个维度思考问题，找到这些做法的共性和差异，以期待发现其中的独特之处。在分析方法上，本研究采取案例分析和数据分析相交叉的分析方法，数据并不用于统计推论只是对案例的印证和说明。在案例分析方面，一是找到几个类似案例的共性部分，进行适当的归纳和提炼，力争同时具备实践做法和规律性认识；二是注重挖掘和描述案例的细节，尤其是在社区动员和不同社区组织建立有机联系和相互协调的具体过程和做法方面，这在一定程度上是对当前社区自治中的难点和要点的积极回应。

4.1.2.2 主要调研点

在调研点的选取上依据下面几个原则：首先，重点选取在社区自治实践中应用了五民工作法、五方共建、全要素小区和菜单式物业 4 种自治方式的典型社区，分别在东城区、昌平区和朝阳区各选择 2~4 个社区进行深入调查，要求选取的社区涵盖不同的社区类型，包括商品房小区、单位制小区和老旧小区等。其次，根据以往调研经验在全市范围内筛选其他社区自治做得较好的典型案例，也要考虑不同城市功能区和不同社区类型，包括 5~7 个较为典型的社区。最后，鉴于商品房小区在北京市占比较高，社区自治情况更为复杂多变，因此，研究又在不同城市功能区选择了几个商品房小区进行调查。总的来看，研究所选择的社区体现了地区差异、社区新旧差异和社区类型差异等社区资源禀赋上的差异，能充分反映出不同社区在治理方式上差异和特征及其实现方式。表 4.1 汇总了此次研究所调研的社区及其主要特征和基本做法。

表 4.1　社区自治做法调研对象情况

区县	社区	主要做法	案例特征
西城区	德胜街道某社区	党建引领物业	市场管理
	新街口街道某社区	党建引领物业	政府托底
东城区	DSX 社区	五民工作法	电梯安装
	CD 社区	五民工作法	停车自管
	朝阳门街道某社区	五民工作法	社区博物馆
	建国门街道某社区	五民工作法	居民自管会
	朝阳门街道某社区	五民工作法	社区事务分类
石景山区	八宝山街道某社区	商品房和保障房小区	社区活动引领
	老山街道某社区	老街坊议事厅	熟人社区管理
朝阳区	LY 社区	全要素小区	软件和硬件提升
	朝外街道某社区	全要素小区	软件和硬件提升
	双井街道某社区	物业服务联盟	街道资源统筹
	八里庄街道 BL 社区	菜单式物业管理	老旧小区管理
海淀区	学院路街道某社区	智库参与规范化社区	专业和规范化建设
昌平区	HLY 社区	五方共建	商品房小区管理
	霍营街道某社区	五方共建	老旧小区管理

4.1.3　托底型社区自治理论及框架

4.1.3.1　概念和特征

托底型社区自治是指在社区自治中以居民委员会为枢纽，居民、其他社区社会组织和市场力量参与，来共同发挥托底作用为主要特征的社区自治类型。在社区自治实践中，这里的"托底作用"除了包括传统上提供基本社区服务如便民利民、社区救助和福利以及优抚保障外，还包括基本社区风尚的培育、基本社区参与的组织以及地方政府基层政策的实施，等等。在现阶段社区动员和居民行动能力相对缺位的转型期社区治理中，托底型社区自治起到了很好的替代作用，它关系着社区居民的基本福祉、社区基本秩序的建立和社区共同体的活力。本章的社区自治案例，都具备上述特征或运行模式，并在与其他社区自治的比较中发现，取得了良好的实践效果，包括社区良性运行、居民普遍满意、社区环境优美和基层政府肯定。在这种模式下，既能发挥地方政府的资源配置优势，又能调动各类社区组织和市场力量的能动性和专业性。因此，其显著特征是对地方政府和社区自治组织尤其是其负责人或带头人有较高的要求，包括社区自治能力、专业性和责任心等，如何调动社区自治组织的责任心和能动性是托底型社区自治理论和实践中需要面对的一个难题。

4.1.3.2　理论和分析框架

托底型社区自治将社区自治作为基层社区治理的分析核心，就是要抓住基层社区治理的关键和难点，把提升社区自治水平放在完善社区治理体系中通盘考虑。对北京市来说，托底型社区自治是把提升社区自治水平纳入基层社会治理体制改革如"街道吹哨，部门报到"❶ 等整体改革布局中进

---

❶　根据 2020 年 1 月 1 日起实施的《北京市街道办事处条例》第五条规定，街道办事处应当坚持党建引领"街道吹哨，部门报到"。在本街道党的工作委员会领导下，加强社区治理，以到基层一线解决问题为导向，统筹协调、指挥调度区人民政府工作部门及其派出机构、承担公共服务职能的企业事业单位等，围绕群众诉求、重点工作、综合执法、应急处置等反映集中、难以解决的事项，共同做好辖区服务管理工作。区人民政府工作部门及有关单位应当接受街道办事处的统筹协调、指挥调度。

行分析和思考，从社区自治组织与其他基层部门、市场主体和社会机构等不同主体的功能定位和组织差异上入手进行分析；从科层化和平台化两个维度上对不同基层治理主体之间的关系和互动模式进行分析。因此，本书也将沿此思路对社区自治案例进行分析和总结。

　　图 4.1 为以社区自治为中心的基层社会治理体系。那么，托底型社区自治在实践中的运作特征是什么样的？或者说有哪些规律性的做法？首先，托底型社区自治的前提是有一个敢于实践创新的基层政府如区县相关部门和街道办事处等，其对居民委员会依社区资源和居民特征等情况开展的基层治理创新能够积极接纳甚至主动引导。众所周知，社区事务千变万化、千差万别，基层相关部门的指导和调控是整体性的，好的社区自治能够在法律法规和政策要求的框架内，根据社区资源和居民需求进行创新，因此更适合多变的社区情况和居民需求。

图 4.1　以社区自治为中心的基层社会治理体系

　　其次，与单纯强调多元社区参与治理模式不同的是，托底型社区自治强调居民委员会在社区治理中的枢纽作用，较为理想的社区自治人员架构和配置是首先有一个敢于开拓、甘于奉献、积极作为的居委会，居委会在与其他社区社会组织和居民等的互动中发挥"枢纽型"社会组织的作用。它既是托底型社区自治的发起者和策划者，也是社区自治的组织者和协调者。调研发现，社区自治开展得好坏、是否有成效以及能否让居民满意，居委会在其中扮演着重要角色。凡是社区服务好，居民参与度高、幸福感强的社区都是居委会勇于创新、积极作为的社区，凡是一盘散沙、毫无活力的社区都是居委会不作为的社区。

再次，与单位资源发挥优势作用的单位制社区治理模式不同的是，托底型社区自治强调要稳步提升社区自治的专业性、满足民生需求的广泛性。随着居民物质文化需求的多样化和水平提升，一些社区治理中呈现出的泛泛的社区服务和千篇一律的自治方式难以满足居民需求；逐步吸引更多的专业组织，提升社区自治的专业性、满足民生需求的广泛性是短期内提升社区自治水平的有效方式。

最后，由于托底型社区自治对地方基层部门和社区自治组织提出了较高的要求，因此，如何调动他们的积极性和参与热情，是托底型社区自治的另一个重要议题。一些地方的实践证明，单纯通过提高工资水平的做法并不能充分调动居委会成员的积极性和能动性，建立起以社区自治水平为标准的绩效体系，或者充分发挥社区居民的监督作用，才是调动基层部门和居委会积极性的有效手段。

4.2　当前基层社区自治存在的不足

4.2.1　社区自治组织减负

基层政府相关部门给居委会"减负"是目前北京市各区县基层治理改革的内容之一。表面上看，居委会负担重不重事关社区自治的好坏，但实际上居委会的负担问题只是基层社区治理体制改革诸多议题中的一个，是社区治理体系的一个环节。居委会负担问题看似是事务性工作过多，但问题的症结不在居委会层面，根源在于各部门下派的事务与社区工作的不适性，即虽然问题出在社区，但根源不在社区。换句话说，负担要看是谁的负担，对社区自治组织来说，事务性工作是"负担"，但是如果是与居民相关的事务，再多都不是负担。比如，朝阳区和东城区等区县抓住了问题的症结，为了理顺街道社区管理体制，多年前就开展了基层"大部制"❶ 改革试点，通过街道办事处的机构调整和人员整合，更好地服务社区服务和居民自治。调研发现，在"大部制"改革试点街道，从机构运营到人员履职仍然处于过渡阶段，但已经初现成效，解决了社区的一些老大难问题，提高了社区资源统筹的力度和效率。但街道办事处的相关调整仍难以解决事务性工作下派的工作格局，并未从根本上解决居委会被动嵌入基层行政体系带来的弊端，未来需要进一步加大机构改革的力度和深度。

4.2.2　社区自治的科学性和规范性

在以社区自治组织为枢纽的基层社区治理体系中，街道办事处、居委会、社会组织和居民各自的权利和义务是什么，各自发挥什么作用，需要在社区工作的总体思路中有所体现和明确；同时，社区工作要达成的目标、实现这一目标的方式和路径，以及在实现过程中不同主体之间的关系模式，也需要在社区工作的总体思路中有所体现和明确。调研发现，当前社区治理的总体思路有待进一步理顺，社区自治的科学性和规范性有待进一步提升。实际上，社区自治的目标是助推社区治理体系的建设，其中，街道办事处扮演的是街道层面的"枢纽型"组织的角色，居委会扮演的是社区层面的"枢纽型"组织的角色，通过两者的组织、协调，各自吸引支持性社会组织（如社会组织孵化器、社工事务所和基金会等）和操作性社会组织来加入社区治理，建立起科学、规范的社区治理体系和服务体系，以更好地实现居民自治和社区服务。

4.2.3　社区自治的事务化

社区自治的着眼点是社区和居民，只有如此，才能从社区公共事务和

---

❶ 2019 年 2 月发布的《中共北京市委 北京市人民政府关于加强新时代街道工作的意见》提出，深化街道机构综合设置改革，按照综合化、扁平化方向，街道一般设置党群工作、民生保障、城市管理、平安建设、社区建设、综合保障等 6 个内设机构和 1 个街道综合执法队；并按照重心下移、条专块统、责权一致的原则，优化街道职责事项清单，推动区级职能部门向街道下放职权。通常称为基层"大部制"改革。

居民民生需求出发来发现、思考和解决问题。当前社区自治中呈现出的过度事务化倾向，一定程度上偏离了居委会的社区自治目标。但实际上，事务化倾向与事务化弊端两者之间并非不可调解。调研发现，即便在社区自治事务化倾向较为普遍的背景下，一些居委会也能够从社区和居民角度出发来思考和处理问题，能在很大程度上缓解事务化倾向对社区自治的负面影响。例如，朝阳门街道办事处下辖的一些社区，其居委会能够主动做到社区事务分类，仍然能够发挥居委会在组织社区活动和动员社区居民中的作用。相反，如果居委会尤其是带头人不能从社区和居民的需求出发提出、思考和解决问题，仅限于应付上级的事务性下派任务，甚至将事务性工作撒手交给社区服务站而蜕变成社区"官僚"，那么即便顶层设计再好、制度设计再完美、工作机制再完善，也难以充分发挥居委会的自治功能和服务功能。例如，基层网格员等社区服务队伍的服务主体和责任主体是谁，是街道办事处还是居委会，理顺了这些问题才能在社区自治中更好地发挥不同团队或管理制度的优势。

4.2.4 社区自治组织的责权利

首先，一些社区自治组织责权利不明确，是制约其改革和发展的基础性和内生性问题。地方政府相关部门在制定社区政策和指导社区建设的过程中，应当进一步明确希望社区发挥何种作用，以及能为其创造何种条件；对社区来说，在条件具备的情况下，它要发挥的职能和实现的目标，是社区考核的标准，这就解决了社区发展的内生动力问题。目前来看，各地在理顺社区治理主体关系上进行了大量实践探索，但如果不能明确社区自治组织的责权利，很多社区自治尝试将难以找到有效实现途径，反而纠缠于社区主体关系的纷争而走向偏颇。例如，有的街道主任顾虑居委会在减负之后会无所事事、无能力做事，这实际上是模糊了居委会的责权利关系，认为社区减负后无法对社区自治进行有效评价，而拒绝居委会回归社区自治组织的功能定位。

其次，居委会和服务站之间的职责有待明确，一些居委会内部分工不明确、职位设置不合理，出现了交叉任职和人浮于事并存的情况，影响了社区自治的顺利开展。一是，有的社区工作者提出"自己平时很忙，但不知道在忙什么"，缺乏职业成就感，这不利于社区服务开展，也挫伤了社区工作者的积极性；二是一些基层机构设置人浮于事、职位虚设，影响了正常工作流程的开展，比如一些居委会下设委员会发挥功能不足，等等。实际上，对于职责分工问题，基层相关部门对居委会的任务清单有明确要求，但有的社区认为无法建立任务清单、一些事项无法分清归口。这就体现了一些事务性工作下沉到社区后，社区没有能力进行细化和归类的问题。

最后，社区财政也是一个"老大难"的工作机制问题，当前居委会自主开展工作的经费使用上有所改善，"费随事转"有所落实，但社区社会组织的经费使用仍然无法做到财权和事权的统一，而且社区社会组织的灵活性强，难以做到全体活动的预算化，在很大程度上限制了社会组织的主动创新能力。

4.2.5　社区资源的可持续性

社区资源永远不嫌多，北京市作为超大型城市，面临庞大的民生需求，尤其是在快速城市化过程中，人口流动性强、结构复杂，在解决民生需求的基础上还面临着较高的基层社会治理成本。当前社区资源总的来说以地方财政支持为主，实际上并不能充分满足庞大的民生需求，调研发现，有些社区服务项目由于资金等原因难以持续两三年。另外，社会资本对社区民生服务的注入相对不足，一些社区的社区公益金项目，由于无法从社会上募集到资金，只能依靠承接基层政府项目来维持运营，这就使得一些社区社会组织从支持性社会组织转型成为操作型社会组织，不利于其更好地参与社区服务。

4.3　社区自治的实践经验与分析

4.3.1　"五民工作法"及其案例

4.3.1.1　何谓"五民工作法"

"五民工作法"是一种基层协商民主框架下的社区共建共治共享的治理

机制，即搭建由社区居民、社会组织和社区利益相关方等组成的意见表达、协商的平台。"五民"的意思是"民事民提、民事民议、民事民决、民事民办、民事民评"，是社区共治的标准运行流程即收集筛选、协商议事、共同决策、落实成果和评估反馈的过程。具体来看：第一步，首先由居委会下设委员会，十人以上的居民或居民代表、居民小组、楼/院委会、社区社会组织、网格议事会、社区单位、业委会和物业服务企业等社区利益主体提出急事、难事和热点事件等社区突出的议题，在居委会的牵头组织下经过筛选确定为协商议题并进行社区公示。重点是以下四类议题，包括"涉及居民利益的公共事务""社区居民会议决策之前需要协商的事项""居民反映强烈、迫切需要解决的实际困难""居民普遍关心的社区问题和矛盾""各类协商主体提出的协商需求"❶。第二步，由居委会牵头、专业社会组织参与，召开开放空间、社区议事会或社区论坛等形式的会议或论坛，对议题进行讨论、达成共识并形成解决方案。在议事过程中注重议题集中、民主讨论和和谐议事；会后将相关解决方案或提交给居民会议讨论通过，或交由政府相关部门予以协助解决，或委托专业社会组织、社区社会组织承接办理，或由居民自行组织实施，等等。第三步，扩大居民参与，采取的方式包括制订行动计划、形成社区服务项目和培育社区社会组织。第四步，由居民或非利益相关方组成评估小组，或者由第三方评估机构，对成形项目进行专业评估。

4.3.1.2　"停车自管"案例及分析

（1）社区基本情况。

"停车自管"案例来自东城区的 CD 社区，CD 社区是老旧单位制小区，共有居民九栋居民楼，其中有五栋楼毗邻崇文门东大街，是 20 世纪 80 年代的老单位楼，这五栋楼一共大概有 700 多户居民，整个社区老北京人居多，还有一部分新购房和租房上学的居民。❷ 作为市中心的老旧小区，CD 社区公共空间有限，缺乏停车场所，居民只能在小区内部插空停车，时常堵塞行人通道、占用小区活动空间，还经常因停车引发一系列矛盾纠纷。居民

---

❶　案例资料来源于实地调查。

❷　案例资料来源于实地调查。

为此怨言很多，但是限于现有的小区情况，居委会也没有太好的办法。

（2）主要步骤。

步骤一：居委会调研和组织，居民提议分类治理。

CD 社区属于完全开放小区，小区四周没有围栏，其中有五栋楼出门就是市政街道的人行道，人行道外侧是路侧停车收费区域，以往很多过路车辆为逃避收费将车停在单元门口，还有的小区居民私装地锁而导致无序停车，这五栋临街的楼房居民深受违章违规停车之苦，有时候进出单元门都困难。从 2016 年开始，社区居民多次向居委会反映问题，但由于牵涉车主、物业公司、驻区单位和路边停车公司等几方主体，并且几栋楼之间公共空间并不互通，难以统一规划。稳妥起见，居委会先对居民进行了摸底调查，共组织召开了 7 次居民代表会议，召集各单元门居民代表和楼门长参会，最终决定采取"市场管理与停车自治相结合"的思路，即分类治理思路：首先，对于五栋楼中的四栋原产权单位脱管的楼房，选聘停车管理公司管理，采取竞标的形式现场答辩、居民投票。其次，对于另一栋楼房（22 号楼），由于原产权单位尚未脱管，采用居民自治的方式来解决停车问题，即民事民办，并成立专门的停车自治管理委员会。此外，居民讨论的内容还包括停车管理的费用额度，在讨论过程中有提出每月 200 元、300 元的，最后定为每月 240 元；对于临时停车收费标准，大家讨论商量的结果是本小区的车辆每小时一块钱，外社区的车辆每小时一块五。

步骤二：社区自管会因"需"制宜、勇于创新，以需求为中心落实议案。

解决停车问题实质上是为了营造有序的社区生活秩序，有序停车对有车家庭和无车家庭来说都是共同的利益关切，相关方案既要满足停车需求，又要保持社区美化和保证公共空间的留存；既要满足现有车辆停放，又要留有小区通行余地。这是贯穿议事、方案制定和实施全过程的宗旨和诉求，也是避免未来纠纷的前提。

由居民自发成立的社区自管会，在居民动员中发挥了重要作用，以原产权单位物业尚未脱管的 22 号楼为例，社区自管会负责人利用自身物流调度等领域的专业知识，在讨论会上带领居民就车行方案、停车协议等内容进行讨论，并确定了具体方案。在方案实施过程中，自管会组织志愿者挨家挨户做居民邻里动员，征求居民意见和需求。按照同时兼顾有车无车家庭、长期停放和临时停放家庭，以及现状停车和未来停车需求等原则，最终形成的停车方案是：整个单元共有28辆长停车辆需求，其中院内22个车位实现居民停车自管，不足的6个车位通过购买市场服务获得，其购买车位成本由院内所有车主均摊。对院内的车位，根据车主状况、买车先后顺序和距离住房远近三个因素来予以分配，并预留出6个车位用于机动停车和未来新增车辆。在很大程度上实现了停车自管、动态调整，并以有限的车位资源满足了整栋楼的停车需求。

步骤三：街道对接微公益、居委会对接驻区单位，居民对接产权单位。

CD社区停车自管的成功是街道办事处、社区、居民和社会单位群策群力、合作共赢的典范。首先，属地街道办事处的社区公益创投为社区停车自管搭建了项目平台和提供了组织经验，尤其是所吸纳的专业社工事务所等专业社区服务类的社会组织在项目策划和开展过程中给予的专业支撑，在项目实施过程中虽然以居民出谋划策和志愿服务为重点，但是往往细节决定了项目的成败。其次，CD社区西侧两栋属于某国有单位的产权楼房，也为项目的实施和改造提供了专项建设经费。再次，由于小区紧邻一家驻区单位，在公共空间上互联互通，在居委会牵头下，居民和驻区单位协商由驻区单位提供了两个车位用于满足社区需求；最后，对于社区自管后仍然无处停放的汽车，自管会以优惠价格向社会单位购买停车服务，费用由社区全体车主均摊，保证全体居民共享社区停车的便利性。停车自管的不同主体通力合作最终才得以实现社区的有效治理。

步骤四：从停车自治到物业自治。

CD社区停车自管的组织和实施过程也是社区环境的改善和居民公共意识提升的过程，这符合社区自管会负责人在项目实施之初所设想的社区治理理念。例如，自管会在征集民意、签订协议等入户过程中会对居民进行社区参与的普及和教育；在停车场建设过程中，积极动员社区居民亲自参与社区环境改善，包括更新小区门禁、加建轮椅和婴儿车通道等。居民在尝到了停车自管带来的环境改善、停车便利等"实惠"之后，参与社区议事协商和其他活动的意愿和水平明显增强和提高，自管会的社区动员更容易开展了。在居委会的引领下，自管会负责人积极筹划以此为契机推动形成整个社区由停车自管会向全方位的社区治理转型，包括：一是在物业服务上，改变当前由单位购买物业服务的方式，探索以居民自管为主、购买市场服务为辅的物业管理方式；二是尝试由自管会对社区内的居民出租房屋实行统一管理和出租，来进一步改善社区生活和居住环境，等等。

4.3.1.3 "加装电梯"案例及分析

（1）社区基本情况。

"加装电梯"案例小区来自东城区的 DSX 社区，DSX 社区是东城区危旧房改造后形成的保障房社区，于 2005 年建成使用，社区规模较大、居民人数较多。整个社区属于一个小区范围，共有楼房 18 栋，楼门单元近百个，户籍人口 6500 余人，常住流动人口 1100 余人。虽然地处市中心，但人口数量多、居住密度高，尤其由于毗邻几家全国知名的大医院，小区地下室出租问题也较为严重，给社区造成一定的安全隐患和管理难题。作为危旧房改造后形成的搬迁社区，原有平房院落的老街坊和老邻居人数多，属于社区中的熟人社会，因此老年人数量多，但是由于当年建设的保障房大多都是低密度楼房，很多楼房缺乏电梯等服务设施，给老年人出行带来很大困扰。

（2）主要步骤。

步骤一：以居民行动为主，引导居民议事，加装电梯是个契机。

虽然小区的楼龄并不老，但是居民大多都是回迁老人，对电梯的需求比较迫切，其中一个五层楼房的单元门住着 20 个 60 岁以上的老人，还包括七八个 80 岁以上的老人，对电梯的需求尤其迫切。从 2012 年开始，这个单元的居民就自发探讨加装电梯的可能性。他们不断到居委会和属地住房和城市建设委员会咨询加装电梯情况，为此居委会组织整个单元的 24 户居民召开了两次讨论会。最终，居民在议事会上讨论出出资方案，确定二层以上交钱、一层二层不使用不交钱，最终得以全体签字通过。在前期工作中，街道办事处和属地住房和城市建设委员会安排专人对小区建设条件进行了把关，根据北京市的相关政策，由安装公司给出预估报价，在居委会召开全体居民会议同意加装电梯的基础上，再出具具体报价和施工方案，每部电梯除去财政改造补贴外，其余经费由居民分摊。

步骤二：双重身份做动员，老街坊说服老街坊。

针对一开始个别居民不签字的情况，居委会引导其余居民转变思路，"这不完全是街道和居委会的事，要装电梯，也要自己付出努力。"因此，居民们纷纷在日常生活中有意无意自发去找这两户邻居聊天。恰好，有的住户既是居委会社工又是社区居民，更了解相关政策的利民性质，也了解这两户居民的关切和需求，在动员中发挥了一定作用。实际上，整个动员邻里的事情大多都是居民在做，但每次居委会社工都会一同去。按居民的话说："都是老街坊，人与人之间的情分在，只要不涉及不能解决的问题，都可以商量。"最终，所有住户签字同意安装。实际上，在加装电梯等涉及居民个人利益的问题上，居委会、自管会或居民都要出力，在不损害对方利益的情况下各自发挥作用，尤其是分解到小的单元里进行动员，更能促使居民意见达成一致并保证每个住户利益都有所保护。

步骤三：由一个单元到一个小区，由点到面层层推进，已有自治基础和熟人社会是关键。

一个单元加装完电梯后，居民们自己讨论制定了电梯公约，并张贴在电梯间。由于电梯安装专业，透明安装对一层没有遮挡、环境优美、使用高效，切实解决了老年人上下楼问题；别的单元看到了加装电梯带来的实惠，纷纷主动提出加装电梯的需求，加装电梯的社区动员就顺理成章了。居委会本着装电梯是居民的事情的原则，动员大家都参与此项工作。此外，还有两点至关重要：一是社区居民都是原来胡同里的老街坊，具有较好的动员基础；二是社区近年来社区各项活动丰富多彩：小区有两位非遗文化继承人，有较深的文化底蕴。此外，2017年在街道办事处的组织下，社区清理了小区地下空间违法出租，在地下室新建了近千平方米的非遗博物馆。小区仅街道的社区微公益团队就有17支，包括乒乓球、模特、楼门文化、书法、维修等，很多社区居民都是社区公益的积极参与者，具有较好的居民工作基础，该社区一度被评为市级和谐社区。可见，即便面对加装电梯这种涉及居民利益的重大事项，只要居民关系融洽，社区自治日常活动好，依然能够找到达成一致的契机。

4.3.1.4 主要特征

（1）议事程序规范、可操作性强。

"五民工作法"是全市关于社区议事协商的相关指导政策❶的重要成果之一。它初步实现了居民自治的平台化运作，即由居委会搭建平台进行策划、协调、组织和动员居民，居民和社会单位等作为议事协商主体对社区事务进行讨论和决策。它既是一种相对成熟的社区议事做法，更是一种解决社区问题的有效途径和渠道。根据不同社区的经验调查发现，与其他议事协商做法有所区别的是，"五民工作法"制定了规范和严格的程序，它追求的是程序的公正和严格，以此来实现治理结果的科学有效，因此，对于不同社区类型或社区事务来说，一旦掌握了其内涵和程序，就能够在社区自治中发挥很大的作用，具有较强的应用性和可操作性。相关区县为了对这种社区自治方法进行适当推广，在专业社会组织的协助下已经制定出专门的自治指导手册，有效地提升了地区社区议事的科学性和有效性。

（2）居民和社会单位广泛参与、充分协商并达成共识。

"五民工作法"各个环节和流程以居民参与为主体，充分调动居民的主动性和能动性，经此形成的决议和方案能够充分满足大多数居民的切实需求，它是从需求出发、以需求为导向的。此外，由于不同居民的思路是开阔和发散的，一旦在组织过程中提高了居民的代表性，就能较大程度地激发社会活力，针对不同问题和需求提出创造性的解题思路，更容易满足不同群体的需求。

（3）平台化议事具有较强的"兼容性"和"扩展性"。

平台化是社区工作一个重要的思路转变，它体现了社区主体之间的良好互动关系，它不仅在一定程度上克服了由居委会上传下达的任务式发包所带来的脱离社区需求、应用性较弱等弊端，还增强了社区议事平台的兼容性和扩展性。换句话说，扁平化的主体关系和开放性的互动方式，决定

---

❶ 包括《中共北京市委办公厅 北京市人民政府办公厅印发〈北京市关于加强城乡社区协商的实施意见〉的通知》（京办发〔2016〕23 号）和《北京市民政局关于印发〈北京市社区议事厅工作指导规程（试行）〉的通知》（京民基发〔2017〕34 号）。

了它是一个开放的平台，在这个平台中，已有"五方"可以充分发挥主动性，在运行的各个环节都可以吸纳专业社会组织（包括支持性社会组织和操作型社会组织等）的接入，具备"即插即用"的兼容性。此外，政府委托代理机构、市场力量和其他社会组织将来都可以在平台中扮演角色，为平台化治理增加了新的可能性，这也是平台化治理具有的较强的潜力或扩展性。

4.3.1.5 存在问题

（1）避免由平台化协商转向平台化运作。

由居委会发起和组织的议事事项中，很容易出现自上而下的行政指派和任务分配等局面，容易偏离"五民工作法"的宗旨。一旦采用"五民工作法"，需要各方理顺角色和关系，对居委会来说要更多地承担组织和协调者的角色而非整个议事流程的操控者，更理想的方式是由专业社会组织或居民代表来承担主持和协调的角色，并吸纳更多的居民自发参与进来，这样才能更好地体现"协商"的意义和决策的有效性。可以说，"五民工作法"的亮点在民主程序和居民自治上，但核心和难点是居民动员的广泛性和参与的有效性，案例中居委会通过社区难题的化解来引导和动员居民不失为一种策略。

（2）议事分类和标准化程度有待细化和提升。

当前议事范围主要涉及居民利益、居民普遍关心和实际需要解决三类重点议题。从实践过程看，这些议题之间存在交叉定义，通常涉及居民利益且有热点的问题更容易成为社区议事的重点，需要在众多议事事项中真正选出符合社区需求的议题。首先，居民迫切需要解决的问题应该占更重要的权重；其次，应该征求更广泛的居民意见，简单的议题分类法容易忽视大多数人的关切。

（3）应进一步建立起科学的决策落地和评估机制。

"五民工作法"的优势在于社区议事，难点在于执行，仅仅依靠居民监督难以保证相关方案和做法落地。比如，有的社区事务通过引入专业力量已经达成居民共识和实施方案，但是由于资金不到位，项目悬而未决；有的项目虽然有资金支持，但是前期居民动员没有做好，没有居民表率，没有居民参与，也很难落实。缺乏资源调动能力难以成功，有了资源但缺乏居民参与也难以成功，两者缺一不可。在议事阶段就在居民中达成共识并取得居民的认同，是后期居民参与执行和实施的基础和有利条件，也是多方社区议事的成功之处。

（4）议事平台容易出现达不成共识的局面。

该工作法强调和重视居民参与，并用议事流程来予以保证，但越是在开放和公开的讨论中越容易出现强调自我主张、难以达成共识的情况，会影响决议的效率和有效性，这对社区议事协商的组织者和主持人提出了较高的要求，这就需要更广泛地在社区居民中选取居民代表，并保证居委会事前讨论议题时要确保从社区公共利益出发，有基本的判断和认识。

4.3.2　"五方共建"及其案例

4.3.2.1　何谓"五方共建"

"五方共建"模式是以社区党支部为核心，搭建并依托党建协调委员会这一平台，引领居委会、业委会、物业以及社会组织五个主体共商、共建、共治、共享的基层社会治理新模式。它通过党支部书记交叉任职和支部共建等形式，在得到社区居民或物业业主广泛认可的基础上，充分发挥社区党员尤其是党支部书记在社区治理中的引领作用。具体来看，业委会、网格化党小组、楼门院长、物业公司和其他社会组织在社区治理中发现问题和提出问题，通过各自不同的反馈渠道，提交给党建协调委员会，后者组织并召开例会，在会议上充分讨论、民主协商并形成解决方案，委托给相应的社区组织或机构来实施。其优势在于能"找准问题的切入点，摸清百姓诉求，寻找解决的突破口，通过共商共议，集百姓智慧，发挥党员带头作用，让难事儿解决的时候进程透明化，推进有计划"❶。在实践中，这种做法能够实现"党建资源共享、社区服务共谋、中心工作共推、文化活动共搞、实事好事共办"❷。目前这一做法已经在昌平区 100 多个社区中进行推广，取得了较好的治理效果。

---

❶　文字资料来源于实地调查。

❷　文字资料来源于实地调查。

4.3.2.2 "HLY 社区治理"案例及分析

（1）社区基本情况。

昌平区 HLY 社区建成于 2005 年，由 13 栋商品房楼房组成，共有居民 900 多户，常住人口近 3000 人，其中本社区户籍人口只有 300 多人，是一个外省就业人群常住占比较大的社区。当前辖区所在街道基本上是一个居委会管理一个封闭小区，小区的特点是规模小、边界清晰，属于纯居住区，因此社区辖区范围基本没有社会企业和单位，可利用的社区资源并不占优势。居民以工薪阶层为主，多从事高新技术产业比如 IT 产业，朝九晚五的"上班族"和中青年居民居多，居民参与意识较强，并不像老旧小区或中心城区小区那样老年人口占比高。2006 年，小区在居民入住后的第二年就成立了首届业委会，由 5 名业主居民组成。同年，小区居委会成立，多年来，在居委会和业委会的组织和动员下，社区居民活动丰富多彩。其中，社区社会组织尤为活跃，与其他小区文体类组织尤其是老年人文体组织占主体的情况不同，该小区公益类和服务类社区社会组织数量众多：整个社区共有 15 个社区社会组织，其中 5 支队伍在区民政局备案，另外还有"ZJ 家悦"等 5 支专业社会组织在社区开展服务，涵盖公益志愿和社区服务等多个门类，比较有特色的是爱心服务车队，常年日常接送社区居民，并连续 6 年义务接送社区高考学生。

（2）主要步骤。

步骤一：多方聚焦小区物业管理难题，作为改善社区治理的契机。

2007 年以来，该小区物业公司和业委会因合同纠纷，导致物业不履职而形成不良循环，小区一度陷入物业管理不善的境地。多年来，面对小区物业管理不善，物业和业委会矛盾纠纷不断的情况，上到街道办事处，下到居委会乃至社区居民，都在聚焦小区物业管理水平的提升和新业委会的选举，普遍明确以新业委会选举和改善物业服务作为提升社区治理水平的重要契机并付诸实践。

步骤二：社区书记交叉任职业委会，取得居民信任、引领社区工作全面提升。

新一届业委会选举迫在眉睫，为了平安渡过社区停摆的关键期，街道办事处发挥社区自治的指导作用，向社区提议引导党员居民参与业委会成员竞选。在他们看来，该社区书记同时也是小区业主，对小区问题的根源看得清楚，应推动居委会主任积极参与业委会成员的竞选，在居委会和业委会中交叉任职。社区很多中青年业主精通法律、热心公益，在新业委会成立和选举的过程中，充分发挥监督作用，"倒逼"业委会筹备委员不断增强依法办事的观念和意识，严格按照程序投票并选举产生新一届业委会。在交叉任职的社区架构下，业委会积极参与社区协商，加强与议事平台、居委会、物业公司和社会组织的业务往来，充分调动社区资源。随着社区自来水设备更新、环境治理等社区提升的日益显著，新业委会工作得到居民认可，物业公司也得到居委会和业委会共同监督和协助，社区呈现活动丰富多彩、居民参与热情高涨的新气象。社区书记表示："在参与社区事务过程中，我是一名业主，更是一名党员。"

4.3.2.3　主要特征

（1）依法办事、从需求出发，街道办事处鼓励创新、社区勇于创新。

当前一些街道办事处在社区治理问题上存在"重事务、轻治理"的指导思路，但案例中的街道办事处则从职能定位、思路创新等角度出发，对基层社区自治提供支持和鼓励。2018 年 HLY 社区所在的街道办事处成立物业科，专门管理和监督辖区物业管理公司，对本地注册公司起到了很好的监督和管理作用，成为物业公司依法经营的重要约束，这对保障商品房小区的有序运转至关重要。此外，因地制宜，HLY 社区直面案例社区治理难题，在相关政策指导下，街道主动提出由社区党员竞选业委会委员，并对社区书记交叉任职的想法给予肯定和认可，有效指导了社区自治的顺利开展、保障了 HLY 小区物业的正常运营和社区生活质量的稳步提升。

（2）用成绩说话，实现社区党组织组织全覆盖、过程全介入。

一是党支部及居委会中的两名成员在业委会中交叉任职，很多业主并不希望业委会成为居委会的附属，交叉任职的难点在于取得业主的信任和认同。案例中的社区党组织和居委会直面社区难题，积极争取居民参与，将工作做在日常，通过智慧门禁安装等社区服务提升、畅通微信群沟通渠道等日常工作，取得了业主的广泛信任，有的业主在微信群里感慨："快

（凌晨）12点了，居委会还没下班"，等等；最终，随着物业选聘有序进行和自来水设备更换等民生工程顺利展开，居委会和业委会部分委员交叉任职的做法得到社区居民的彻底信任和支持。二是党组织对包括物业公司在内的服务企业和社会单位全覆盖，与物业公司联合开展支部共建活动，充分调动物业公司的积极性和其他社会资源为社区服务。此外，在组织全覆盖的基础上，在各项社区事务的动员、讨论、决策和执行全过程中积极发挥党组织和党员的带头作用，不做面子工程，聚焦社区治理和社区事务，有力地推动了社区党建由组织覆盖向功能提升的转变。

（3）社区提升和沟通交流是社区共识的基础。

交叉任职能够在中青年IT热心人士占主体的小区取得较大认可，除了相关委员在社区治理中的辛苦付出，有效的沟通交流是达成共识的基础。社区环境转变和基础设施改善是有目共睹的，除此之外，各类社区活动和社区事务的讨论和沟通不断增强了居民的社区认同感和凝聚力。居委会在日常服务中会严格按照相关政策要求进行实有人口登记和录入，形成扎实和完备的社区人口和住户数据信息，这是居委会和居民沟通交流基础中的基础，所以在面对人口普查等统计工作时，社区能够迅速准确地开展相关工作，社区日常工作扎实认真也是该案例能够取得成功的重要基础和保证。

4.3.2.4　存在问题

（1）在社区议事中如何更广泛和深入地动员居民参与。

"五方共建"模式既实现了居民参与，又保证了各项社区事务在贯彻落实中有较强的组织力和执行力，但在社区议事中如何进一步提升居民参与的广度和深度，需要在实践中进一步探索。

（2）如何更有效地对优秀社区工作者进行绩效激励。

由于调研走访的都是社区自治活动开展较好的社区，对居委会和服务站来说，不同社区的社区治理任务强度存在较为明显的差异，目前社区工作者尤其是社区自治比较有特色的社区负责人，他们也有着各自的诉求和困惑。有的主任认为："现在全凭着良心和职业精神一定要把社区工作搞上去、让老百姓满意。"有的主任认为："不同社区差异挺大的，有的社区规模小、都是老居民，社区工作更容易开展。其实，主任们工作量大小、工作搞得好不好，自己心里都有杆秤。"❶ 等等，这既反映出部分社区工作者在相关收入有所提高后，依然会在不同社区之间进行横向比较，也反映出不同社区在治理难度上的差异是客观存在的，需要进一步完善社区工作者的绩效奖励机制。

4.3.3 "菜单式物业"及其案例

4.3.3.1 何谓"菜单式物业"

北京市中心城区老旧小区较多，其中很多小区是 20 世纪八九十年代的单元楼，其特点是小区规模不大，有的只有一栋楼，缺乏物业服务市场化的盈利空间；另一个特点是居民中老年人口比重高，有的居民收入水平并不高。一些老旧小区的物业管理面临两个困境，一个是缺乏资金来源，另一个是由于服务设施老化，物业基本服务普遍缺乏，更谈不上高水平物业服务。"菜单式物业"服务是北京市探索的一条针对老旧小区物业服务的新思路，它针对上述老旧小区的难点和痛点，既能化解老旧小区物业服务市场化的困境，又有助于缓解部分小区物业服务中的人财物问题。具体来看，"菜单式物业"服务的做法，是在老旧小区的物业服务中，由街道办事处和居民委员会共同出面协调，分别成立或者引进"大物业公司"和"小物业公司"，分别面向较大范围的街道与小范围的社区，开展服务相结合，两类物业公司相对独立、相互配合：由"大物业"负责街道片区的物业服务，从街道层面上整合物业资源、提高物业效率和效益；由"小物业"负责社区物业服务，并将服务内容进行菜单化设置，由居民根据需求"先品尝，后购买"。这就打破了社区界限，实现了物业公司的集中、高效经营，在降低整个街道物业成本的同时，满足了居民的基本物业服务。此外，为了进一步缓解物业公司的经营成本，提高居民的社区参与力度，街道办事处出资负责老旧小区的部分基础设施改造升级，由居民组成志愿者服务队，协助物业公司开展物业服务。

4.3.3.2 "BL 社区菜单式物业"案例及其分析

（1）社区基本情况。

朝阳区 BL 社区位于北京中心城区的较边缘地带，建成于 20 世纪七八

---

❶ 访谈资料来源于实地调查。

十年代，属于老旧单位制小区。小区总户数为 3700 多户，总人数 9000 多人，其中老年人口数量较多，外来租户人员数量较多。多年来，老旧小区较突出的基础设施年久失修、上下水管跑冒滴漏、环境卫生缺乏维护等问题较为突出，虽然地处市中心且周边环境优美，但是小区状况呈现明显反差，居民对物业服务管理的意见很大。

（2）主要步骤。

步骤一：借助老旧小区改造项目，提升社区基础条件。

北京市对老旧小区改造有专门的资金支持和项目支持，对上下水改造等基础设施提升，可以申请区县财政出资进行改造；对老旧小区环境提升和局部改造，则可以由街道办事处依照居委会申请予以出资建设。BL 社区在居委会的申请下，用社区专项经费对小区的整体环境进行了改造和升级，包括小区道路硬化、墙面粉刷、重新布置绿化和整理废旧自行车等，并通过购买市场服务，解决了小区常年以来的堆物问题，盘活了更多的社区公共空间。这些基础设施改造和小区环境的提升，为物业公司的入驻和工作开展打下了良好的运营基础，使得物业公司敢于承接老旧小区的物业服务项目，在一定程度上降低了物业公司的经营成本，也让他们感受到基层政府和居委会敢于解决社区难题的信心和支持力度。

步骤二："大物业"与"小物业"相结合。

BL 社区周边街区有多个类似的老旧小区，都面临物业公司选聘难题，为此由街道办事处出面在整个街道层面组建"大物业"服务项目，将整个街道公共区域内的环境整治和绿化养护"打包"进行招标，成立了区域物业服务管理项目。区域物业不仅负责居住区域周边的物业服务，还包括辖区范围的商户和其他社会单位公共环境的维护和管理，由物业公司与街道办事处签订相关服务合同，各个社区属于"大物业"服务项目的重点地区和范围。在此基础上，对老旧小区内部的物业服务管理，则采取基本物业服务分类化或者"菜单化"的服务方式，即各个社区的物业服务公司在保证社区基本服务的前提下，对包括小区停车、安保服务和物业维修等十几项内容采取由居民先行尝试、分项收费等方式，由每个小区决定是否引入和购买该项服务。这既引导居民形成按时缴纳物业费和有偿接受服务的生活习惯，提高了物业公司的缴费率，又避免了资源浪费，切实符合每个小区的物业服务需求和重点。此外，由街道物业科出面建立"大物业"和"小物业"之间的互补机制，在街区的管理范围内，以"团购"的方式购买社会企业的维修和"帮帮忙"等社区服务项目，保证老旧小区能够享受到质优价廉的物业服务。

4.3.3.3　主要特征

（1）因地制宜提升老旧小区的物业服务水平。

老旧小区尤其是部分物业失管小区在物业服务上通常存在收不抵支等可持续经营难题。一些大城市的老城区里，每个居民委员会管理范围内都会有一两个老旧小区，有的小区甚至只有一两栋楼房。这就需要从街道甚至区县等层面上统筹社区的物业服务问题，通过"打包"的方式增强区域物业服务的资源优势和产品集约度，提高物业服务企业的吸引力。BL社区及其所在的街道办事处主动承担起老旧小区物业服务方式的探索，因地制宜地找到了一种比较适合大城市老旧社区物业服务管理的创新做法，实践证明，面对不同社区类型或不同社区资源禀赋，社区治理主体的重心也需要适时调整，在老旧小区资源统筹上，街道办事处甚至更上一级的区县地方政府具有更强的统筹能力，能取得更好的工作效果。

（2）"菜单式物业"服务推进物业提高服务质量。

市场化物业服务让人诟病之处的在于物业收费和服务不对等，老旧小区本来不具备较强的市场谈判能力，一些社区在居民动员能力上也有所欠缺，但是"菜单式物业"服务让居民"先尝后买"，既避免了物业服务冗余带来的过度收费问题，降低了居民用于物业服务的家庭支出，还能督促物业服务公司根据居民需求来提升服务水平、改善服务质量，毕竟只有好的服务、符合居民需求的服务才能得到居民认可。案例充分证明，符合老旧小区老年人口多、租户较多、附近上学学生多等居民人口结构特征的精准化服务，比如老年饭桌、物业代收代管和学生互助接送等社区服务，更能够满足老旧小区居民的多样化需求。随着精准化服务和服务水平的不断提升，居民缴纳物业费的积极性也大大提高，逐渐形成社区治理的良性循环。

（3）通过物业提升来动员社区居民。

"菜单式物业"服务最大的特点是居民和物业公司之间的互动机制和效应，这有助于引导社区居民关心小区发展和小区其他事务。"菜单式物业"管理促进社区动员居民是通过两个途径实现的：一是在街道或者居委会组织物业选聘的过程中，要充分吸收居民意见和建议，大小物业相结合的优势要跟居民充分沟通。"菜单式物业"服务本身是要在与不同居民群体的互动中实现差异化服务，不同居民群体都会参与到物业服务项目的投票或表达意见过程中，而与自身利益密切相关的社区事务，是最容易激发居民社区参与热情的。二是采用大小物业相结合的方式。初衷之一是降低物业运行成本、提高物业运行效率，吸收社区居民直接参与社区服务，既能实现上述目标，也能为部分社区居民解决或改善就近就业等生活来源问题；还有一些热心的居民，可以以志愿者的身份直接参与到物业服务管理中，做些力所能及的活动。

4.3.3.4 存在问题

（1）资金来源不足导致难以实现可持续发展。

老旧小区物业提升最大的难点是资金来源问题，即便在居民参与热情较高的情况下，由于资金来源导致难以实现可持续发展体现在两个方面：一是小区基础设施改造和提升需要大量的资金支持，老旧小区最大的特征就是基础设施老化，上下水管线、暖气管线、用电和电梯设备等更新换代需要大量的资金投入，这不是居民参与能解决的问题，需要地方财政资金的大力支持。二是老旧小区选聘物业公司存在难题，在地方政府的协调下，即便有物业公司愿意接手老旧小区，但由于物业服务是一项长期工作，在物价和成本上升的情况下，物业费也会随行就市面临涨价的趋势，居民是否愿意承担费用上涨，或者说物业企业是否愿意长期以低收入水平运营，有待时间检验。

（2）"菜单式"运营如何适度达成一致。

"菜单式物业"服务的优势在于满足多元需求、降低服务成本，但其难点在于如何在物业良性运营和满足差异化居民需求之间达成平衡。让居民为物业服务"点菜"能够精准满足不同社区在物业服务上的需求差异，比如老旧小区注重"一老一小"的服务项目，商品房小区注重社区参与和多元文体活动，保障房小区注重便捷化公共服务事项等，但是对物业服务企业来说，项目的覆盖规模也是影响能否顺利立项和实施的重要因素，如何在满足差异化需求的同时实现物业服务的微利甚至盈利是摆在物业公司和基层社区面前的难题。

4.3.4　"全要素小区"及其案例

4.3.4.1　何谓"全要素小区"

全要素小区是朝阳区近年来重点推进的社区自治案例，全要素小区有一个前提，就是地方财政用于一般公共支出的水平较高，或者说地方财力要相对较为雄厚。原因在于，全要素小区顾名思义是从社区提升、空间改造、环境治理、人文社区和长效治理等各个社区要素入手，来对社区或者小区进行全方位的提升，尤其是社区智慧化建设，公共场所改造，社区图书馆建设，社区亲子活动和体育活动等的组织，等等，既需要上级财政和社区经费的统筹使用，也需要物业支出尤其是居民缴纳一定数量的物业费，还需要社区热心居民投入时间来积极出谋划策，才能全方位提升社区品质，吸引社区居民参与。

4.3.4.2　"LY 社区改造提升"案例及分析

这一部分涉及的两个案例小区同属一个社区即 LY 社区，两个小区分别是朝阳区的 KDJ 小区和 LZ 小区，其中 KDJ 小区是高档商品房小区，LZ 小区是老旧小区。

（1）社区基本情况。

KDJ 小区和 LZ 小区同属一个社区。KDJ 小区是 2003 年建成的高端全封闭管理的商品房小区，小区绿化率接近 50%，共有 8 栋高层楼房，常住人口 2300 多户、约 5000 人，其中外籍人口就有 300 多户、800 多人。作为朝阳区的高档住宅小区，KDJ 小区的居住环境也体现在了房价上，小区房价要比周边地区高出 20% 左右。整体来看，小区环境优美、设施完善、管理有序，尤其是社区活动丰富多彩，居民参与度较高，在朝阳区和北京市都属于较有名的"明星"小区，在全市和全国各种社区评比中经常得奖，也是周边地区的作为全要素小区建设的样板小区。由于小区出众的品质，吸引了大批较高收入水平居民的入住，小区周边双语教学的私立教育机构也形成了教育特色，因此也吸引了大量外籍人士入住。小区物业基本采取管家式的服务，因此物业费收费标准相对较高，但与一般的高档小区不同，居委会在小区治理中同样发挥了较大的作用，与物业公司配合开展相关工作，得到很多居民的认可。

LZ 小区是 20 世纪 90 年代建成的老旧商品房小区，小区共有 2700 多户，其中回迁居民有 300 多户，常住人口 7200 多人。这个社区属于老旧小区中的商品房小区，居民一直外聘物业公司进行物业管理，社区环境和品质在老旧小区中属于相对较好的，因此即便是老旧小区，但社区改造和日常服务管理的难度要低于一般的老旧小区，而社区居民对物业服务管理水平的要求却要高于单位制老旧小区。社区服务管理的一个难题在于，由于小区有商品房和保障性住房两种房屋类型，因此，小区的物业费收费标准有所差异，高层商品房小区每平方米每月收费 1.5 元，低层保障房小区每月每平方米 0.8 元，且多年来收费标准没有变化。这就导致总体上物业费收费标准过低，且不同楼栋物业费收费标准不同的管理窘境，如何在收费标准不同的情况下实现均等物业服务，物业公司也面临诸多难题。2001 年小区更换物业公司后，由于上述原因，物业公司的积极性并不高，小区逐渐处于失管状态，基础设施老旧，"脏乱差"问题较为突出，甚至高层电梯发生过高空坠落等情况，小区居民也经常到基层政府反映情况，迫切需要新的社区治理思路和做法来化解社区诸多难题，提高居民的社区生活满意度。

（2）主要步骤。

步骤一：高标准物业小区积极维持现状，老旧小区避免陷入失管。

KDJ 小区最初定位是高档商品房小区，由于绿化面积大、定位高端等原因，在 2003 年建成之初其物业费每月每平方米收取 2.5 元，这在当年属于较高的物业收费标准，但十几年来物业费标准从未提升过，随着物价和人员工资的上涨，2.5 元的物业费难以维持高档社区服务设施运营，但居民对物业服务和管理的要求却并未降低，这就使得物业公司面临入不敷出的境地。如何在不提高物业费标准的前提下，依旧能保持社区环境、保证居民满意，成为 KDJ 小区治理面临的主要难题。小区面临的是持续保持高水平社区服务的"就高"压力。相反，对于 LZ 小区等老旧小区来说，同样面临着物业收费与居民期望不匹配的问题，即在较低的物业费（部分楼栋每月每平方米收费 0.8 元）标准现状下如何避免社区走向物业失管，服务差的恶性循环，导致物业公司运营难以为继。

步骤二：居民亲自参与社区改造和提升。

两个小区的优势在于都成立了能切实发挥社区议事能力的业委会，面对小区潜在的物业管理困境，居委会和业委会集思广益采取了类似的治理思路：即动员一切能动员的资源和居民。在 KDJ 小区，居委会充分发动广大居民，做好居民和物业公司之间的沟通桥梁，形成居委会、物业公司和业委会之间的良性互动机制，社区的目标就是在当前的物业费标准下保证社区高水平良性运行。为此，居委会和业委会商议通过发动居民来做好社区环境改造和提升，调动社区居民积极性，有人出点子、有人出人力，以最低的人工成本实现社区的改造更新。例如，小区内部有一条 20 米长廊需要更换木质基材，而市场上的专业机构报价 10 万元，居委会和业委会出面联系购置木材，费用由居委会承担，人工则由物业公司和部分有专业特长的居民承担，三方共同完成了木条的更换，共计花费 1 万元。再比如，小区空白墙面的粉刷，也是在居委会购买原材料的前提下，由部分居民参与制作设计方案，全体居民共同完成彩绘。在居民参与的过程中，居民逐渐有了强烈的主人翁意识，现在小区每年有 200 多项活动，都是由居民自己组织、策划和实施的，而且中青年人参加的比例很高。

步骤三：居委会和业委会协作配合，敢于担当。

LZ 小区由于物业不作为而导致社区临近处于失管状态，小区业主也以多种方式开展物业维权活动，这反而成了社区改造提升的一个契机。在社区党委和居委会的组织和协调下，由街道办事处、小区开发商和公共维修基金共同出资对电梯、高层消防等设施进行了维修和更换。开发商能出资，居委会发挥了重要的协调作用。此外，居委会在新旧物业交接过程中，制定了详细的应急预案，由居委会和业委会动员居民参与交接过程监督，确保新老物业顺利交接。居委会还对新入驻物业公司进行动员，由物业垫资完成设备更新改造。最终在面临失管的老旧小区完成了 12 部电梯的更换（非新加装电梯）、消防设施更新、路面更新和绿化、路灯安装、停车场维修、社区休闲广场建设等。

步骤四：瞄准中青年群体社区参与，从议事会过渡到业委会。

LZ 小区居委会在日常社区活动中，注重保护和调动中青年业主参与社区事务的热情和积极性，将中青年群体的社区参与视为"珍宝"，并顺势引导他们成立了由 41 人组成的小区议事会。议事会与居民代表和楼门长等人员相对独立，完全由中青年居民组成，为此居委会和业委会达成了共识，议事会多数情况下只接收中青年居民。在居委会和业委会的默契配合下，业主们提出问题和解决方案，并亲身投入社区建设，这与 KDJ 小区的治理思路是一致的。比如在小区活动空地的改建中，凡是居民自己能做的，绝不从市场上购买服务。按主任的话说："小区能看到的提升，都是居民自己做的。"小区议事会贯穿在物业更换和社区改造提升的过程中，包括新老物业交接、社区改造资金筹措以及业委会正常运作，都是居委会和业委会通力合作的结果，前者负责沟通协调，后者负责出点子、动员居民。在议事过程中，对于那些在小区议事会中体现出来的有能力、有公益心并有动手能力的居民，业委会也会积极吸收他们加入，有效保证了业委会的正常运转。

4.3.4.3　主要特征

（1）探索新时代社区治理标杆，满足居民对美好社区环境的向往。

全要素小区构建了新时代社区治理的标杆，也实现了 NGT 价值匹配的基本模式：即在社区资源丰富、居民有参与传统且居民需求多元化的背景下，全要素小区体现出地方政府介入、社区居民广泛参与和市场力量充分调动的社区治理特征。具体来看，新时代的社区治理应该呈现出以下面貌：根据 NGT 价值匹配模型，首先是社区安全，具有保障安全的软硬件设施和规章制度，居民之间能形成有效的邻里守望，尤其是智慧化社区安防的建设运营。其次是社区环境优美和服务设施健全，通过地方政府、市场（开发商和物业公司）和居民的资金投入，在二三十年使用期限过后有所更新。再次是智能化社区应用场景的建构和普及，即以社区信息或智慧平台为中心，居民和社区在互动的同时，与市、区县和其他社会机构在社区治理和服务内容上实现无缝衔接。最后是社区居民广泛参与，构建出以社区自治为核心、社会组织和市场力量广泛参与的社区治理体系，在软硬件建设的基础上实现居民参与和社区自治达到新的水平。这是当前做得好的全要素小区所具备的基本特征，也是新时代社区治理的理想类型。

（2）社区硬件提升能带动居民自治能力和意识的提升。

全要素小区的做法说明社区治理从来都不是开"空头支票"，社区软硬件的提升将很大程度上提升社区自治的能力和意识，进而，社区自治能力和意识的提升又是维持社区良好运行的重要基础，三者相辅相成、缺一不可。对于地方政府来说，希望仅仅靠增加社区财政投入就能提升社区治理水平的做法是不切实际的；在社区财政不投入或者社区财政投入无法转化为社区软硬件改善的情况下，追求社区自治水平的提升也是不现实的；仅仅依靠社区财政投入或软硬件提升，而不通过有效的社区动员和居民参与议事等方式来实现自治，那么，追求社区自治水平的提升也是不现实的。社区自治在财政投入保持增长的情况下，通过科学有效的制度安排和居民动员，是能够转化为社区自治行动力的，如果一些社区的社区财政难以发挥作用，要么是资金没有合理使用，要么是居委会等社区自治主体无能、误事。

（3）居委会主任也是社区居民，社区好其也受益。

由于社区党委书记和居委会主任也是本社区居民，他们要按照社区规范化建设的要求履职，比如根据北京市对居委会走访社区的职责要求，居委会创造性开展了"社区在身边，服务零距离"的走动式工作法。他们既是居民的邻居，还是居民自治组织的成员，又是物业公司的监督指导人，与物业公司和业主共同开展"走社区"更有助于瞄准问题、解决问题。同样，居委会成员和居民的双重身份，使他们在自治中能充分共情，居委会成员以居民需求为导向，就是以自己、朋友的需求为导向。长此以往，居民们对社区的信任感和参与度得到较大提升。

4.3.4.4　存在问题

（1）对社区自治和居民参与能力有较高要求。

全要素小区对居委会自治能力和居民参与水平要求较高，经过多个社区走访，凡是做到软硬件同时提升且居民满意程度较高的社区，上述两点缺一不可：小区居委会的开拓创新精神、责任心、奉献精神、沟通协调能力、专业化程度和先进的思维方式等；小区居民参与的积极性、奉献精神、专业化程度、沟通协调能力、敢于担当的勇气等。社区治理本质上是人的治理，凡是社区关系融洽、治理有序、居民满意度高、生活方便、服务多层次、社区活动丰富的社区，都不是自上而下凭空而来的，背后都是各方辛勤的付出。

（2）针对老龄化社区有待深入调研和专业设计。

在城市老龄化日益加重的趋势下，建立和完善符合老年人群体需求的社区公共设施和服务是社区治理的重点领域。全要素小区通过加大社区投入和充分发动居民的做法，具有以民生需求为导向建设美好社区的基本架构，换句话说，社区在完善设施、保障民生和多元化服务等方面得到了居民的认可，但是在社区治理越来越智能化的社会背景下，如何避免忽视社区老年群体的意见和需求，是一个不能忽略的问题。社区老年群体的特定需求，需要通过针对性的调查走访来了解和掌握；此外，在新建公共设施上，需要引入专业设计队伍按照老年人日常需求、日间照料、康复和护理、送餐服务等不同的需求层次进行专门设计。

4.3.5　案例可适性研究

通过上述案例分析可以发现，当前社区自治的一些实践做法在服务社区、服务居民和促进参与方面发挥了重要的作用。城市社区类型众多，但不同类型社区具有较强的同质性，案例中的实践经验在一定程度上对不同社区类型的社区自治能够起到借鉴和参考的作用。此外，这些案例的做法虽然各有不同，但是在形成条件上又有某些相似之处，比如：第一，这些案例的成功都与各级政府相关部门的支持和帮助分不开，都离不开社区党支部或居委会的支持、组织、协调或者参与，这些支持包括政策、资金、人才甚至精神上的激励和帮助，尤其是在面对不同社区主体利益纠葛或纷争的时候，迫切需要有公信力的基层政府或社区自治组织表明态度、高屋建瓴地予以业务指导。第二，这些案例的成功都是以社区问题和需求为发端，以社区环境和基础设施提升等硬件内容为基础，这也是当前城市社区治理中的一般路径，即发现问题和解决问题，而问题的解决离不开肉眼可见的生活和居住质量的提升，如此才能动员更多的居民关注和参与社区事务。第三，这些案例最终都经历了从硬件提升到软件提升，而此前的治理基础和经验又对社区硬件提升起到了助推作用，形成了从社区硬件提升到治理水平提升，再到社区硬件提升的良性循环。第四，这些案例的成功都得到了居民的广泛参与和支持，比如在"五方共建"的案例小区中，业主或者居民身兼多职，凭借自己职业经理人的工作经历，在居委会和业委会等社区岗位上发挥了企业家的踏实、勤奋、干劲和创新精神，得到了居民的普遍认可。

除了上述共通之处外，这些案例在形成条件上存在一定差异，它们的治理方法无法适用于所有的社区类型，但在满足条件的同一社区类型中，则具有可以尝试借鉴或参考的可能性。如表 4.2 所示，"五民工作法"的案例之所以成功，需要居民有较深的参与程度，对于互相较为熟悉的单位老旧小区和居民参与意愿较强的小区较为适用。由于整个议事流程较长且较为专业，因此也需要专业社区社会组织的对接，这需要有居民或者居委会进行协调。此外，这种议事方法也是一种工作模式，因此它具有较强的可推广性。"五方共建"案例的成功要点则有所不同，它对居民的参与意愿和程度并没有较高的要求，但是需要强有力的社区党支部和居委会来推动，实际上是以社区党支部或居委会为社区议事的主导和中心，且因为由于社区党支部和居委会同时兼具居民身份，他们既掌握社区信息、资源，又对物业等其他社会单位有较强的动员能力，因此，在多方议事协商的平台上，往往能够做出对社区利益最大化、最有效率的决策，相关决策的落实情况也最好。与此同时，"五方共建"这一案例的成功对社区党支部书记或居委会主任的要求最高，案例中的书记和主任具有丰富的企业工作经历和社区"一肩挑"的工作经历，有较强的胆量、魄力、行动力和法治意识，社区自治才能扎实稳定、逐步推进并取得成效。此外，"菜单式物业服务"的案例对于老旧小区尤其是单位脱管的老旧小区有借鉴意义，它对街道办事处和居委会等基层政府派出机构或社区自治组织要求较高，需要它们能从整个街区的物业管理出发，来摸索资源相对匮乏的社区物业管理的有效途径；但是，根据居民需求对物业服务进行菜单式的细分，并以分项承包或者分项购买等形式来开展服务，能在很大程度上降低小区物业服务成本，降低小区居民物业服务费用支出，在某种程度上对所有小区都有一定的参考意见和价值。"全要素小区"是对未来大型城市社区样态的有益探索，但由于涉及从硬件到软件架构、从社区服务到城市服务架构，因此相比其他成功的案例和做法，它对地方财力投入的要求最高，同时也对街道办事处和居委会的协调能力、组织能力尤其是应急保障能力有所要求，还要求居民尤其是中青年居民能够充分发挥社区主人翁精神，敢于参与社区基础设施更新和物业管理服务选聘等重大利益问题的决策和执行，此外，相关经验对社区的运营维护和持续性发展也需要长期的制度安排和设计。

表4.2 社区自治成功案例的可适性分析

经验做法	社区类型	适用条件	可适性
五民工作法	老旧小区/保障房小区	1. 老旧小区基础设施薄弱、物业管理不力； 2. 街道给予资金和政策支持； 3. 居委会重视居民自治和参与，居民表达意愿渠道通畅； 4. 有1~2名社区领袖，居民行动力强； 5. 居民熟悉程度高，社区群众基础较好； 6. 专业社会组织入驻； 7. 驻区单位和社会单位资源丰富	强
五方共建	商品房小区	1. 街道社区默契合作，给社区以政策、资金和智力支持； 2. 社区书记主任"一肩挑"，业委会成员交叉任职； 3. 社区主任书记是本社区居民； 4. 社区居委会有胆量、魄力和行动力，法治意识强； 5. 社区基础数据工作扎实、完备； 6. 社区工作者密切配合、精诚合作； 7. 居民法律观念强，社区参与意愿强	适中

续表

经验做法	社区类型	适用条件	可适性
菜单式物业服务	老旧小区	1. 街道给予大量的资金投入和政策支持； 2. 老旧小区集中或小区户数较多； 3. 老旧小区房屋产权类型多	强
全要素小区	老旧小区/商品房小区	1. 市区街三级给予大量的资金和政策支持； 2. 市区街对未来社区发展有科学认识和统一规划； 3. 社区改造需求迫切、居民意愿强烈； 4. 居民文化程度较高，对智慧社区的亲和力较高； 5. 小区有较大公共空间和改造基础	适中

4.4　提升社区自治的思路和要点

4.4.1　尝试捋清几个认识

4.4.1.1　居民参与社区自治的中心任务和基本内容

在社区自治中，居民参与始终是社区自治的中心任务和基本内容。原因在于：首先，上述案例之所以成功或得以复制，共同原因在于它们践行了共建共治共享的社区治理思路，该治理思路在实践中证明能够动员更广大的居民投入社区事务中。居民参与社区治理有了保证，一些社区内部问题就有了迎刃而解的希望，居民需求和意愿也能够得到更好的满足和释放。其次，在社区自治中加强和保障居民参与，也体现了广大居民的诉求和利益。表 4.3~表 4.5 显示了对北京市某保障性住房小区、老旧单位小区和商品房小区三个典型小区的两次问卷调查结果，在居民参加社区协商议事的意愿上，无论何种社区类型，大多数居民都愿意参加社区协商议事，仅从描述统计分析来看，其中所调研的保障房小区意愿最强（73.9%）、所调研的老旧单位小区次之（73.1%），再次是调研的商品房小区（59.1%）。这也在一定程度上印证了上述案例的成功之处都来源于社区自治的水平和居民参与的程度。

表4.3　您是否愿意参加社区协商议事（保障房小区）

	人数/人	占比/%
愿意	221	73.9
不愿意	9	3.0
无所谓	69	23.1
合计	299	100.0

表4.4　您是否愿意参加社区协商议事（老旧小区）

	人数/人	占比/%
愿意	305	73.1
不愿意	42	10.1
无所谓	70	16.8
合计	417	100.0

表4.5　您是否愿意参加社区协商议事（商品房小区）

	人数/人	占比/%
愿意	123	59.1
不愿意	6	2.9
无所谓	79	38.0
合计	208	100.0

4.4.1.2　正确认识社区自治中的街道与社区的关系

当前很多社区自治案例中社区党支部和居委会发挥了积极的引导作用，街道办事处则以提供政策、资金和项目等支持为主。近年来，北京市一些区县采取"街道吹哨，部门报到"或街道"大部制"改革等相关措施，力求理顺街道办事处和居委会之间的关系。从实践中看，一方面，从居委会自下而上的政策诉求来看，一些社区的外部治理实践与社区自治实践要求尚未达到无缝衔接，比如在"吹哨报到"中仍然存在因部门分割而导致无效"吹哨"的问题；即便是为了克服部门分割而产生的"大部制"改革中，也存在一些运行效率和效果有待提升的问题，导致社区事务下移的情况依然存在。另一方面，从街道办事处自上而下的项目支持来看，一些街道牵头落地的项目仍然存在脱离社区需求和居民参与的情况。即便是全区范围的惠民政策或举措，在不同社区政策落地的过程中，由于条件所限或社区能力不同，也面临着水土不服或者效果打折的情况，这就需要街道办事处因地制宜、统筹协调，既要实现街道资源共享，又要为社区提供智力支持或政策对接，比如"五方共建"案例中街道办事处相关部门的主动思考和积极作为等，而非停留在简单地提供资金和项目支持的阶段。

4.4.1.3　正确认识社区经验做法与专业社会工作的关系

社区经验做法是在社区自治在长期实践过程中形成的行之有效的做法，社区自治案例中蕴含着居委会和其他社区组织的智慧和实践哲学，但是有些做法虽然在实践中有效且有助于问题的解决，但长期看可能会损害居民和社区的长远利益；有的做法短期内看不到效果，且做起来费时费力，但长远来看对社区自治的规范化建设大有益处，这就需要基层相关部门和社区自治组织能够有清醒的判断力和沉得住气，尤其是要在社区自治中不断增强社区工作的专业性和科学性。

4.4.2　以社区自治为中心

基层社会治理体系的主体包括区县相关部门、街道办事处、社区党支部和居委会、各级"枢纽型"社会组织、支持性社会组织和操作型社会组织，等等。在党的领导下，构建和完善以社区自治为要点的基层社会治理体系就是要把社区自治放在基层治理的突出位置，任何基层治理体制改革、政策调整和落实都要以能否提升社区自治能力和水平为基本目标，要以社区自治组织和社区居民为主要服务对象，要以是否有利于提升社区自治能力和水平为评价标准，自下而上的社区治理项目要从社区需求出发，自上而下的社区治理项目要以社区需求为导向。在完善基层社区治理体系、广泛动员社会资源中探索社区自治实践的做法，在探索社区自治实践的做法中提升社区自治水平（图 4.1）。

构建和完善基层社会治理体系的关键在于，社区党组织和居委会要切实、有效开展社区动员。在基层社区治理中，社区党组织和居委会切实、有效发挥动员作用，已经成为很多社区提升社区自治能力和水平的重要经验，比如"五民工作法"案例中居委会牵头组织议事协商，"五方共建"案例中探索社区党组织和业委会交叉任职、发挥党员的带头作用，以及全要素小区案例中居民党员干部身先垂范，走在社区更新的第一线，等等。与此同时，社区党组织和居委会应切实、有效发挥动员作用，未来继续探索社区动员的有效方式还包括：一是继续加强与驻区和社会单位的横向联系，以区域共建或社区合作等方式来整合更多的社会资源，比如现阶段在社区党建引领的实践过程中，一些地区的社区、物业公司和社会单位的党组织已经形成了合作共建的有益探索，未来可以探索形成合作共建的长效机制，并探索将共建成果过渡到以民生需求为导向的有效方式。二是从实际需求出发，切实把在职党员回社区的新做法纳入到社区自治中，目前回社区的在职党员已经达到了相当数量和规模，但受居委会日常事务繁杂、参与便利性和党员本职工作压力的影响，很多在职党员并未参与到社区服务中。各社区可以根据居民需求和党员意愿，引导有能力、有意愿的在职党员参与社区服务，其中很关键的一点是要提高社区服务活动的有效性、专业性，并尽可能提升活动的获得感和参与性，让回社区党员或居民乐于、主动地参加社区活动。

4.4.3 街道与社区的政策衔接

4.4.3.1 探索"街—居"基层治理机制新做法

当前北京市各区县在基层治理体制改革中进行了积极探索，包括"吹哨报到""'大部制'改革""小巷管家""区域化党建"❶等，都取得了较好的社会效果，未来需要进一步做好街道和社区的政策衔接。首先，在一些区县的"街道吹哨，部门报到"改革中，街道设置的"街巷长"的角色是衔接社区治理和上级协调的关键，社区自治组织和相关部门负责人之间需要"街巷长"来反映和回馈问题，如何做到信息准确无误、及时上报是一个要点。目前，街巷长每周都要对辖区社区进行走访，此外还开通了热

---

❶ 文字资料来源于实地调查。

线电话直通社区等渠道，居委会向上反映问题和呼声的渠道较为畅通。未来可以探索可视化沟通、不定期巡查以及由街巷长参加社区议事协商会议等方式，来直观地反映社区需求和问题。此外，要逐步建立起街巷长的考核评估机制，鼓励认真发现问题和解决问题的街巷长。

其次，在一些区县的大部制改革中，目前已经采用"大部制"改革的街道运行良好。从社区层面来看，由于社区问题和事项多且复杂，居委会已经按照要求做好了社区任务清单，但实际上居委会反馈到街道各大部的问题和事项，同样需要在街道各大部之间建立起清单和任务分类，并把相关业务权限清单交给社区居委会，避免街道各个部门之间责任不清、权属不明。此外，要进一步发挥"大部制"下社区专员在社区自治中的职能和作用，这有助于进一步提高社区议事协商落地实施的效率和可能性，专员们也能够为社区讨论和决议提供智力支持。

最后，在一些区县的"小巷管家"实践中，"小巷管家"以及有的街道正在酝酿推出的"小巷管家团"，都是打破社区地域边界的志愿服务团队，实际上，"小巷管家"很多来自各社区的志愿者和居民积极分子。有的居民既是"小巷管家"也是社区志愿者，两者的职能有所区别，未来的发展方向是：减少"小巷管家"的人数而成立"小巷管家团"，由一个"小巷管家团"来负责几个社区的街道和胡同等社会面的环境监督和服务，以便不同社区之间能互相配合；而缩减下来的"小巷管家"的成员，能够继续回到本社区内参加社区活动和服务，这样既提高了"小巷管家"的活动效率，又能以服务本社区居民和参加本社区活动为首要目标。

4.4.3.2　区域化党建和在职党员回社区

区域化党建不是一个新概念，它是以区域而非单位为基础的多元参与的党建形式[47]。它的产生与城市变迁中新经济组织和社会组织规模逐渐增多、流动党员数量增多密不可分，是当前城市基层社会治理的重要议题和方式，也是单位制逐渐消失后整合基层社会力量的重要经验和探索。以中心城区 D 区为例，其辖区范围内社会单位及其员工具有总体规模大、单位和企业类型多、人员流动性强和层次高等特征，具有开展区域化党建和在职党员回社区等相对优势和条件。调研发现，D 区基层社区已经充分认识到辖区单位对基层社会治理的意义，辖区单位也充分表现出积极参与社区事业的诉求，辖区街道和社区在区域化党建和在职党员回社区中逐渐形成了富有特色的运行经验，并取得了较好的运行成效，相关经验和做法总结如下：

（1）把在职党员回社区作为社区日常活动的延续和组成。

以往在社区发挥动员作用的主要是居民代表和楼门院长等，在社区活动中发挥作用的还有各类志愿者、离退休党员和居民等，他们都是社区动员和活动的主体。调研发现，基层在职党员回社区的过程中，D区广大党员积极响应，纷纷回社区居委会和党支部报到，形成了规模庞大、年龄分布广泛、专业能力多样化和热衷社区事务的人力资源储备，成为社区治理的重要力量。这些人当中有的长期以来一直是社区事务的积极分子，党员回社区活动成为以往参加活动的延续；有的党员由于缺乏参与的渠道和信息，长期以来游离于社区事务之外，此次回社区恰恰成为以往各项工作和活动的有机补充，并以其专业和多样化的能力为社区带来新的治理思路和可能性。

（2）把在职党员回社区作为社区动员和品牌活动的重要依托。

社区党员实际上有双重身份，首先他们是党员，其次是社区居民，一旦他们从社区活动和参与中有所收获，便会积极投身到回社区的工作中。在社区党员回社区工作开展较好的社区，例如D区下辖某社区是传统胡同社区，回社区的党员已经成为社区各项活动的主体，社区的"周末大扫除"活动名扬全市，即居委会组织社区居民利用周末时间对胡同和自家院落的公共空间进行环境整治，每次开展活动，社区党员纷纷上阵，走在清理脏、乱、差的最前线，几个月下来胡同和大院环境明显改观。每次参加广大社区居民大扫除的活动人数都有近百人。此外，通过"花友汇"等社区社会组织的自发组织和动员，整个社区形成了"人人尚美、人人创美"的社会氛围，"周末大扫除"等品牌社区活动的形成离不开社区党员的引领和带动。❶

----

❶ 案例资料来源于实地调查。

（3）将区域化党建与社区民生需求深入融合。

如何避免"走过场、形式化"是区域党建和社区治理的共同要求。调研发现，很多街道办事处都能把区域化党建做到实处，尤其是在当前商务楼宇工作站积极作为，鼓励企业履行社会责任的治理背景下，区域化党建具备进入社区、投身民生服务的良好基础。例如建国门街道下辖某社区，与辖区国有商业银行社会事业部建立了合作关系，除了开展形式多样的支部共建活动，还切实吸引该企业单位的公益资金来解决社区老旧楼房安装老年扶手等较迫切的民生需求，得到居民和社会各界的一致认可。

（4）把在地党组织回社区与党员回社区有机结合。

D 区将区域化党建与在职党员回社区有机结合，同时实现驻区单位党组织和党员服务社区，这实际上创造性地实现了社区党组织、驻区党组织和居住地党员所在原单位党组织等"多个基层组织共同服务社区"的基层区域化党建的治理格局，增强了社区统筹协调能力和社区治理能力，也实现了党组织在属地和组织关系上的联动，取得了"一个点带动一大片"的治理效果。D 区下辖某街道目前共有全社会近 50 个单位的党组织和 1800 多名在职党员到属地社区报到。这些党组织和党员在辖区实现了社区事务的共同参与、协商和治理。

区域化党建如何进一步引向社区治理的实际过程，真正让回社区的党员发挥最大的效用，需要在职工履责、建章立制、组织方式和基础数据建设等方面进一步有所创新和探索。针对目前党员回社区面临的瓶颈，以及相应的思路和建议，梳理如下：

（1）明确回社区服务党员的权利和义务。

区域化党建实现了属地党组织和关系党组织之间的合作关系；对于基层党组织来说，由于社区居民党员的加入和履职，回社区党员的管理和服务在一定程度上由关系党组织过渡和转移到社区党组织，在此过程中如何确保基层党组织的独立性，进一步明确回社区的在职党员和区域党组织之间的权利和义务关系，都需要进一步在相关规范上有所创新和回应。实际上，党员回社区只是给回社区的党员提供了参加社区活动的新渠道和新场所，其落脚点在提升社区治理水平和党员履职履责能力上，并不对已有的关系党组织产生影响，这需要在相关指导意见中予以明确。

（2）明确回社区党员与专职社工的分工，提升党员回社区的精细化水平。

党员回社区实际上是基层党组织直接面向社区日常生活开展服务，要注意区分"在社区开展服务"和"开展社区服务"之间的差别，回社区党员与普通的社区工作者或者志愿者之间在职责要求和专业特长上差异较大，目前在实践中存在着回社区党员和志愿者服务范围和内容无差别的倾向，容易造成大量党员回社区但不知所去、不知何用的情况。党员回社区是好事，但是应该充分发挥党员的专业特长，包括各个领域和行业的专业技能和特长如智慧社区建设、社区养老为老、社区医疗等，这就需要居委会能充分认识到党员回社区的意义和优势，从服务社区出发对每个回社区的党员进行认真分析和甄别，建立起详细的回社区党员的专长数据库，实现社区服务和党员专长之间的有效对接，实现党员回社区的精准化运行。

（3）创新活动形式，加大支持力度。

形式主义倾向在区域化党建和党员回社区工作中主要表现为三点，一是共建活动缺乏实质内容，走过场、搞形式、一窝蜂，缺乏常规活动和专业活动；二是动员不到位，包括有的社区党组织和驻区单位党组织都不积极，认为是在给社区和就职单位添乱；有的党员干部也不理解党员回社区的意义，不愿意回社区报到、即便报到了也不参加社区活动等；三是资源不到位、保障不足、人员不到位，街道和社区并没有因为党员回社区活动而获得额外的活动经费和专项补助，这就造成活动资金缺乏、人员保障资金缺乏，也难以形成长效活动机制。针对上述问题，一个是要将党员回社区活动与社区社会组织的专业活动结合起来，提高活动的事业性和专业性；再一个是社区要根据报到党员人数给予专项经费支持和项目支持，确保回社区党员和社区治理之间形成有效衔接。

4.4.3.3 基于社区和人口特征的居站关系调整

社区服务站是"政府在社区层面设立的公共服务平台，在街道办事处的领导和政府职能部门的业务指导下开展工作，同时接受社区党组织的领导和社区居委会的监督"❶，功能和服务内容包括社区公共服务、社区公益服务和便民利民服务等 6 项，很大程度上是基层公共服务在社区层面的代理人，它直接面对不特定的居民开展服务，有较强的公共性和亲民性。居站关系是指居委会和社区服务站之间的职责分工和配置关系。居站关系涉及社区服务站设置的数量、密度和形式（比如"一站一居""一站多居"等），它以服务社区居民为宗旨，因此与社区和居民的构成和类型，以及社区的空间分布等因素密切相关。在对社区服务站设置或居站关系调整进行分析和研究之前，首先要对调查地区的人口结构、社区类型和空间布局进行梳理，尤其是探讨作为居委会和社区服务站重点服务对象的辖区居民能否在空间分布和构成上呈现出某种特征，这构成了居站关系调整的社区和人口基础。

（1）调研区县人口结构、社区类型和空间分布特征。

以调研的 D 区为例，其人口结构、社区类型和空间分布呈现出以下特征：

一是人口密度高、老龄人口比重高，辖区面积小。截至 2017 年年底，D 区常住人口 85.1 万人，而辖区面积仅为部分面积较大区县的十分之一，因此，常住人口密度达到 2.03 万人/平方千米，呈现出典型的中心城区高密度人口社会特征。❷从社区类型来看，D 区作为北京市历史文化保护区面积较大的区县，总体上平房院落面积较大、老旧小区面积较大。从空间分布来看，平房院落和老旧小区基本上呈现出点面结合、分布范围广的特征，其中一些地区平房院落密布而商品房小区零星穿插其中。换句话说，在其他新建社区中探索和形成的居站关系模式并不一定适用于 D 区等老旧小区居多地区，居站关系调整应该体现出本地的人口结构、社区类型和空间分布特征。

二是人均可支配收入高，对社区服务要求更多元化，由于不同居民的空间分布不均衡，服务需求呈现出差异化倾向。调查发现，D 区人均可支配

---

❶　参见 2012 年 6 月 7 日北京市民政局等印发的《北京市社区服务站管理办法》(京民社区发〔2012〕236 号)。

❷　数据资料来源于实地调查。

收入在各区县中较高，这与该区金融业、批发零售业和高新技术产业占三产主导的产业结构密不可分。此外，老城区居民和新就业中青年人群在空间分布上呈现出北部新就业中青人群聚集、南部老城区居民聚集的特征，与前者相比南部老城区居民尤其是老年人群对社区服务的需求更迫切、更依赖。

（2）当前居站关系的模式、特征和问题。

根据调研资料分析，这里将 D 区居住小区类型和特征，与居站设置的类型进行了分类汇总，提炼出两种居站形式的一般类型，主要包括居站设置的形式、社区类型以及此种设置方式的优势、劣势和当前利用率情况等，如表 4.6 所示：

表 4.6 D 区社区居站设置情况和特征

居站形式	社区类型	优势	劣势	利用率
"一站一居"	老旧小区多	距离近；熟人交流	场地面积要求高	高
	商品房小区多	距离近	场地面积要求高；场地运营成本高	低
"一站多居"	老旧小区多	场地面积要求低；熟人交流	距离远	高
	商品房小区多	场地面积要求低	距离远；陌生人交流	一般

首先，对"一站一居"来说，这种设置方式的好处在于居委会与社区服务站楼上楼下、前院后院，社区居民可就近实现公共服务项目的咨询和办理，节省了往返时间；此外，这种方式也符合居民与社区居委会沟通的习惯，调研发现，居民如果到居委会办事，他们的习惯是首先找熟人或工作人员进行业务咨询和办理，而并不知道自己具体在哪个部门、找的是谁。"一站一居"的形式满足了居民的一次性咨询和办理的需求，但其弊端是对场地面积要求较高，老城区不是每个社区都具备一站一居的条件，此外，在以商品房小区为主的社区，由于要按照商品房小区的配套设施缴纳水、电和煤气费，其运营成本相对较高。

其次，对"一站多居"来说，这种设置方式的好处在于提高了居委会场地和人员的利用效率，对于中心城区的居委会来说是至关重要的，节省下来的空间可以作为社区活动场所；理论上说，从社区服务站分流下来的专职人员，可以与其他居委会社工一起投入了解居民需求和动员居民的参与，有助于居委会回归其居民自治组织的功能定位。但弊端在于，一是增加了原来就近办理事务居民的往返时间；二是由于咨询和办理分离，居民要多跑一趟，对于老年人来说也是一个负担；三是不利于熟人社会的形成，居民到居委会办事实际上是社区居委会了解民情的一种重要方式和对象，"一站多居"在一定程度上弱化了这种关系。

（3）理顺街道社区关系背景下居站关系的调整思路。

从 D 区的人口和社会结构情况、民生需求以及理顺基层治理机制等角度出发，提出基层居站关系设置的思路如下：

第一，居站关系调整应当符合街道机构设置的趋势和要求。当前街道治理结构改革的趋势是社会治理重心向社区倾斜和赋能，对于街道各部门存在整合情况的地区，应该将街道整合后的部门职能与社区服务站和居委会的职能进行分工、调整和对应，即通过居站关系的调整，来呼应街道治理结构的调整。总的方向是，社区要积极整合资源、提高效率，由社区服务站或街道相关服务中心来承接福利性和事务性职能，居委会和从服务站的分流人员回归社区居民的动员和组织。

第二，居委会要制定出事务清单和分类，明确社区服务站和街道服务中心的职责分工并落实到人。在已经对社区事务清单进行精简的基础上，结合社区治理要求和居民需求，对居委会、社区服务站和街道服务中心的任务清单进行细化和分类。在此基础上，进一步明确社区服务站和街道服务中心的职责分工：即社区服务站的职责仅限于提供由居委会协调的社区民生需求和服务（其中居委会无法直接提供的，通过政府购买服务等方式由居委会协调由专业社会组织提供）；而街道服务中心则完全负责上级下派的行政性事务和居委会无法提供的社区服务等。需要补充的是，这种基层治理结构更适用于"一居一站"的居站模式，即便没有多个服务窗口也需要至少在居委会有一个服务柜台，主要用途是沟通、协调和汇集意见建议。

第三，对街道服务中心原则上要实行"一站多居"或"厅站合一"（即整合街道政务大厅和社区服务站）。在辖区面积较大的街道办事处中，成立三个以内的服务中心，从原来的社区服务站中抽出部分社工转岗到服务中心开展工作；对辖区面积较小的街道办事处成立两个服务中心，与原有的街道政务服务中心共同开展服务。所有的社区服务站都要实行"厅站合一"，即居民无论到街道服务中心还是社区服务站，所有的办理事项都能"一站式"办理完毕。此外，加快社区服务网络建设，能够就近在社区通过网络办理或者个人终端办理的，都无须到现场办理。

第四，对于其他无法整合的社区服务站，要根据人口结构和空间布局进行科学配置。有以下几个确定的原则和方法：首先，提取社区总面积、老旧小区面积、老年人比重三个指标，只要在两个指标上呈现出明显的超标就要实行"一站一居"。比如某个社区总面积较大、老旧小区面积较大，那就要实行"一站一居"；某个社区老旧小区面积较大、老年人比重较高，也要实行"一站一居"，以此类推。相反，如果某个社区总面积较大，但老旧小区面积不大、老年人比重也不高，那就可以尝试"一站多居"。其次，在有的社区中存在以下三种特殊情况，需要甄别对待：一是对于一些平房区或老旧小区的居委会，目前实行的是"一站一居"，如果实行"一站多居"，很难为几个社区找到一个面积较大的社区服务站，这种情况下，应该维持现有的"一站一居"的服务格局。再次，还有一些社区，最早由一个社区出面联系驻区单位找到"一站多居"的工作场所，其他社区没有社区服务站的场地，在居站关系调整的时期就没有必要重新设置新的场所，继续实行"一站多居"而维持现状即可。最后，还有一些大型商品房小区，由于街道办事处就在商品房小区中，本来这些社区由于人口密度过大而划分成多个社区，就无须额外成立新的社区服务站，相关事务直接到办事处大厅办理即可。

4.4.4　"三社联动"[①] 的科学化和专业化

4.4.4.1　在发挥项目化长处的同时，加强社区自治引导

通过政府购买社会组织服务和企业社会服务等项目化运作，能够增强

[①] "三社联动"是指在基层社会治理中，社区居委会、社会组织和社会工作者之间的合作和联动。

社区自治的能力和效果，但与此同时，为了避免过度项目化所导致的服务短期化、需求表面化、运行形式化、评价成本高以及竞争过度等问题，迫切需要区县相关部门、街道办事处和社区居委会等加强引导和部门协调。一是要在立项阶段把好关，按社区需求立项、按社会组织能力强弱和口碑好坏发包；二是要在组织实施阶段把好关，区县自己的项目尽量不要直接在社区层面落地，即便在社区落地也要有专职社工入驻社区，并在实施过程中与居委会加强沟通协调；街道办事处的项目在申报和组织实施阶段要尽量发挥社区居委会和社区社会组织的积极性和主动性，避免"只见项目，不见人"的应景式、临时性项目。

4.4.4.2　在社区规范化建设中对社区事务进行标准化分类

社区事务是社区自治的组成部分和重要内容，强调社区自治活动并不是否认事务性工作的重要性。比如在以社区议事为特色的"五民工作法"和"五方共建"等案例中，可以将社区事务按照服务内容、紧急性程度和公共性水平等不同维度进行细化和分类，每种类型的事务对应相应的处理流程和方式。要优先解决民生性强、紧急性高和公共性强的议题，即居民最关心、参与可能性最大和参与程度最深的社区议题。这实际上是对以"问题"为核心的"五民工作法"和"五方共建"的扩展和深化，有助于在就事论事的基础上解决协商的自主性和公共性的问题。在"全要素小区"案例中，要新的社区规划中也要根据民生性、紧急性和公共性等维度优先安排社区居民需求最大、最迫切和公共性最强的社区软硬件设施和服务。

4.4.4.3　在区域社会组织体系中提升社区自治的科学化和专业化

根据社会治理体系中不同专业机构的分工合作，要提升社区协商的科学化和专业化水平，最简单的办法就是将不同社区自治案例中的通行做法，纳入区县或街道社会组织孵化器中进行孵化，其前提是区县或街道社会组织孵化器能够独立成熟地运转。具体来看，是由区县或街道引进或成立"枢纽型"社会组织，组织协调孵化器孵化专业的社区协商类社会组织，由后者作为专业操作型社会组织来负责不同社区自治方式比如"五民工作法"等案例的组织和实施，居委会则发挥社区"枢纽型"社会组织的作用。在社区协商过程中，专业性社会组织的专业性体现在调研、选题、现场和评估四个环节，尤其是现场环节，能够通过"焦点小组"等工作方法来掌控和安排整个流程，包括活动策划、现场主持、方案讨论和达成共识等环节，这些是居委会作为社区"枢纽型"社会组织难以胜任的。此外，提升社区协商的专业化水平还需要提升居民的表达和议事的能力，引导居民理性、平和和清晰地表达观点和立场，理性发声。

第 5 章 北京市促进社会组织参与民生建设研究

民生建设是社会治理的基本功能之一。北京市历来重视社会组织在民生建设中的重要作用，包括协调和组织社会成员参与民生建设、为参与民生建设的机构和组织提供专业培训，以及直接组织和开展民生建设活动等。当前北京市社会组织参与民生建设已经呈现出规模化、系统性和专业化等特征，尤其体现在立足基层社区、立足迫切民需，由不同功能的社会组织合作、提供专业化社会服务方面。各区县在上述领域的做法受到北京全市加强社会组织体系建设的影响，具有较强的同质性，在快速增长阶段保障了服务人数和规模的不断提升。一些直接参与民生事业的操作型社会组织已经成为北京全市乃至全国的标杆性社会组织。本书从结构功能的视角出发，将社会组织看作社会治理体系的一部分，考察社会组织与外部环境尤其是各类基层机构的互动和共建，对进一步畅通社会组织参与民生建设及其快速成长的渠道进行研究；对不同区县、不同类型的各类社会组织、基层社区及其指导机构进行实地调查和研究。

5.1 概念与重点

5.1.1 社会组织的概念和范围

社会组织是指由一定数量的社会成员按照一定的规范并围绕一定的目

标聚合而成的社会群体[48]。按组织性质分，社会组织可分为公益类社会组织和互益类社会组织。本章所指的社会组织主要是以公共事业为主要目标，向不特定多数的社会成员或有某种群体特征的社会成员无偿或有偿提供服务，使服务对象受益的社会组织，即除了行业协会、商会、学会和宗教组织等四类互益性社会组织之外，有较强的非营利性、自治性、志愿性和组织性的社会组织。具体来看，它包括由各级民政部门作为登记管理机关并纳入登记管理范围的社会团体、民办非企业单位和基金会，以及在街道或乡镇备案的社区社会组织等民间组织。

民生建设是一项涉及全体人民切身利益的国事。党的十八届三中全会就明确提出要紧紧围绕更好地保障和改善民生、促进社会公平正义、深化社会体制改革、推进社会领域制度创新、推进基本公共服务均等化、加快形成科学有效的社会治理体制。❶ 党的二十大报告进一步明确提出，"必须坚持在发展中保障和改善民生，鼓励共同奋斗创造美好生活，不断实现人民对美好生活的向往"。社会组织是社会治理体系的重要组成部分，是政府转变职能、还权社会的有效载体，在民生建设中具有独特优势。相对政府直接服务民生很难兼顾具体地域、具体群体的特殊需求，在时间上也难以持续，市场追求利益最大化不会关照弱势群体，社会组织因其自下而上生成，对于社会在民生方面的需求更为敏感，反应更为快捷。其往往与某些特殊群体紧密相连，更容易从微观入手来确定民生问题的症结所在，定位更准确，手段更有效，进而可以提高公共服务的效能与效率。

多年来，北京市在加强社会建设、创新社会治理方面走在全国前列，为保障和改善民生、推进基本公共服务均等化等完善了制度设计和政策基础。尤其在加快构建社会组织服务体系方面，不断推动"枢纽型"社会组织工作体系，充分发挥了社会组织在社会治理中的重要地位；加快基层社会工作服务平台建设，在全市商务楼宇和社区设立党建工作站和社会工作站等，力争到2023年年底基本实现全市街道（乡镇）社会工作站全覆盖的建设目标，成为民生建设的重要保障。与此同时，调研发现，北京市社会

---

❶ 参见2013年11月12日中国共产党第十八届中央委员会第三次全体会议通过的《中共中央关于全面深化改革若干重大问题的决定》。

组织在参与社会治理过程中仍然存在一些实践难题，如服务持续性不强、专业性较弱和覆盖面窄，基层社会组织仍然以文体活动为主，难以满足不同居民群体越来越高的民生需求等，迫切需要以民生建设事业为重点领域和突破口，进一步实现社会组织的跨越式发展。

5.1.2　研究的对象和重点

本研究将社会组织作为民生建设主体之一，以政府引导、社会参与为主线，以社会组织服务管理机制和组织能力建设为突破口，以北京市经济、社会、人口特征为依据，围绕完善社会组织服务体系，从操作型、"枢纽型"和支持性社会组织发展、示范性社会组织建设、社会组织能力建设和机制建设等方面深入分析社会组织参与民生建设的问题和成因，探索建立与区域经济、社会发展需求相适应的社会组织服务体系，并尝试提出符合地区实际情况又有可操作性的促进社会组织参与民生建设的思路和做法。

这里将社会组织参与民生建设的重点界定为：在政府基本公共服务和市场供给之外，在满足低收入群体民生需求的基础上，将民生建设的服务对象扩展到各个社会群体，以形成多层次供给格局，并提供持续的、专业的、有针对性的生活服务和促进生产服务，重点内容是养老为老服务、流动人口服务、青少年服务及其他特殊群体服务等，并通过政府支持、居民自助和社会参与等方式，实现社会组织参与民生建设的事业化运作、机制化运行和制度化保障。从政府相关部门支持社会组织参与民生建设的角度考虑，研究从以下三个维度切入主题：一是重新赋予"枢纽型"社会组织以民生建设为重点的组织定位，主要是发挥资源整合、牵线搭桥和沟通协调等作用；二是大力发展支持性社会组织，如社会组织孵化器、社工事务所等致力于社会组织孵化和能力建设的社会组织；三是重点扶持当前社会急需、具有示范意义的操作型组织，以起到对其他社会组织的引领和示范作用。

在研究方法上，面向市、区和街道等不同层级社会组织、社区社会组织和居民等，按照社会组织规模、类型和社区类型等维度，2019—2020 年在北京全市范围共调研了 12 个社会组织（包括"枢纽型"社会组织、操作型社会组织、支持性社会组织和社会企业等）和社区案例，围绕社会组织参与民生建设议题进行深入调研，调研对象的情况见表 5.1。在调查中，采用结构式访谈和实地考察两种方法。此外，本研究还对北京市第七次全国人口普查相关数据、社会组织等机构提供的案例资料和汇总数据等进行了深入分析，积累了可靠数据和资料。其中，选取的社会组织集中在海淀区和朝阳区，主要原因有两个：一是这两个区县经济发展和社会建设水平在全市处于领先地位，因此在社会组织发展思路、财政能力和社会治理水平等方面能代表全市的较高水平；二是这两个区县从产业结构和人口构成来看都反映了典型的现代化和后工业社会特征，即第三产业尤其是服务业占比较高、中等收入群体占比较高，等等。

表 5.1　社会组织和部分社区调研对象情况

调研对象名称	特征
海淀区某乡镇文化服务中心	业务指导部门
海淀区 AZ 社会组织联合会	区县"枢纽型"社会组织
HZ 社工事务所	操作型和支持性社会组织
RB 社工事务所	操作型和支持性社会组织
SZ 地区工艺文化发展中心	社会企业
海淀区某社区青年汇	操作型社会组织
海淀区某街道社会组织联合会	街/乡"枢纽型"社会组织
海淀区某乡镇社会组织联合会	
海淀区学院路街道某社区	老旧小区
海淀区紫竹院街道某社区	
海淀区西三旗街道某社区	单位小区

5.2　社会组织参与民生建设的现状和特征

5.2.1　基层民生需求的表现

如前文第 2 章所述，第七次全国人口普查数据显示，北京市"专业技术人员""国家机关、企事业单位负责人"和"办事人员"等中等收入人数占比约为 45.04%（表 2.5），呈现出较为典型的橄榄型社会特征，反映了北京市的基本职业构成和人口特征，即中等收入群体规模大，低收入和高收入者并存。中等收入群体具有一定的消费能力，在民生需求上具有范围广泛、内容多样化等特征。与此同时，北京市高等院校、科研院所和机关企事业单位众多，老年人数量尤其是离退休人员数量相对较多。从 2020 年第七次全国人口普查统计数据来看（表 2.15），北京市共有 60 岁及以上老年人口约 429.86 万人，约占常住人口总数的 19.63%，且中心城区老年人口的数量和比重高于远郊区县老年人口的数量和比重。因此，总体来看，北京市养老服务需求也较为旺盛。此外，截至 2020 年年底，第七次全国人口普查数据显示（表 2.10），全市常住外来人口约为 841.84 万人，约占常住人口总数的 38.45%，与第六次全国人口普查相比上升了 3 个百分点，较大规模的流动人口群体也是民生建设的重要服务对象。因此，从北京市的人口结构来看，养老为老服务、流动人口服务和青少年服务等相关民生服务需求较大。另外，从数据来看，北京市规模较为庞大且文化水平相对较高的专业技术人员等中等收入群体，有较强的行动和社会参与能力，也是民生需求潜在的服务主体，如果可以将其动员起来以多种形式参与公共事务，能在很大程度上推动社会组织参与民生建设事业。

从民生需求的具体内容和落实情况来看，结合北京市先后出台的《北京市社区基本公共服务指导目录（试行）》（以下简称《指导目录》）和《北京市社区社会工作服务目录》（以下简称《服务目录》）❶，除了基于人口结构的民生需求外，北京市在基本公共服务上还存在以下需求或特征：第一，《指导目录》明确了北京市基本社区公共服务的 10 个大类和 60 个小类，包括社区就业服务、社会保障服务、社会救助服务、卫生和计划生育服务、文化教育体育服务、流动人口和出租房屋服务、安全服务、环境美化服务、便利服务、心理咨询和网络信息服务等，全面涵盖了社区服务的各个类别并进行了细化。第二，《服务目录》提出了统筹社区照顾，增进民

---

❶　即 2010 年 9 月北京市社工委发布的《北京市社区基本公共服务指导目录（试行）》和 2022 年 6 月北京市社工委和北京市民政局发布的《北京市社区社会工作服务目录》。

生福祉，将老年人、青少年、妇女、残疾人和优抚等重点群体纳入社区照顾范畴；推动城乡社区融合，推动生产合作，促进农村社区生计；提升防灾减灾和突发事件中的社区动员能力。第三，将社区社会工作服务主体进一步确定为社会组织、基层服务平台及具有公益服务、福利职能的事业单位和群团组织等，明确了社会组织在基层社会服务中的作用。第四，上述目录出台的原因，在于当前社区公共服务项目存在一定的供需落差或相关措施落地不彻底：社区养老为老服务仍然存在着缺乏场地、人员，难以满足不同老年人群需求等问题；将最低收入保障群体纳入保障范围，但无法覆盖低保标准边缘的收入人群；文化、教育、体育等公共服务单纯进行硬件投入，而人员、管理等软件难以同步跟进。第五，市场无法满足的民生需求和项目，尚未建立起有效的供应机制。如社区养老为老服务中的老年餐桌，通过政府补贴来吸引餐饮企业开办，但由于营利性和场地租赁等难题而难以为继。第六，总体来看，根据《指导目录》的要求，当前社区基本公共服务种类繁多、覆盖广泛，但传统社区服务难以满足多样化的需求，这也是后续《服务目录》出台的重要原因。北京市在进一步调动社会组织满足多样化服务需求方面，仍有潜力可挖。

5.2.2　社会组织参与民生建设的情况

5.2.2.1　群团组织发起的社会组织发挥多种功能

长期以来，由于政府相关部门与公益性社会组织的目标趋同，一些社会团体如社会组织联合会等由政府相关部门主管或者直接由群团组织发起成立，这些社会组织会承担一些全局性或相关部门下派的公益服务活动。这些组织以各种方式参与民生建设，有些社会组织如社会组织联合会和行业协会等，还负责社会组织的服务管理等组织管理事务。以海淀区 ZA 志愿者联合会和 AZ 社会组织联合会为例，他们在实际工作中发挥了"枢纽型"社会组织的功能，承担了社会组织服务管理的职能。其中，海淀区 ZA 志愿者联合会有约 300 家团体会员，主要有两个来源，一个是各社会单位的志愿者服务队，另一个是海淀区辖区内的高等院校，联合会充分挖掘高校人才资源，会员单位在独立开展活动的同时又在联合会的组织下共同开展服务。

此外，区县级社会组织联合会还在各个街道成立分会，为街道社会组织联合会协调项目或组织培训，而街道社会组织联合会又在各自的街道组织、协调和培训辖区社区社会组织开展社区服务。海淀区 AZ 社会组织联合会则主要由行业协会组成，共吸纳全区 500 多家社会组织作为成员单位，面向社会组织开展社会组织培训、能力建设和会员服务管理等工作，实际上衔接了政府相关职能部门和各个社会组织，起到了沟通桥梁的作用。❶ 近年来，在行业协会逐渐"脱钩"后，联合会重点加强和开展了脱钩后的行业协会、商会和民政系统直管社会组织等常规服务活动。此外，两个联合会还协调会员单位、利用各个协会的资源优势，独立开展一些社会公益活动。

5.2.2.2　民间社会组织立足民生，积极开展服务

北京市民政局数据显示，截至 2020 年年底，全市共有各类登记注册的社会组织约 13 016 个，其中，社会团体组织 4572 个，基金会组织 796 个，民办非企业单位 7648 个（表 5.2）。与 10 年前相比，社会团体数量增加了 38%，民办非企业单位数量增加了 87%，基金会数量是十年前的 4 倍多。❷ 如果将各类备案的社会组织计算在内，截至 2021 年，北京全市登记备案社会组织总数约 6 万个。与 2013 年相比，吸纳就业人员数量增加了近 10 万人，登记备案社会组织总数约增加了 5 万个。❸ 此外，截至 2020 年年底，全市共有社区服务机构 13 001 个，比上年增加了 873 个，其中，社区服务指导中心 17 个，社区服务中心 202 个，社区服务站 7104 个，其他社区服务机构 4481 个，社区养老机构和设施 1197 个。❹

表 5.2　近年来北京市社会组织数量和构成　　　　　　单位：个

类型	2011 年	2012 年	2013 年	2014 年	2015 年	2016 年	2017 年	2018 年	2019 年	2020 年
社会团体	3314	3392	3573	3730	3961	4267	4586	4539	4556	4572

❶　数据资料来源于实地调查。

❷　参见 2020 年 7 月 21 日北京市民政局发布的《二〇二〇年北京市社会建设和民政事业发展统计公报》。

❸　数据资料来源于实地调查。

❹　参见 2020 年 7 月 21 日北京市民政局发布的《二〇二〇年北京市社会建设和民政事业发展统计公报》。

类型	2011 年	2012 年	2013 年	2014 年	2015 年	2016 年	2017 年	2018 年	2019 年	2020 年
民办非企业	4089	4382	4712	5035	5378	5972	6969	7262	7522	7648
基金会	186	219	275	318	382	515	609	729	771	796

上述社会组织中，除了行业协会等承担政府职能的社会组织，以及学会、商会等互益性社会组织外，大量的民间社会组织以各种方式立足民生、开展服务。多年来，北京市及各区县相关部门把提升社会组织能力、建构多层次"枢纽型"社会组织体系作为重点，充分发挥"枢纽型"社会组织、社会组织孵化器和社工事务所在培育社会组织、动员社会力量保障民生、提供专业服务中的不可替代性，初步形成社会治理领域的三类示范性社会组织，成为北京市社会治理的重要优势和特色。例如，初步建立起市、区两级"枢纽型"社会组织体系，由各级相关部门来认定承担社会组织服务管理职能的社会组织，发挥其沟通服务和组织活动等作用。2009 年认定市总工会、团市委和市妇联等十家单位为首批市级"枢纽型"社会组织；截至 2016 年年底，全市已经认定近 50 家市级"枢纽型"社会组织，此外还有区级 240 余家、街道（乡镇）级 500 余家。[●] 一些区县也已经认定了三批该类社会组织，充分调动起社会组织自我服务、管理的积极性和主动性，基本实现了"枢纽型"社会组织全覆盖。

此外，社会组织孵化器和社工事务所等作为专业的社会组织"孵化"机构是民间社会组织的又一典型。在各级相关部门的指导和引导下，北京市从 2010 年起就成立了北京市社会组织孵化中心，是全国规模较大、开展活动较早的社会组织"孵化器"，由专业团队运营，为初创期社会组织和中小社会组织提供全方位的指导和辅助，包括提供办公场所和相关设备、提升社会组织能力以及提供注册协助，等等。截至 2020 年，北京全市范围内已经有包括北京市社会组织发展服务中心、北京市社会组织孵化中心等在内的 5 家市级社会组织"孵化"平台，其余各级社会组织孵化机构多达 100

● 数据资料来源于实地调查。

多家。❶ 此外，社工事务所是社会组织参与民生建设的重要力量，其参与方式主要有两种：一种是以专业服务直接参与民生事业，如通过"一街一社工"等项目派驻专业社工服务基层和社区，极大提升了社区专业社工服务的能力；二是社工事务所单独承担社会组织和专业人才培训等能力建设，并兼具支持性和操作型社会组织的角色。由于每个社工事务所各有专长和工作宗旨，互为补充，在社会组织能力建设、专业社会工作拓展、社区服务和弱势群体服务等方面成绩突出。在运行模式上，当前社工事务所可以通过政府购买服务项目，如"一街一社工"、楼宇社工、社工培训等项目，由地方政府出资购买专业社工岗位，随后派遣到街乡、社区和其他社会组织，他们有思路、有活力，受到各方普遍欢迎。经过多年发展，社工人才队伍持续壮大。

5.2.2.3　社区社会组织立足社区，以文体活动为主、社区参与为辅

社区社会组织主要由社区居民自愿组成，由于达不到法律规定的登记条件，主要在社区开展公益活动，是以自我管理、服务和互帮互助为宗旨的社会组织。社区老龄互助社、社区青年汇、帮扶救助协会、社区老年活动中心、文体队和业委会等都是这类社会组织的代表。按照组织主导方式的不同，可以分为政府相关部门引导的，如老龄互助社、社区青年汇；社会组织引导的，如志愿者联合会街道分会、慈善协会工作站；以及社会自发的，如业委会、社区志愿者服务队和文体队三类。在所有的社区社会组织中，居民自发的文体活动队伍居多，在一些社区中文体类社会组织能占到社区社会组织总数的九成以上。2021 年 5 月《北京市物业管理条例》实施，这是继《北京市物业管理办法》出台后北京市首部物业管理法规，这部法规中创造性地提出在无法召开业主大会和尚未成立业委会的社区中，建设具备过渡性质的物管会，形成对业委会的有效补位，推动业委会组建和在形成小区共同决议上发挥作用。随着允许社会资本参与老旧小区综合整治和物业管理等相关措施的出台，物管会在社区议事和执行中发挥了越来越重要的作用。据统计，自《北京市物业管理条例》实施以来，截至

---

❶　数据资料来源于实地调查。

2022 年 8 月，北京市业委会（物管会）组建率从 11.9% 增加到 96.8%，物业服务覆盖率由 64.1% 增加至 96.6%，业委会占比达 27.8%。❶

社区社会组织在不同类型的社区中，发挥作用的方式和效果有所差异：在退休人员较为集中的老旧小区，老龄互助社在老龄群体的自我服务中发挥作用较大，在实践中已经形成多种模式；在城乡接合部和农村地区，社区青年汇起到了很好的团结外来青年的作用，在许多村庄形成了固定的活动圈子和活动方式；街道、乡镇社会组织联合会是市、区社会组织联合会在基层的工作"触角"，与其他基层社会组织协同开展活动；而在社区社会组织中占比最重的社区文体队，大多由居民根据自己的兴趣爱好自愿组织或参加，需要一定的场地和经费支持，其自我活动能力最强；业委会（物管会）成为小区业主自我服务和管理的"排头兵"，是居民社区和社区协商议事的重要渠道。

5.3 社会组织参与民生建设的问题和分析

5.3.1 从组织实施来看

5.3.1.1 社会组织参与民生建设缺少单独规划

北京市针对社会建设发布了系列相关政策，如中共北京市委在 2011 年就印发了《中共北京市委关于加强和创新社会管理 全面推进社会建设的意见》等政策文件，将培育和发展社会组织作为社会建设的重要任务，并从理顺社会组织服务管理体制、加强社会组织自身建设等方面提出思路和意见。这是从将社会组织作为市场之外的社会力量进行培育和发展的角度提出的意见和指导，并未将社会组织发展与民生建设相结合进行针对性的布局和规划。此外，关于全市范围内进一步加强社区服务和改善民生事业等相关议题，多年来也出台了大量政策文件，如《北京市社区基本公共服务

---

❶ 参见 2022 年 10 月 28 日北京市住房和城乡建设委发布的《北京市住房和城乡建设委员会 2022 年市政府工作报告重点任务清单及实事事项三季度工作进展情况》。

指导目录（试行）》等。这是从将社区服务和民生需求作为规划目标的角度，对基层相关部门和社区提出的服务范围和门类，也没有将社会组织发展与民生建设相结合进行针对性的布局和规划。因此，长期以来，虽然北京市社会组织无论从数量还是门类来看都实现了跨越式发展，民生建设事业也在不断满足人民日益增长美好生活需要的过程中不断得到提升，但是，关于如何推动社会组织进一步参与民生建设事业，还缺乏针对性、总体性的发展思路和规划。

从基层实践来看，长期以来基层相关部门明确要发展社会组织，但缺乏突破口和抓手，难以在多元化民生需求和社会组织发展之间形成衔接、相互促进。本书建议是，首先，相关部门对促进社会组织参与民生事业整体上要有规划、有思路、有设想，形成社会组织参与民生建设的总体框架，避免相关部门人事变动而对社会组织发展带来不利影响；其次，引导社会组织参与民生建设要有系统设计，出台一整套政策措施，重点发展何种类型的社会组织，如何引导社会组织更好地扎根百姓需求，不同类型的社会组织发挥何种作用，这都需要有各自的相关规划和布局；最后，将促进社会组织参与民生建设纳入相关部门长期规划，对公益类和服务类社会组织予以重点扶持和发展，等等。

5.3.1.2　部分地区社会组织参与民生建设的做法有待落地

当前一些鼓励社会组织参与民生建设的做法并未产生预期效果。比如，区县社会组织联合会面向区县社会组织进行服务管理，是社会组织服务体系的重要组成部分，但一些区县社会组织联合会，缺乏独立协调社会组织和独立提供服务的能力，其会员也基本局限于行业协会、商会等社会组织类型，难以发挥社会组织参与民生建设的职能定位。再比如，社会组织孵化器一直是北京市重点发展的社会组织项目，但是由于基层部门对社会组织孵化器的功能和运作方式缺乏了解，仍难以在基层全面推进或者发挥有效作用。此外，许多在全市范围推动的、以社会组织为依托的民生服务模式，由于活动方式过于单一，无法覆盖全市较为复杂的社区类型，从而导致活动效果有待提升。以养老互助社和社区青年汇为例，在广大的农村地区，老年人以亲缘和家族关系为纽带所形成的自我服务、自我管理的互助模式，实际上发挥了老年互助社的作用，应思考如何将自发活动团体与养老互助社融合起来更好地发挥作用。社区青年汇在城乡接合部和农村地区卓有成效地以工作地为活动单位开展服务，但在城市社区如何在活动内容和方式上创新，使其更加喜闻乐见，从而吸纳更多的居民参与，还有很大的提升空间。

5.3.1.3 政府购买社会组织服务的覆盖面和持续性问题

政府购买社会组织服务是近年来北京市促进社会组织参与民生事业的重要举措，已经形成较为完善的工作机制。自 2012 年起，北京市用于购买社会组织服务的社会建设专项资金首次超过 5000 万元[49]，之后每年基本都保持持续增长的态势。除此之外，各区县政府每年也划定专项资金与之进行匹配，如昌平区 2022 年投入 570 万采购社会组织服务项目，支持 58 个服务项目，近 5 年平均每年约投入 500 万元用于购买社会组织服务项目[50]。购买服务专项资金投入的数量和方式在全国范围均处于前列，但考虑到全市庞大的人口规模和社会组织数量，社会建设专项资金投入的数量仍难以满足社会组织发展需求。同样以昌平区为例，虽然 2022 年度全区社会建设专项资金购买社会组织项目投入 570 万元，但仍难以满足全区上千家社会组织的发展要求，也需要进一步与昌平区庞大的常住人口规模相匹配。

此外，当前各区县具备承接政府购买社会组织服务项目资格的社会组织，仍然限制于在民政局登记注册的、具有法人资格的社会组织，因此，一些未登记注册的民间社会组织，以及一些在工商部门登记为企业的社会机构被排除在外，而后者往往在不同的民生服务领域发挥了较大的作用，却难以获得政府购买服务的资金支持。实际上，即便是有法人地位、具备申请资格的社会组织最终能申请到项目的难度也很大。调研发现，有的社会组织多年来持续申请专项资金，仍旧难以获得资助，只能依靠街道、乡镇等基层政府的支持来开展活动。

再者，一些政府购买服务项目的持续性不足，比如，一些区县每年获得资助的服务项目基本上都不相同，有的区县甚至连续两年相同的社会组织服务项目获批为零，即便是连续两年申请项目得以获批的同一家社会组织，其立项的名称和活动内容也完全不同。调研中发现，一些社会组织存在项目持续性差的问题，个别社会组织为了连续两年获批，不得不为了保持项目的"创新性"而放弃前期社会反响好、成熟度高的服务项目而设计新的服务项目。居民纷纷前来询问："以前你们那个活动挺好的，今年不办了吗？"。如此一来，会产生三个影响：一是影响社会组织形成的主营业务和特长；二是一些项目被迫"退而求其次"，无法满足居民的最迫切民生需求；三是影响社会组织的声誉。还有的居民直接表态："去年做得好好的，希望今年坚持下来，否则也不愿意来这（社区服务中心）活动了"。

5.3.2　从社会组织来看

5.3.2.1　参与民生建设的社会组织数量不足，服务内容有待丰富

当前社会组织的数量已经达到一定规模，但是参与民生建设事业的社会组织数量仍有待提升。首先，在一些区县的社会组织类型中，教育研究类与社会服务类社会组织占比相差较大，前者要远高于后者；在社会团体中，宗教、行业协会等互益类社会组织在有的区县占比达一半以上，这些社会组织实际上并不直接参与民生建设。其次，规模庞大的社区社会组织理应是满足多样化民生需求、立足社区参与民生建设的主体，但实际上一些在街道备案的社区社会组织，大部分是文体类社会组织，而公益慈善类、社区服务类占比较低，难以满足社区居民多样化、多层次的民生需求。❶

5.3.2.2　社会组织自身能力建设水平有待提升

社会组织能力建设水平欠缺是制约社会组织发展的主要因素之一，几乎所有社会组织都面临此问题。在业务活动上，专业能力不足、工作方法不对路，难以满足随经济社会发展和社会群体的多样化而产生的对专业化社会工作的需求。调研发现，即便对于以专业性著称的社工事务所来说，困扰其发展的最大问题仍是专业性不强、能力建设水平欠缺，遑论其他社会组织。由于专业性较差，社会组织在方案设计、执行、管理和评估的各个流程中难以达到预期效果，难以兼具创新性和专业性，形成"专业能力较差—服务内容单一—市场和政府认同低—缺乏提升能力的资金和条件"

---

❶　文字资料来源于实地调查。

的循环，难以从政府购买服务评审中脱颖而出，也缺乏自发的市场经营能力。有的社会组织因专业性弱而对眼前的民生需求视而不见；有的社区社会组织热衷于社区活动的包装和形象，或者注重收集和整理活动的图片资料和过程文本，而忽视活动内容和居民的参与程度，也不关注居民的体验和活动的实际效果；有的地区民间组织联合会对"枢纽型"社会组织功能定位等缺乏了解，仍然局限在对居民自发的社会组织进行备案管理的初级工作阶段。

5.3.2.3 社会组织在参与方式上有短期性和应景化倾向，事业性不足

社会组织在成立时都制定了组织宗旨目标，规定了服务对象和范围，具有一定的组织性和规范性，但是，一是由于当前社会组织能力建设不足，如何在实践中履行组织宗旨、保持服务方向和活动内容的持续性和稳定性成为社会组织发展中面临的难题。二是由于一些社会组织缺少资金来源，社会组织为获取项目支持，不得不变通组织宗旨和活动规范来开展一些短期性活动，其中很多是满足甲方需要而开展的应景式活动。这些活动由于服务对象和范围不明确，缺乏针对性，长此以往将影响社会组织的声誉和组织能力的提升。此外，从服务机制来看，很多服务活动依靠的是志愿者的公益精神和单向付出，尚未建立起长效活动机制，而社会组织内部的人事变动也对组织方向和目标产生影响，总体上来看一些社会组织发展的事业性略显不足。

5.3.2.4 支持性社会组织的作用尚未显现

支持性社会组织是专门为其他社会组织提供服务和支持的一种社会组织，是支持、培育社会组织和进行组织能力建设的重要载体，如社会组织孵化器。目前，北京市区两级已经建立起多家市级社会组织孵化基地，予以专项资金支持并提供场地设备等硬件设施，但这些较为成熟的社会组织孵化器难以满足当前大量社会组织进入孵化基地、提升组织能力的需求，尤其是区县和街乡大量基层社会组织的孵化需求。而且，街乡等基层社会组织孵化器承担孵化社区社会组织的重任，但是它们在筹建过程中也面临诸多困难，一是其建设思路和实现路径有待进一步明确，即社区社会组织

的孵化重点领域有待明确；二是目前场地和硬件设施已经不是制约街乡社会组织孵化器的瓶颈，问题核心是基层孵化基地的整体策划不足，如何体现基层社会组织与其他社会组织的差异，需要吸纳有孵化能力的专业团队，根据组织发展要求对基地整体架构和运营提供专业策划。

　　除了专业社会组织孵化器外，社工事务所也兼具组织能力建设的功能，发挥着支持性社会组织和操作型社会组织的双重功能。多年来，北京市社工事务所发展迅速，2013 年全市共有 59 家专业社工事务所，经过 7 年的发展，截至 2020 年，全市已有 887 家专业社工机构。❶ 社工事务所积极参加政府购买服务项目，尤其在购买专业社工岗位如"一街一社工"、商务楼宇社工等方面发挥了主力军的作用。从社工事务所的成长和发育来看，目前仍有三个局限性：一是项目局限，有的社工事务所每年疲于找项目维持正常运转，由于经费使用和拨付的要求，经常面临无法支付人员工资的窘境；有的事务所甚至不得不进行私人垫付。调研中有的事务所负责人指出："我们这好多年轻人都是靠奉献精神在支撑，除了两个政府购买服务的专职人员之外，我们也不敢再雇太多人，有时候需要我自己拿钱来垫付事务所的开支。"❷ 二是人才局限，由于待遇问题，高级人才吸引不来，自己培育的人才留不住。调研中一所由高校教师成立的社工事务所负责人提到人才流失的问题："我们自己的创始人伙伴，已经培养出来了，最近被一家较大规模的社工事务所挖走了，我很理解他的选择，但是对我们确实是很大的损失。"❸ 三是行业无序竞争，虽然社工事务所是新鲜事物，但已经出现了无序的人才竞争和项目竞争，不利于事务所整体发展。四是社会认知度局限，社会单位和市民对事务所熟识度不强，认知度不高，不利于活动的深入开展。因此，社工事务所虽然发挥作用很大，但是未来生存发展空间并不明朗。

---

❶　数据资料来源于实地调查。
❷　访谈资料来源于实地调查。
❸　访谈资料来源于实地调查。

5.4 社会组织参与民生建设的案例研究

5.4.1 认识与思考

5.4.1.1 专业体系建设是社会组织参与民生建设的基础

党的二十大报告鲜明提出"坚持把实现人民对美好生活的向往作为现代化建设的出发点和落脚点",提出要"完善社会治理体系,健全共建共治共享的社会治理制度,提升社会治理效能"。它强调不同社会治理主体要在相互信任的基础上完善社会治理体系,实现系统治理。在社会组织参与社会治理尤其是民生建设的过程中,这些主体包括:市、区、街乡政府相关职能部门,不同层级的"枢纽型"社会组织、支持性社会组织和各类操作型社会组织(包括专业的操作型社会组织和社区社会组织等)。其中,市、区政府相关职能部门发挥引领作用,通过政策支持,引导社会组织的发展方向,将民生建设计划落在实处;街道办事处和乡镇政府发挥政府优势,提供相应的资金、服务场地支持;"枢纽型"社会组织是支撑,通过发挥组织优势,整合社会资源,为社会组织参与民生建设搭建落地平台,其中区级"枢纽型"社会组织,重点发挥专业社会组织和机构在民生建设中的作用;社区居委会和村委会依据社区居民需要,依靠辖区社会单位,整合社区资源,做好沟通、协调工作。支持性社会组织是助推器,发挥对其他社会组织进行培育、支持和能力建设的多重作用。操作型社会组织是核心,在各自业务范围内直接操作项目,提供专业化服务。在社会治理过程中,相关政策要进一步厘清和明确社会组织的重点支持类型、发展目标和服务领域。

5.4.1.2 资源整合是提高服务效能的关键

社会组织缺乏自主盈利或动员社会资源的资质和能力,参与民生建设要最大限度地利用社会资源,社会资源地区分布并不平衡,但是区县、街道和社区的社会组织资源整合方式却大体相似,仍以行政区划为单位开展服务。以当前各地普遍开展的"一街一社工"和社区青年汇为例，目前主要以单一街道和社区为活动单元，活动范围过于局限导致服务对象单一、经费受限、思路狭窄，影响活动效果，而各街道办事处对专业社工和督导的需求量很大，"一街一社工"的形式不利于社工开展专业活动。因此，打破街道、社区行政界限，整合社会资源和项目，是提高服务效率和改善服务效果的重要途径。

此外，从社会组织的角度来看，在整合和利用社会资源时要充分考虑到不同社区的资源特征。商品房小区通常基础设施完善、中等收入群体等人力资源丰富，相比较而言具备一定的场所条件，潜在的社区动员对象较多；老旧小区基础设施相对薄弱，但退休人员数量多，热心公共事务的居民多，而且加之建成时间长，与各驻区单位更容易形成天然联系。此外，与城市社区相比，在农村地区开展活动的社会组织，能更好地依靠村委会和集体经济组织，在场地、经费和活动参与等方面均能获得支持。因此，社会组织在参与民生建设时，要因地制宜采取不同运作方式和寻找不同的工作着力点。

5.4.1.3　采用社会企业运作模式是社会组织参与民生建设的新趋势

关于"社会企业"的定义众说纷纭，2022 年 5 月北京市社会建设工作领导小组印发的《关于促进社会企业发展的意见》中提出社会企业是"以追求社会效益为优先目标，依靠提供产品或服务等商业手段解决社会问题的企业或其他法人主体"。实际上，社会企业是参与市场生产或提供服务、社会目标大于市场目标的生产性社会组织，是社会组织与企业组织的创造性结合。社会企业以参与市场的方式保持社会组织的可持续发展，以实现社会目标。之所以出现社会企业，是因为从社会组织的长远发展来看，如果维系组织的资源输入纯粹来自政府资助、个人和社会捐赠，以及组织成员不计报酬的付出，社会组织容易受经济环境和政策因素的影响而产生波动，呈现短期化、非常态化的特征。如果有条件的社会组织采用社会企业的运作模式，将开展福利服务与经营性服务相结合，无偿、低偿和有偿服务相结合，在市场规律下提升组织效率，能更好地实现社会目标。

实际上，早在 2011 年 6 月，北京市就提出要"积极扶持社会企业发展，大力发展社会服务业"❶，随后在"十二五"社会规划中对此予以重申。❷2022 年 5 月 10 日，北京市社会建设工作领导小组印发《关于促进社会企业发展的意见》，进一步明确了社会企业的认定指标，包括"使命目标、信用状况、经营管理、社会效益、可持续发展能力和利润分配"等，进一步明确重点支持"养老助残、家政服务、物业管理、托幼服务、特殊群体就业、环境保护、应急管理、社区服务等民生保障类社会企业"，并进一步明确促进商业企业转型或投资社会企业的路径和支持政策，包括"鼓励大中型企业特别是国有大中型企业履行社会责任创设社会企业。引导具有一定市场经营能力和稳定市场活动空间的社会服务机构转型为社会企业"，并鼓励商业银行、政府性融资担保机构等金融机构加强对社会企业的支持力度。从社会企业的发展需求、已有经验和未来趋势来看，它理应成为北京市社会组织参与民生建设的重要类型和渠道。当前也有一些社会企业的较成功案例和经验做法，随着新政策的出台，社会企业必将迎来新一波的发展和提升。

5.4.2 社会组织参与民生的体系化

5.4.2.1 建设目标

社会组织参与民生建设的建设目标，就是以党的二十大报告中关于"完善社会治理体系，健全共建共治共享的社会治理制度，提升社会治理效能"和"加快推进市域社会治理现代化，提高市域社会治理能力"等要求为纲，进一步激发社会组织在保障和改善民生中的活力；以满足北京市中低收入群体、老年人群体、青少年群体和流动人口群体等多元化民生需求为重要导向，通过科学化组织和专业化运作，将促进社会组织参与民生建设作为全市社会组织发展的突破口，通过制定促进社会组织参与民生建设的长期规划，明确社会组织在民生建设中的功能、定位及相关支持政策，

---

❶ 参见 2011 年 6 月 3 日中共北京市委十届九次全会通过《中共北京市委关于加强和创新社会管理全面推进社会建设的意见》(京发〔2011〕13 号)。

❷ 2011 年 11 月发布的《北京市"十二五"时期社会建设规划纲要》提出要"积极扶持社会企业发展,鼓励社会企业和社会组织发展社会服务业"。

重点支持多层次的"枢纽型"社会组织、支持性社会组织和具有示范作用的操作型社会组织，引导它们形成参与民生建设的组织体系，为服务对象提供持续的、专业的、有针对性的生活服务和生产性服务，并通过政策引导、资金支持、资源共享和税收优惠等方式，引导社会组织加强自身建设，增强社会组织服务民生的能力。

5.4.2.2　构建社会组织参与民生建设的服务体系

社会组织参与民生建设的服务体系是指不同类型的社会组织在统一的服务平台上分工合作，按其角色和功能履行职责，实现社会组织工作效率和社会效益最大化的体系和机制。现阶段，应重点培育和扶持具有整合社会资源优势的"枢纽型"社会组织、具有孵化和能力建设功能的支持性社会组织，以及具有示范作用的操作型社会组织，逐步形成地方政策引导、"枢纽型"社会组织搭台、支持性社会组织培育、操作型社会组织"唱戏"的民生建设服务体系。

（1）按不同功能和层次分类培育"枢纽型"社会组织。

"枢纽型"社会组织包括市级"枢纽型"社会组织、区县社会组织联合会和志愿者联合会等区县"枢纽型"社会组织、街乡民间组织联合会及居委会（村委会）。从总体看，要切实发挥其枢纽作用，需要相关部门给予充分的支持和认可，包括加快对各级"枢纽型"社会组织的认定，进一步明确其在社会组织中的地位和作用；组织协调各社会组织参与民生建设，赋予其相应的社会组织服务管理职能并在资金支持上予以倾斜等。

首先，要赋予市区两级"枢纽型"社会组织服务民生的功能，有意引导它们根据服务目录、结合自身专长来购买政府服务。积极引导"枢纽型"社会组织承接研究性专业服务项目，助推社会组织购买服务由传统活动式服务转变为专业化服务；减少"枢纽型"社会组织直接承接服务类项目的比重，增强其动员、协调和组织其他会员社会组织开展服务的能力。其次，切实发挥街道、乡镇社会组织联合会作为基层"枢纽型"社会组织的重要作用。它们上承区县社会组织、下接居委会和社区社会组织，具备充分动员和发挥各类社会资源的优势和条件。现阶段，除了发挥其社会组织备案职能外，要引导其根据本地民生需求组织社区社会组织参与民生建设；并依托社会组织孵化器等支持型组织，通过民生项目或孵化项目的组织实施，进一步完善基层社会组织孵化模式。最后，发挥居委会基层"枢纽型"社会组织的角色和职能，让其根据民生需求协调其他社区社会组织参与民生建设，可以探索以需求为引导、项目为纽带，社区社会组织共同参与的可持续服务模式：由居委会组织协调，社会组织孵化器提供专业项目策划，吸引政府资金或基金会支持，最后由操作型社会组织负责具体实施。

（2）发挥支持性社会组织的孵化和能力建设功能。

一是社会组织孵化器要遵循"政府资金支持，政府和民间力量共同兴办、专业团队管理、政府和公众监督、公益社会组织受益"[51]的业务模式来开展服务，为初创和中小型社会组织提供各种硬件和软件的关键性支持和专业指导。二是发挥支持性社会组织能力建设的作用，将加强现有社会组织能力建设、专业技能提升纳入支持性社会组织的重点发展规划。增加政府用于购买专业社工岗位服务的支持力度，对在民生建设重点领域开展服务的社会组织进行重点和有针对性的培训和能力提升。

（3）对操作型社会组织进行分类支持和引导。

第一类是正式注册登记的专业性社会组织，以社工事务所为代表。要充分发挥其在民生建设中的专业特长，保持政府购买服务项目的持续性和稳定性。面向此类专业性社会组织，增加政府购买社工岗位的数量，并建立和完善购买专业社工岗位工作的考核机制。合理规划政府购买服务指导目录，引导专业社会组织形成各自业务特色，避免同一领域内因无序竞争造成资源浪费。面向社会，为专业社会组织搭建统一的宣传平台，加强对外宣传力度，树立专业社会组织服务内容和项目的品牌意识，充分保护其知识产权，引导其在同类组织中脱颖而出。

第二类是民间自发产生的志愿团体。以各类志愿团队和社区服务队为代表。民间自发的志愿团体贴近民生，在满足多样化民生需求上有不可替代的作用，此外，这些组织的自发性、志愿性和公益性特征也体现了自下而上的成长和发展轨迹。值得一提的是，当前越来越多的市民愿意通过组织形式参与社区服务，为社会组织的发展壮大提供了人力、财富、社会资源的支持，是培育社会组织的重要基础。因此，相关部门和"枢纽型"社会组织要畅通其自下而上的发展通道。通过资金支持和项目引导，促进民间自发志愿团体的发展壮大，实现由活动到项目、由非专业化向专业化、由无偿服务到低偿服务、由全面服务到针对性服务。最终，这种民间自发的志愿团体可能因项目运作，逐渐发展成民生建设尤其是社区服务的中坚力量。

第三类是社工服务站和青年汇等相关部门重点推进的基层组织。这些社会组织需要以政府购买服务等形式进行持续性的政策和资金支持，并需要在当前制度设计中进行微调：一是加强社会资源的整合。例如，将"一街一社工"的社工派驻方式重新整合，在 1~2 个街道派驻 3~5 人的社工组。专业社工除了开展民生项目外，还要赋予其协调、沟通不同街道的活动经验，发挥专业服务领域街道合作平台的功能。二是在人员招聘和使用上要坚持专业培训和考核评估相结合，对于考核评估达标的专业社工力争长期聘用，以增强服务的持续性。

（4）提高资金支持的合理性，完善购买服务机制。

力争保持社会组织资金投入在现有基础上每年稳步提高，科学规划政府购买服务内容，保持服务项目的可持续性和引导性。对于社会效益好、机构名声好的项目进行长期支持，改变目前服务项目临时性、短期性的特点，在民生建设的重点领域内，针对重点支持的社会组织，增强资金支持的稳定性。科学合理地分配资金比重，增加用于政府购买服务的资金比重，降低财政直接拨款的比例。在社区公益金的使用范围上，积极引导自治组织使用和盘活社区公益金。

进一步完善政府购买服务流程。一是在确定招标题目之前要充分征求社会组织和公众的意见；在发布招标项目之后，面向社会组织、区县相关职能部门召开项目申请培训会，以提高申请材料和方案的专业性。二是转变立项评审的思路和指标，强化项目的社会效益、地区适应性和可持续性在立项评审标准中的权重，有条件地弱化项目创造性和创新性的权重；强化项目前期工作基础和实施方案可行性的权重，弱化项目规划和预期指标的权重。三是在组织申报过程中，降低项目申报门槛、简化申报手续和流程，增加现场演示、汇报和竞标的环节。四是改进项目验收评估标准，重点考察项目的社会效益和可持续性，重大项目需委托第三方进行现场验收。

5.4.3 社会企业及其案例分析

5.4.3.1 当前社会企业的主要类型

社会组织采用社会企业的运作模式，有助于其克服资金限制，提高组织决策和开展活动的独立性，也能增强组织能力和竞争力。社会企业的实现形式是多种多样的，因为各个国家社会制度和发展程度的差异，社会企业领域产生了不同的实践类型，促进了社会组织向社会企业的过渡。总的来看，当前国内较为成熟的做法主要有以下三类。

第一，社会组织以其产品与市场企业建立合作，即服务活动完全融入市场，生产过程即服务过程。通过挖掘原有民生项目的商业价值，将现有社会组织的经营活动最大程度市场化。例如，原本以扶助残疾人为目标的社会组织将其产品作为销售企业的市场产品。这种模式的公益效率最高，但由于组织宗旨和目标的公益性并在参与市场竞争和保持公益性之间保持平衡的难度最大。

第二，社会组织对部分服务项目实行低收费，即以部分服务内容参与市场运行。如在开展民生服务时，对服务项目收取低于市场价格的费用，采用对特定服务对象低收费并在此基础上面向社会逐渐提高收费的分级收费方式。

第三，社会组织参与独立于主要公益服务内容的商业活动，即完全在服务内容之外的商业活动。例如，原来单纯从事扶助贫困儿童的社会组织，通过慈善商店或爱心超市等来获取经济收益，这种模式适用于难以从服务内容中开发出商业价值的社会组织。

5.4.3.2 海淀区 SZ 地区民间工艺文化发展中心案例

（1）案例情况。

SZ 地区民间工艺文化发展中心（以下简称"文化发展中心"）成立于 2008 年 8 月，是北京市海淀区登记注册的一家民办非企业单位，是由个人出资成立的从事非营利社会服务活动的社会组织。其中，CS 风筝工艺坊是该文化发展中心的重要著作权品牌和文化机构。CS 风筝已经入选国家级和市级非物质文化遗产名录，其起源于北方流派的风筝工艺，近年来融合了传统民间文化和南北方的风筝扎制技术精华，尤其保留了大量的古法制作工艺，形成了独特的风格，已经经历了两代传人。文化发展中心辖区村坐落于海淀区 SZ 镇，处于水库沿岸，村里传承了书画和风筝等丰富的传统民俗文化。2007 年，辖区村村委会负责人与 CS 风筝第二代传承人合作，通过自筹资金的方式成立了 CS 风筝工艺坊，由传承人负责风筝技术的研究开发和加工制作指导，村委会相关人员负责组织运营和发展。文化发展中心和工艺坊在恢复相关传统技艺的同时，重视公益文化建设和社会公益活动参与，包括面向幼儿园及各级学校、农村地区和城市社区等举办各级各类培训课程、文化宣传和技术推广等公益活动。工艺坊在 2007 年成立之初就引入了社会企业的运营模式，由传承人教授残疾人制作风筝技术，增强了他们的就业能力，为解决地区残疾人就业问题，引导残疾人融入社会做出了突出贡献。❶

（2）相关做法。

做法一：乡村发展、文化传承和公益精神相结合。

传统文化的传承和发展离不开培育它的土壤。曹雪芹的《南鹞北鸢考工志》的自序中就有"以为今之有废疾而无告者，谋其有以自养之道"等通过制作风筝来济危扶困的奉献精神[52]，这也可以看作古人的公益精神。CS 风筝所在的村庄在发展中搭建起"支部+协会+民办非企业单位"多元参与的村庄治理模式，不同参与主体在协商议事中明确了"文化搭台、经济唱戏"的新农村发展思路：以蕴含公益志愿精神的 CS 风筝文化产业，作为本村经济发展的突破口，以经济发展来带动困难群体就业，大力发展文化创意产业，弘扬社会公益精神。在相关产品初具市场规模后，逐渐形成了"协会+科技专员+农户+市场"的产业化经营模式，有效实现了乡村发展、文化传承和公益目标。

做法二：传统技艺品牌化和专业化运营。

社会企业与一般社会组织最大的区别是社会企业通过经营行为达到公

---

❶　案例资料来源于实地调查。

益目的，而经营行为必将涉及品牌化策略和专业化运营，CS 风筝一开始就明确了以传统技艺研发和传统文化保护为组织品牌。其在民政部门登记注册后，先后注册了 CS 风筝的商标权、CS 风筝工作坊的著作权和十几种风筝造型和技法的专利权等，有效维护了自己的社会组织品牌形象，也为进一步开展社会服务活动奠定了良好的基础。

做法三：根据残疾人等服务群体特征开展就业帮扶。

CS 风筝工作坊专门针对残疾人的特点，对他们进行手把手的技能培训，对于语言难以沟通的聋哑人，由相关人员亲自示范，从基础技能开始培训，直到最后能够单独完成风筝制作加工。为了加快工艺流程，工作坊为残疾人制作了相对快捷简便的风筝设计方案，很多学员经过一个多月的培训就能独立进行产品加工制作，并达到投放市场要求。同时，为了发挥他们的主动性和创造力，工作坊还开展了美术等相关培训，增强他们的艺术功底，也丰富了他们的业余生活。❶

（3）主要经验。

经验一：市场经营和社会公益相辅相成，实现经济社会效益"双赢"。

社会组织的最大难题就是资金和可持续发展问题，一些社会组织局限于此而难以实现可持续发展。采用社会企业模式的社会组织能够解决资金困难问题，就 CS 风筝工作坊来说，其生产经营过程就是服务社会的过程，未来还有进一步扩大社会服务范围和内容的潜力。案例中的工作坊在扩大产业规模后，已经开始开展义务宣讲、传统文化教育等其他社区服务内容。从最初的残疾人服务到后来的社区义务宣讲服务，案例中的工作坊将自己的专长与残疾人特殊群体的需求，以及社会企业发展和支持的重点领域相结合，找到了组织专长与社会关注、政策支持的结合点，由点到面、由局部到全局层层推进，在抓好产品质量的基础上，赢得了经济和社会的双重口碑和效益。

经验二：市区专项支持社会企业和准社会企业发展。

社会企业在我国还是一个新兴事物，需要对其进行积极探索、培育和

---

❶ 案例资料来源于实地调查。

发展，实现社会企业的多种发展形式。相关部门在购买服务的立项上，要增加社会企业培育的专项经费，重点支持在民生亟需领域开展服务活动且具有向社会企业转型需求和意愿的社会组织，并引导社会组织孵化器优先对此类社会组织进孵化。当前，北京市已有的社会企业或带有社会企业萌芽性质的社会组织，逐渐通过资金和政策支持鼓励其走上社会企业的道路。案例中的 CS 风筝工作坊就依据《北京旅游商品扶持资金管理办法》●，获得了北京市旅游商品扶持资金支持，并于 2011 年被正式收入国家级非物质文化遗产名录，先后获得中国社会组织评估 4A 等级和北京市社会组织先进单位等称号。

●　参见 2017 年 5 月 16 日北京市旅游发展委员会印发的《北京旅游商品扶持资金管理办法》(京旅发〔2017〕214 号)。

第6章 北京市非公企业参与志愿服务研究

非公企业参与志愿服务活动既是其履行社会责任的重要体现，也是志愿服务活动的重要组成部分。非公企业在参与志愿服务上具有行业覆盖面较广、从业人员规模大、专业能力较强且多元化等优势，不同领域的企业具有在志愿服务中发挥自身优势和专业特长并将其内化为企业社会责任的潜力。但是当前对非公企业类型如企业规模、行业、负责人因素和企业经营行为，与其履行社会责任或参与志愿服务之间的关系和相互影响，仍然缺乏规律性的认识，这成为制约非公企业参与志愿服务的一个因素。本章对北京市不同行业和产业的重点企业进行了归类和分析，根据从业人员数量和产业代表性等原则选取了5个重点领域近20家非公企业、相关社会组织和商务楼宇进行调研，对非公企业参与志愿服务情况及其影响因素进行了深入的实证研究和分析。

6.1 研究目的和意义

志愿服务是指不以获得报酬为目的，自愿奉献时间和智力、体力、技能等，帮助他人、服务社会的公益行为。[1] 志愿服务的范围主要包括：扶贫

---

[1] 参见 2012 年 10 月 23 日民政部印发的《志愿服务记录办法》(民函〔2012〕340 号)第二条。

开发、环境保护、赛事赛会、应急救援、社区服务和残疾人等特殊人群服务，等等。2008年北京奥运会成功举办之后，北京市志愿服务热潮达到了一个阶段性高峰，借此时机，相关部门先后出台了志愿者和志愿服务等相关管理办法，志愿服务长效机制初步建立。❶ 经过6年的发展，截至2015年年底，全市实名注册志愿者约320万人，注册志愿团体超过5万个❷，初步形成了以志愿服务"枢纽型"社会组织为中心，各社会领域共同参与的社会动员机制和志愿服务组织体系。为了进一步完善志愿服务组织体系，2016年7月，中共中央宣传部等8部门印发的《关于支持和发展志愿服务组织的意见》提出到2020年，"基本建成与经济社会发展相适应，布局合理、管理规范、服务完善、充满活力的志愿服务组织体系"。截至2022年，随着冬季奥运会的成功举办，北京全市在"志愿北京"信息平台累计注册志愿者约458.13万人，志愿服务组织（团体）约7.76万个，累计发布志愿服务项目60.54万个，累计志愿服务时间6.44亿小时。❸ 与2008年相比，注册志愿者数量和注册志愿团体数量增长显著，其中以学生志愿者为主，在职志愿者或35岁以上志愿者数量有待增加。

本研究将对非公有制企业（简称"非公企业"）参与志愿服务的情况进行研究，非公有制经济是指除了公有经济成分以外的经济形式，是由私人、港澳台或外商控制股权的企业法人单位，主要包括私营经济、外资经济和合资经济，以及个体工商户等经济形式。截至2021年年底，北京市共有非公经济实体200多万户，其中规模以上的非公经济实体约3.43万户，接纳从业人员456.8万人，而在非公经济中，内资企业数量约占88.37%[43]，是首都国民经济中占主体地位的经济形式。随着现代企业制度和理念的日益更新，非公企业参与志愿服务、投身社会事业的意愿和诉求也愈发明显并付诸行动，是企业在生产经营活动之外履行社会责任的重要表现。

---

❶ 包括2009年3月21日发布的《中共北京市委、北京市人民政府印发〈关于进一步加强和改进志愿者工作的意见〉的通知》等。

❷ 数据资料来源于实地调查。

❸ 参见2022年2月北京市民政局发布的《2022年度北京市志愿服务信息统计报告》。

现阶段迫切需要调动社会领域尤其是非公经济组织志愿服务参与的积极性。通过创新发展思路和强化政策措施，进一步促进非公经济组织参与志愿服务，有助于充分调动不同社会阶层和行业参与志愿服务的热情，增强志愿服务活动的有效性和针对性，尤其是，面向非公经济组织中的重点领域开展工作，既是进一步完善北京市非公经济组织社会动员工作的体制、机制和工作方法，探索和创新非公经济组织参与志愿服务工作实施路径和工作模式的重要举措，也是促进全市志愿服务和社会动员工作迈上新台阶、贯彻中共中央最新决议的一个重要的突破口。以"光彩事业"❶为例，据不完全统计，25年来中国光彩事业基金会牵头举办"光彩行"活动34次，辐射全国16个省区市，实际投资额达7959.07亿元，公益捐赠9.92亿元，实施公益项目872个。截至2020年11月，全国有超过12.3万家民营企业参与"万企帮万村"活动，共帮扶13.72万个村，惠及1779.03万建档立卡贫困人口[53]。2014年民政部和全国工商联在《关于鼓励支持民营企业积极投身公益慈善事业的意见》中指出，"广大民营企业家和民营企业深入践行社会主义核心价值体系，切实履行社会责任，积极投身公益事业，已成为我国公益慈善事业的主体力量"。

除此之外，之所以将非公企业作为志愿服务的重要研究对象，原因还在于与传统上的公有制企业和其他社会组织相比，非公企业在参与志愿服务中具有以下三个特长或优势：一是非公企业具有覆盖面较广、从业人员规模大、专业能力较强且多元化等特征，各领域的企业能够在志愿服务中充分发挥自身的优势和专业特长。二是一些非公企业已经将参与志愿服务作为企业社会责任的重要组成部分，尤其是一些合资和外资企业具有社会事业活动的基础，能够为其他企业提供良好的模范和标杆。三是非公企业中的一些个体工商户，其生产经营项目就是民生服务活动如便民维修和老年餐桌等，他们长期在社区开展服务更了解市民的民生需求。因此，对非公企业参与志愿服务情况的研究具有较强的理论和实践意义。

---

❶ 光彩事业是在中央统战部、全国工商联组织推动下，于1994年为配合《国家八七扶贫攻坚计划》而发起实施的，以我国民营经济人士为参与主体，以促进共同富裕为宗旨的社会事业。

6.2　研究对象和内容

6.2.1　研究对象

北京市第四次全国经济普查数据显示，截至 2018 年年末，全市共有第二和第三产业的企业法人单位 94.8 万个。其中，内资企业占 98.4%，港、澳、台商投资企业占 0.6%，外商投资企业占 1.0%。内资企业中，国有企业占全部企业法人单位的 0.4%，私营企业占 87.9%。[1] 除了非公企业外，非公有制经济形式还包括个体工商户，个体工商户是指有经营能力的公民，依照 2016 年 02 月 06 日国务院发布的《个体工商户条例》规定经工商行政管理部门登记，从事工商业经营的个体。因此，本章的研究对象包括非公企业和个体工商户，在案例选取上，研究将涵盖从私营企业、外资（合资）企业和个体工商户等不同非公经济组织的门类，尤其是注重发掘那些内资企业中在履行社会责任上表现较好的、外资企业中有固定志愿服务模式的企业案例，以及立足社区开展社区服务的个体工商户。

为了增强非公企业研究案例的代表性，根据 2021 年北京市就业人口的分行业从业人数，选择从业人数排名靠前的 5 个行业作为研究的重点领域，包括制造业、流通部门、高新技术产业、生产生活服务业和文化教育业（表 6.1）。上述领域涵盖了非公企业大部分从业人员和门类。其中，高新技术产业是未来北京市重点发展和大力支持的行业，反映了产业结构调整的需求和未来发展的趋势。以高新技术相关从业企业为代表的新兴非公经济组织，将越来越以其特有的人才、组织和管理优势，在北京社会治理中发挥独特的作用。个体工商户经营灵活、贴近民生，以往志愿服务研究鲜有涉及，因此，研究还将专门对个体工商户参与志愿服务活动的情况进行探索性研究。

---

[1]　参见 2020 年 3 月 30 日北京市统计局和北京市第四次全国经济普查领导小组办公室发布的《北京市第四次全国经济普查主要数据公报(第一号)》。

表 6.1　2021 年北京法人单位从业人数和研究重点领域　　单位：万人

研究重点领域	行业分类	从业人员平均人数
制造业	制造业	77.6
流通部门	批发零售业	102.2
	住宿和餐饮业	41.3
高新技术产业	科学研究和技术服务业	100.6
	信息传输、软件和信息技术服务	138.9
生产生活服务业	居民服务、修理和其他服务业	20.1
	交通运输、邮政和仓储业	60.4
	金融业	64.2
	房地产业	62.4
文化教育业	教育	60.2
	文化体育娱乐	27.0

资料来源：北京市统计局，国家统计局北京调查总队. 北京统计年鉴 2022 [M]. 北京：中国统计出版社，2022.10.

6.2.2　研究内容和方法

本章将在非公企业履行社会责任或参与志愿服务进行初步分析的基础上，通过数据分析和大量的案例研究，对占经济成分主体地位的非公企业履行社会责任、参与志愿服务的一些做法及其依据进行详细分析，并对其参与志愿服务过程中存在的问题和面临的瓶颈进行剖析。通过对不同类型非公企业如民营企业、外资企业或个体工商户等的抽样调查和访谈，研究将重点从非公企业内部治理结构包括组织架构、员工服务和管理、企业文化和负责人情况等出发，考察上述内部因素或者变量与企业参与志愿服务之间的关系和规律，以及这些因素或者变量是如何影响企业参与志愿服务的，在分析过程中穿插对各类企业中志愿服务动员开展较好的企业进行案例分析。此外，研究还从非公企业作为社会领域动员体系和社会治理体系组成部分的角度进行审视，从非公企业履行社会责任过程中与外部环境如相关部门、其他企业或社会组织的互动过程来发掘促进非公企业更好履行责任的思路和路径。

在研究方法上，研究采用定量分析和定性分析相结合的方法。在定量研究方面，主要是相关机构提供的关于非公企业参与志愿服务的文字资料、原始数据和汇总数据等。在定性研究方面，在 2016 年和 2019 年近两年的时间，从上述 5 个重点行业领域中选取部分非公企业和个体工商户进行深入访谈，案例包括不同区域的非公企业、商务楼宇和社会组织等共计 15 家。商务楼宇作为物业企业主体，无论其企业性质是国有还是民营，其党建活动或社会动员活动一直是全市基层社会动员的重要组成部分，针对商务楼宇的社会动员也在非公企业履行社会责任、参与志愿服务中扮演了重要角色。因此，本章也将对商务楼宇工作站进行重点调研。调研对象的目录见表 6.2和表 6.3。

表 6.2　调研商务楼宇工作站情况

区县	调研楼宇工作站
朝阳区	JWS 大厦商务楼宇工作站
东城区	某国际商务楼宇工作站
西城区	某街道商务楼宇工作站
	某大厦商务楼宇工作站
	某大厦商务楼宇工作站
丰台区	SD 大厦商务楼宇工作站
大兴区	某商务楼宇工作站

表 6.3　分领域非公企业调研对象情况

重点研究领域	行业分类	访谈单位
制造业	制造业	某制造公司
流通部门	批发零售业	LA 集团 某服装市场
	住宿和餐饮业	某宾馆
高新技术产业	科学研究和技术服务业	某科技公司
	信息传输、软件和信息技术服务	

重点研究领域	行业分类	访谈单位
生产生活服务业	居民服务业	某物业公司 MC 体检集团
	交通运输、邮政和仓储业	
	金融业	
	房地产业	
文化教育业	文化体育娱乐	某创意中心
	教育	某教育股份有限公司

6.3 非公经济组织参与志愿服务的情况和不足

6.3.1 基本情况

6.3.1.1 以党的建设引领志愿服务

社会领域动员与传统上的国家动员有一定联系和区别，反映在职能归口上，非公企业参与志愿服务既是社会领域动员工作的一部分，又是首都志愿服务工作的一部分。虽然非公企业参与志愿服务具有一定的统计复杂性，但这充分说明，它体现了非公企业发挥志愿服务精神开展志愿服务活动的积极性，是社会领域动员体系的重要组成部分，并在党建引领下以组织动员的形式体现出来。据相关部门统计，截至 2015 年年底，全市约 10 万个非公有制企业法人单位建立党组织约 8 万个，党组织覆盖率达到 80% 以上。调研也发现，非公企业的很多党组织活动实际上蕴含着奉献互助的志愿精神，这些活动是非公企业志愿服务的重要组成部分。

例如，在商务楼宇工作站中，基本实现了党组织、社工服务站和工青妇组织的全覆盖。调研发现，党组织在非公企业志愿服务中发挥着决定性作用，党组织健全、党员活动开展好的企业通常志愿服务开展得好。长期以来，基层党组织开展志愿活动已经形成成熟的组织体系和方式，党组织活动大多贯穿着志愿服务活动的内容，两者相得益彰、不可分割，成为转型时期我国非公企业乃至全社会志愿服务活动的重要特征。此外，北京市依托行业协会、商务楼宇、专业市场、商业街区、工业园区、社区的党员活动场所，通过政府购买服务、非公企业党费返还和提高基层党组织活动经费等方式，建立如"流动党员服务中心"等引导非公企业党员参与志愿服务活动。

6.3.1.2　相关部门和基层机构积极推动非公企业志愿服务

从 2009 年开始，为了进一步转化 2008 年奥运会服务成果，完善北京志愿服务体系并健全志愿服务的长效机制，北京市先后出台了多项地方政策，并于 2022 年出台了《北京市志愿者服务管理办法》❶，成为全市开展志愿者最新的指导性文件。实际上，早在 2011 年 11 月份，在非公经济组织、社会组织、专业社会机构和社区 4 个领域，北京市就出台了社会领域推进志愿服务一系列文件即北京市社会领域志愿服务"1+4"文件❷，提出要在 4 个重点领域建立志愿者服务站，包括社区志愿者服务站、商务楼宇志愿者服务站、"枢纽型"社会组织志愿者服务站和专业社工机构志愿者服务站。目前，已经在社区等社会领域实现志愿者服务站全面覆盖，非公企业组建志愿者队伍、参与志愿服务除了在商务楼宇志愿服务中有所体现外，也在积极推进中。

基层服务管理机构包括街道（乡镇）、居委会和商务楼宇工作站等，在社会动员中是志愿服务的直接组织者和参与者，它们各自在承接社会组织项目的同时，也根据区域特征针对性地开展志愿服务活动，积累了一些行之有效的经验。例如，有的街道成立"社会资源共享平台"，鼓励社会单位和社区发挥公益志愿精神，实现资源的开放和共享；社区服务站充分发挥"一刻钟社区服务圈"和"六小门店"党组织、志愿者服务队等资源优势，引导社区服务商、其他社区企业和个体工商户参与社区服务，为居民提供包括志愿服务在内的多项服务；商务楼宇工作站目前基本实现了"五站合一"（即党建、社会、工会、共青团、妇联工作站）全覆盖，并稳步推广志愿者服务站等，它们通过为楼宇企业提供服务引导企业参与志愿服务工作，取得了较好的效果。

---

❶　参见 2022 年 1 月 9 日实施的《北京市社会建设工作领导小组关于印发〈北京市志愿者服务管理办法〉的通知》(京社领发〔2022〕1 号)。

❷　即包括 2011 年 11 月 28 日北京市民政局发布的《北京市民政局关于印发〈北京市社区志愿服务促进办法〉的通知》(京民社区发〔2011〕499 号)在内的 4 个文件。

6.3.1.3 不同类型的非公企业以各种形式参与志愿服务

当前非公企业参与志愿服务活动的内容主要包括社区服务、关爱服务、文化教育、绿色环保和赛会服务等。调研发现，不同行业、规模和性质的非公企业，发挥各自的经营优势和特长，面向不同领域开展志愿服务工作。从不同行业来看，制造业企业以生产产品为依托，面向社会开展公益服务，如辖区某制造企业利用企业生产的停车设备，在西单地区开展自行车义务引导等活动。

批发零售业企业以销售产品为依托，多次自发组织"送温暖、献爱心"活动，如向西部贫困地区进行慈善捐赠。

高新技术企业利用技术优势，面向社会或社区居民开展志愿服务活动。如辖区某科技公司作为一家医疗设备生产企业，向街道办事处的社区服务站无偿捐赠体检设备，此项活动已经在属地街道办事处全面铺开。

住宿和餐饮业发挥员工年轻人多、闲暇时间相对固定等特征，发动党员、青年团员、入党积极分子和其他热心群众，常年面向周边社区开展为孤寡老人"义务送餐"等公益志愿服务。

居民服务业则紧扣社区居民需求，将其生产经营活动直接转化为民生服务。例如，某物业公司根据企业绩效管理体系，建立起志愿服务绩效管理体系，引导公司员工参加社区志愿服务活动。MC体检集团也将志愿服务融入企业内部治理，在原有的股份公司治理结构之外，平行建立起企业党委，切实参与企业决策和生产经营管理，并将员工的志愿服务情况作为重要的员工评价指标，在社区卫生服务、社会义务诊疗等专业领域内开展了大量志愿服务活动。此外，社区周边很多个体工商户利用紧扣民生、经营灵活等优势，成为社区服务供应商，为社区居民提供义务修理、送餐和其他社区服务，立足社区开展志愿服务活动。

文化和教育业相关企业发挥专业知识优势，开展文化创意和传播、义务宣传教育活动等志愿服务活动。如辖区某创意中心是北京市最大的文化创意产业基地之一，有全球先进的影视和传媒制作工场，为创业企业提供免费或低收费租赁服务。辖区某教育股份有限公司利用其开办驾校的优势，常年聘请交通安全监督员在社会道路上开展义务劝导活动，倡导开展"交通违法行为随手拍"等一系列活动，为全社会交通环境的改善尽一份力。

6.3.2　主要不足和成因

6.3.2.1　非公企业成立志愿服务队伍和注册志愿者人数总体不足

当前，非公企业成立志愿服务队伍数量、志愿活动频次和注册志愿者数量并不多，他们更多的是以党组织活动的形式参与志愿服务。截至2014年年底，北京全市有组织地开展志愿服务活动的各类非公企业约2.9万家，其中规模以上的非公企业约有3600家，建立志愿者服务站的非公企业约有170家。❶ 由于志愿服务活动的灵活性和复杂性，目前对各企业志愿服务活动参与情况的统计通常是由各区县相关志愿服务组织汇总得到，存在统计口径和标准方面的差异。

据全国工商联2014年发布的"中国私营企业调查报告"相关数据，从产业分布来看，北京市民营企业中参与公益志愿活动表现较好的是第二产业，占所有参与公益志愿活动企业的63%，第三产业在企业数量和从业人员上数量优势明显，但有组织地参与志愿服务的企业相对较少。从企业规模来看，资产总额在1000万元到1亿元的中型企业参与公益志愿活动的积极性更强，占所有参与公益志愿活动非公企业总数的45.4%，而资产总额在100万元以下的微型企业比重最低，仅占5.2%[54]。可见，目前已经形成一定规模且经营时间在10年以上的私营企业，它们参与公益服务事业的积极性要明显高于其他企业。

此外，非公企业从业人员参与志愿服务的情况与其他企事业单位类似，在2014年开展的针对注册志愿者的抽样调查中，注册志愿者人数最多的是在校学生，约占调查注册志愿者总数的70%；其次是国有企事业单位人员、退休人员和自由职业者，占调查注册志愿者总数的16.3%；再次是未就业人员，约占调查注册志愿者总数的6.5%；最后是私企从业人员，约占调查注册志愿者总数的4.75%[55]。可见，除了在校学生外，调查中不同职业身份的注册志愿者数量和占比都不高，尤其是调查中的私营企业职工数量相

---

❶　数据资料来源于实地调查。

对较低。此外，数量庞大的个体工商户尚未充分发挥其贴近民生、经营灵活性强等优势，大规模地参与到公益志愿服务中来。

6.3.2.2 非公企业志愿服务星星点点，存在组织化难题

单位或社区是志愿服务的组织主体，如高校志愿服务队、社区志愿服务队等。随着市场和社会主体的逐渐壮大，志愿服务组织主体也由单位和社区拓展到全社会，非公企业志愿服务组织和草根志愿服务组织的数量日益增多。这些志愿服务从自身能力和民生需求出发组织活动，更容易贴近民生，但总体来看，一些相对自发的志愿服务虽然数量众多但并未纳入志愿服务活动的统计范畴，在一定程度上存在组织化难题且面临人财物支持相对欠缺的困境，这表现在以下几方面。

第一，企业志愿服务组织或志愿者面临注册和资金支持两难。调研发现，对企业志愿服务组织来说，不登记缺乏项目支持，但是一旦登记就要认领和完成志愿服务项目，作为企业要以生产经营为主业，缺乏完成各项规定动作的时间和精力，一些企业的志愿服务负责人因此不愿意登记。相应地，一旦志愿服务组织没有登记，就会缺乏资金来源和专业指导，一些自发的组织面临自生自灭的境地。还有一些非公企业则以党群活动来完全代替志愿服务活动，大多开展走访慰问等一般性的志愿服务，甚至将志愿服务仅局限在党员范围。长期来看，这两种做法都有降低志愿服务专业化程度的风险，既影响志愿服务的效果，又降低了员工参与的积极性，削弱了活动的可持续性。

第二，一些项目设计缺乏非公企业针对性。当前，志愿服务项目的发布主要有两种方式，一是纳入各级政府购买服务的范畴，采取自上而下的项目发布方式；二是由"枢纽型"社会组织来设计和发布项目，由志愿服务组织或其他社会组织来承接项目。这些大型项目通常会面向不同社区或受益人统一实施，换句话说，这两种项目发布方式由于其自上而下和"庞大性"而容易出现两种情况：一是忽略了包括非公企业或其他企业人才优势、专业能力和工作需求；二是难以满足不同地区、不同服务对象的具体的民生需求。因此，这也使一些项目出现承接组织少、报名人数少、居民不感兴趣等问题。实际上，并非所有企业都排斥志愿服务，对于愿意参与

的企业存在一个衔接问题：企业找不到符合自己需求的志愿项目，而需求方或发布者也不了解企业的资源和优势。因此，一些愿意参加志愿服务的企业只能开展一般化的志愿服务项目，无法发挥企业特长。

第三，缺乏专业、主动的动员方法和立场，激励不对等。在社会领域志愿服务的各个领域中，商务楼宇、社区、专业社会机构和社会组织都已形成相对成熟的志愿服务思路，而非公企业参与志愿服务的潜力仍有待挖掘。在非公企业的社会动员中，一定程度上存在着企业不愿意参与志愿服务的先入为主的心态，以"不给企业添麻烦"为出发点来进行组织、宣传和动员，缺乏主动宣传引导的意识、缺乏对志愿精神的系统性和专业性的推广，这实际上不符合志愿服务"锻炼自己，回馈社会"双赢的志愿精神和社会意义。此外，志愿服务激励需要进一步多样化，如学生群体参加志愿服务有的能够获得社会实践积分，而非公企业员工参加志愿服务就缺乏针对性的奖励，应予以调整。

6.3.2.3　个体工商户有待以多种形式参与志愿服务

个体工商户是生产和生活服务产业的重要组成部分，一些个体户立足社区开展生产经营，具有较强志愿潜力，理应成为社区乃至社会志愿动员的重要对象。但目前以居委会为主体的社区志愿服务，出于居委会工作惯性和动员工作存在难度的刻板印象等因素，基本上是以社区居民或户籍人口为动员对象，在社区周边进行个体经营或租住在社区中的外省市来京工作群体难以成为动员对象。一些个体经营者反映，由于市场或商户经营活动在时间上存在不一致，因此，占用经营时间基本不是制约个体工商户参与志愿服务的主要瓶颈，"只要社区有组织和动员，我们也很乐意参加"，大多数受访人员都持相同的态度。

6.3.2.4　非公企业治理结构与志愿服务的不适性

企业或公司治理结构是对公司进行管理和控制的体系，它规定了公司参与者如董事会、经理层、股东和其他利害相关者的责任和权利分布，并明确了决策公司事务时所应遵循的规则和程序[56]。治理结构不仅影响企业生产经营行为，还会对企业与周边环境关系、履行社会责任等产生影响。

第一，企业经营行为与公益精神之间的落差。这体现在两个方面：一方面是当前较高的用工成本导致企业负责人的不参与心态。在商务楼宇工作站的调研发现，部分企业会积极响应和参加工作站组织的社会公益活动，但前提是与职工上班甚至业余时间不能冲突。一些企业还对居委会或工作站组织的各类活动较为抵制，甚至连入户志愿动员都困难，类似社会动员在非公企业中开展难度更大。另一方面，企业的经营情况也与参加社会公益的积极性密切相关，企业上一年度营业收入越高，参与公益志愿活动的积极性越强，而营业收入较低的企业参与公益志愿活动的积极性也较低，两者显著相关[54]，调研案例也从侧面证明了这一点，那些经营效益好、社会口碑好的企业往往具有较强的一致性。

第二，非公企业志愿服务受到企业组织化水平影响。当前一些非公企业尤其是大中型企业将履行社会责任、参与公益志愿服务作为企业生存发展的应有之义，但是中小型非公企业由于面临生产经营压力等，在志愿服务参与上要略逊一等，前述已有研究也证明了这一点。为此，非公企业的企业内和企业外的组织化水平成为推动和促进其参与社会事务的重要因素。企业的组织化水平分为内部组织化水平和外部组织化水平，内部组织化水平反映了企业治理结构。当前非公企业尤其是中小非公企业，内部治理结构不健全，单一追求企业利润，缺乏履行社会责任的执行和监管部门，不利于非公企业参与志愿服务和履行社会责任。外部组织化水平即企业与企业、企业与其他组织之间在业务和非业务活动上的稳定关系。一些行业协会、商会、产业联盟等多种企业外部组织化形式，由于缺乏相关组织架构和经验，在组织非公企业履行社会责任上发挥作用仍然有限，这既不利于企业的相互监督，也不利于共同营造志愿服务的企业氛围。

6.4　非公企业参与志愿服务的案例研究

6.4.1　认识与思考

6.4.1.1　企业社会责任是非公企业志愿服务的基本内涵

企业社会责任是指企业在进行生产经营的同时，对员工、消费者、社区、环境乃至整个社会的发展和进步所承担的责任和义务。调研发现，当前企业在社会责任问题上有四个误区。一是将企业社会责任等同于公益慈善和志愿服务。二是将企业社会责任等同于服从社区和环境。三是将企业社会责任等同于企业家社会责任。四是认为只有大企业需要承担社会责任。部分非公企业对企业社会责任的误解或片面解读，直接或间接影响了企业的志愿服务参与。实际上，企业参与志愿服务是一种"由内而外"的美，只有企业内部治理和组织化水平提升了，才会参与公益志愿服务，而前者对于现代企业的可持续发展是决定性的。此外，企业社会责任不仅是被动地服从社区和环境，企业对自己要知根知底，要根据自身优势主动开展社会投资、设计和发布社会项目。企业社会责任也不是企业家社会责任，创新治理机制并非要实践个人好恶和吸引公众眼球，履行企业社会责任要"从小（企业）做起，从小事做起"。

6.4.1.2　组织化和资源整合是非公企业志愿服务的基础

系统治理是社会治理领域的重要理论创新，它强调各方在形成信任关系的基础上，构建科学有效的互动和纠错机制。相对而言，当前非公企业参与志愿服务仍处在探索阶段，新形势下如何搭建起非公企业参与志愿服务的多元化和多层次服务平台，以实现志愿服务的组织化和资源整合，在促进非公企业参与志愿服务过程中至关重要。在志愿服务系统中，参与主体包括：志愿者联合会等"枢纽型"和支持性社会组织、居委会及商务楼宇工作站和非公企业。其中，市志愿者联合会等市级"枢纽型"社会组织和居委会、商务楼宇工作站等基层"枢纽型"社会组织，要在整合资源、搭建平台上下功夫；支持性社会组织是助推器，发挥对其他志愿服务组织培育、支持和能力建设的作用；不同领域的非公企业直接面对服务需求，自行设计、发布或承接项目，开展志愿服务。此外，现阶段资源配置上有几个难点，一是不同地区对志愿服务的资金和项目投入尚未形成合力，受辖区范围和指导目录的影响，很多项目忽略了受众和地区的差异性。这就需要在志愿服务等社会事务由"枢纽型"社会组织即志愿服务联合会来统筹项目设立、发布和组织，在社会组织脱钩的新形势下，联合会有能力实现合作共赢，这并非对资源配置机制和方式的创新，而是已有思路更好的落地。

6.4.1.3　非公企业党组织活动是志愿服务精神的重要体现

党为人民服务的根本宗旨蕴含了较强的志愿服务精神，基层党组织活动是企业履行社会责任的重要保障。实践证明，非公企业是否设立党支部，党组织活动搞得好不好，在很大程度上影响了企业志愿服务的好坏；现阶段很多非公企业党员，通过参加党员回社区、商务楼宇党组织和非公企业党组织等活动，成为各企业志愿服务的中坚力量；一些非公企业参与志愿服务也是在社区、商务楼宇和社会组织等党组织活动中体现出来的。在党组织活动中进一步践行为人民服务的宗旨，在志愿服务中推进提升党员的奉献精神和修养，在此基础上不断提升志愿服务的专业性，是非公企业志愿服务精神的重要体现。

6.4.2　规模以上非公企业案例

6.4.2.1　基本模式

与一般的非公企业相比，规模以上非公企业具有较强的经济实力、动员能力和社会资源，以及较为成熟的企业内部和外部治理结构。它们通常将企业社会责任作为与企业生产经营同等重要甚至更为重要的目标，并设置专门的社会责任部门来负责包括志愿服务在内的公益社会活动，其中一些企业甚至将企业社会责任等外部过程融入企业内部治理过程，取得了较好的动员和参与效果。员工在与企业一起成长的同时，通过参与社会公益活动获得了较强的归属感和成就感，企业也因为社会参与获得了良好的社会效益和口碑，同时实现了经济和社会效益。这些企业在参与志愿服务活动时具有一些显著特点：一是，在活动的组织策划和参与实施过程中，它们有成熟的方案和严格的程序，体现出较强的独立性和目的性；二是，它们更注重公益志愿活动与企业文化和价值观的契合，甚至将其作为传播企业文化的契机和途径；三是，它们在组织和实施活动中，更注重活动的持续性、专业化和品牌化，一些活动往往几十年如一日，已经形成了公益品牌；此外，注重利用企业的优势和专长来针对性地组织和设计活动，具有较强的独立开展志愿服务活动的能力和诉求。

（1）实施主体：企业党委和工会等党群组织、企业社会事业部、志联残联等其他公益类社会组织。

（2）参与主体：志愿服务队、党员和其他企业员工。

（3）动员要点：志愿服务开展较好的规模以上非公企业，基本都沿着以下两种思路开展志愿服务动员。一是通过党组织、共青团、妇联或工会等现有的企业党群组织，将志愿服务动员纳入企业内部治理中，成为企业评测和管理机制的一环，并通过党群体系运行来开展活动。例如，很多企业包括非公企业在内将党群活动等同于履行企业社会责任或者从事志愿服务，如下文案例中的 MC 体检集团。二是将开展志愿服务归属于企业相对独立的社会事务部，直接对企业的分区主管负责，注重志愿服务工作的独立性、专业性和事业性。这在外资企业中较为常见，如 LA 集团北京分公司。

6.4.2.2　案例一：MC 体检集团案例

（1）案例情况。

MC 体检集团是一家以健康体检为主营业务的连锁化民营健康体检公司，成立于 2004 年。经过多年发展，MC 体检集团以北京市为中心逐渐发展成为在全国大中型城市拥有 60 多家分支机构、具全国影响力的健康体检品牌企业，拥有良好的客户满意度、社会信誉度和品牌知名度。公司以"提升服务对象的广泛性和健康体检资源的可及性"为基本经营理念，立足大众体检和健康，设计出具有较强普适性、居民需求最迫切的健康体检项目，得到社会广泛欢迎。例如，它根据不同区域居住人群的特征，分别在老旧城区和新建城区、居住区和商业区针对重点人群分门别类地设计体检套餐项目，并重点面向老年人群体和单位群体开展预约体检服务，让消费者以较低的成本获得较好的健康体验，根据不同群体受众的需求和特征开展有针对性的服务，其生产经营过程很大程度上就是开展民生服务的过程。

此外，公司还利用自身民营医疗机构的优势和特长，积极履行企业社会责任，将公益慈善事业融入企业管理和发展全过程及企业文化建设。MC 体检集团以"为老百姓健康服务，提升老百姓健康水平"为核心理念，与行业协会合作开办健康消费培训学校，通过创建企业报纸、集团刊物和会员刊物等信息沟通平台，引导企业员工树立服务大众、回馈社会的服务理念，促进全社会树立健康的生活方式和医疗观念，通过集团经营和实践，推动了个人健康投资规划等医疗保险等相关行业的改革和创新等。其将党组织建设、社会责任履行和公司治理有机结合起来，在企业管理过程中解决了履行社会责任的问题，较有效地解决了企业生产经营和履行社会责任之间的张力，既提高了企业的社会影响力、扩大了品牌效应、赢得了更多消费者的信赖，又实现了企业的社会价值，这种成功经验虽然与该企业的业务方向密不可分，但是对其他非公企业仍然具有一定借鉴意义。

（2）主要做法。

MC体检集团这一民营企业从建立和发展之初，就提出发挥党员带头作用、党建引领志愿服务等经营理念，在集团管理体制中积极推行管理创新来服务于企业特征和发展方向。首先，在企业组织架构上，横向来看，企业实现了管理组织、党组织和工会组织三者平行的组织架构；纵向来看，企业实现了集团、子公司和体检中心三级管理架构。其次，在管理制度上，实现了管理组织、党组织和工会组织等相关负责人交叉任职、定期轮换的组织人事制度。最后，在公司决策上，采取党组织、行政部门和工会分别议事、理事和监督的决策执行制度。在关系到员工切身利益的重要事项决策，以及产品质量控制和管理等重要公司事务时，都要经过公司决策部门的充分讨论和民主协商。通过提升企业组织化水平和完善内部治理体系，充分发挥党组织、管理组织和工会组织各自的优势和长处，将发挥党员带头作用和奉献精神、党建引领企业发展和志愿服务等渗透到企业生产经营管理过程中。

有了公司治理机制的保障，企业时刻把自身发展需要与社会发展需要紧密结合，推动企业社会责任落实。企业党委制定《企业战略发展规划》，把"为老百姓健康服务"确定为企业的核心价值观念，并写入《员工手册》，要求各级负责人和企业员工尤其是党员认真践行企业核心价值观念，充分发挥企业的医疗资源和医疗队伍优势，积极组织和参加志愿服务尤其是医疗健康领域活动。首先，利用专业知识为相关部门提供政策咨询。近年来，MC体检集团先后参加了相关职能部门牵头的《道路交通事故受害人员诊疗指南》等指南编写，完成了相关职能部门《关于健康体检管理暂行办法》等起草任务，为急救和体检等专业领域水平提升做出了贡献。其次，利用各地医疗资源优势长期全面开展义务体检等志愿服务活动。2003 年至今的十几年，MC 体检集团持续开展公益体检"进农村和进社区"等活动，与志愿者联合会或其他机构合作开展公益体检活动，如开展辖区"健康文明社区建设"，为社区举办居家医疗卫生公益讲座，为属地社区 90 岁以上老人提供免费体检，针对快递业从业人员举行"快递小哥送健康"爱心公益体检，每年三月开展学雷锋活动，免费为周边白领提供公益体检。多年来，上述很多活动已经成为公司常态性公益项目，累计开展服务上千次。2020 年，MC 体检集团获得"北京市民营企业社会责任百强"的称号。

6.4.2.3　案例二：LA 集团北京分公司案例

（1）案例情况。

LA 集团是 20 世纪 90 年代进入中国进行投资、生产和销售的外资企业，总部设在广州市，分别在北京市和上海市设立区域办公室，在国内拥有职员近万名。其中，LA 集团北京分公司成立于 1997 年，是 LA 集团在北方的生产经营中心。与其他企业进口产品进行销售的做法不同，公司立足于长远发展、诚信经营的理念，在中国建设生产基地，引进国际先进全套生产线，不断扩大市场规模和本土产品研发。经过近三十年的发展，LA 集团分支机构已经遍布全国，年销售额达近 300 亿元，目前在全国生产、销售 170 多款产品，曾一度跻身"中国最具影响跨国企业"和"中国外商投资企业500 强"等行列。❶

LA 集团作为一家跨国企业，在履行社会责任上奉行人、产品和公司发展相互结合、共同发展的基本思路。总的来看，一是将履行社会责任的立足点放在企业合作伙伴、员工和消费者等身上，重视企业合作伙伴成长、员工发展和消费者体验，包括为企业合作伙伴搭建成长平台、加强员工培训，以及为消费者提供安全无忧的产品和服务，等等。二是将履行社会责任融入企业生产经营活动即原材料、产品质量和研发中，包括确保原材料安全无害、对产品生产加工过程进行严格控制和管理，以及不断加大产品

---

❶　案例资料来源于实地调查。

研发力度。三是将履行社会责任与企业文化建设相结合，树立重视企业商誉和环境保护的企业文化，包括严格遵守企业生产经营道德规范、企业绿色环保的发展理念，等等。

（2）主要做法。

在志愿服务工作中，LA集团北京分公司充分发挥企业自身的四个优势，在企业志愿服务领域走在了全国前列，赢得了广泛的社会影响力和企业认同感。

一是组织优势。按照总公司的惯常做法，公司自成立起就设立了专门的社会事务部，后者直接对LA集团北京区副总裁负责，负责北京地区的志愿服务等公益事业发展。社会事务部又组建起LA集团北京志愿者协会，协会的理事和成员基本由社会事务部正式人员构成，专门组织开展企业志愿服务。其中，重大的志愿服务项目要向区域副总裁提出申请，重大的志愿服务项目立项区域总裁有权予以快速审批，每年分公司的志愿服务实施情况需要向区域副总裁直接汇报。这既实现了决策层对公司志愿服务的掌控和支持，又有助于集中力量开展大型和有社会影响力的志愿服务项目。

二是文化优势。中国分公司延续和发扬相关海外公司重视社会责任、践行企业文化的传统，成为凝聚员工、动员合作伙伴的重要力量。LA集团北京分公司自创建起就有重视伙伴关系的企业文化，企业与员工之间、企业与事业伙伴之间，以及企业与社会之间是相互奉献的，企业要对员工、事业伙伴和社会有所回馈。因此，企业为每个员工提供了实现人生价值和目标的机会，通过诚信经营与其他公司共同成长，通过企业公益慈善事业为社会进步做贡献。助人者人恒助之，企业让每个合作伙伴的潜能得以发挥、共享美满的成果，而每个合作伙伴也以成为优秀和有责任的社会成员为己任。

三是专业和人才优势。首先，社会事务部人员来自社会工作和公共管理等专业毕业生，在公益志愿领域内开展了大量活动，包括：成立了公益基金会，用以接受和资助公益慈善活动；与市区两级"枢纽型"社会组织合作，参加或组织志愿服务活动；与其他操作型社会组织合作，共同组织或参加志愿服务活动；在志愿服务的过程中，为员工或其他志愿者提供培训或专业服务等，在企业内部实现了由专业的人来做专业的事情。其次，充分发挥企业合作伙伴众多、员工众多的人员或人才优势，包括两部分内容：一是对企业员工进行培训，利用企业培训网络和课程，与企业重视公益志愿精神的文化相结合，在员工培训中加强志愿服务培训，增强员工的奉献精神和专业能力；二是动员企业营销体系中的合作商成为企业志愿者，包括动员他们成立自己的志愿者服务队伍，或者动员企业及其员工参加总公司开展的志愿服务活动。在志愿服务过程中，LA 集团北京分公司将企业传统的品牌公益活动与本地实际相结合，以独立或合作开展大型品牌公益志愿服务活动为主，活动的可持续性和社会影响力较强。

近年来，LA 集团北京分公司开展的公益志愿活动，根据活动资金或项目来源及活动中企业的参与程度，大体上可以分为两类：一是本企业出资。即通过"LA 集团公益基金会"资助或每年企业划拨的社会事业专项经费，由企业出资、策划、组织和实施志愿服务活动。如 2011 年 LA 集团北京分公司与中国关心下一代工作委员会共同发起的关注西部贫困地区农民工子女和儿童的"春苗营养计划"、2009 年与共青团中央合作开展的为贫困地区招募研究生支教人员的"彩虹支教计划"及"阳光成长计划"等，这些大型公益计划和项目成为"LA 集团公益基金会"的重要公益计划，具有较强的可持续性。截至 2016 年，仅营养厨房 LA 集团北京分公司就捐建了 3000 所；在养老院、福利院等社会机构常设"志愿服务站"，基本覆盖了北京的社会福利机构，定期开展志愿服务活动。❶

二是利用外来资源。通过项目制的方式，LA 集团北京分公司与其他公益类社会组织合作开展志愿服务活动，如与北京市残疾人联合会、北京环保志愿者协会等建立起合作关系。按照公益项目的参与程度不同有两种合作方式：一是 LA 集团北京分公司直接承接上述联合会或协会的服务项目，由联合会或协会出资，公司社会事务部作为项目的乙方来自主策划、组织和实施项目，如与北京市残疾人联合会合作开展的"手语培训助残项目"。二是与上述各联合会和协会合作，由联合会和协会策划组织活动，LA 集团北京分公司主要负责志愿者的组织和动员工作，如与北京环保志愿者协会合作的"环境文化周"等大型赛会和文化活动等。

---

❶　案例资料来源于实地调查。

6.4.3　行业协会/企业联盟案例

6.4.3.1　基本模式

该模式是由行业协会、企业联盟等"枢纽型"社会组织来成立或组建志愿服务组织，然后将活动覆盖到行业协会或企业联盟的各个非公企业会员单位，引导它们成立志愿服务队并开展志愿服务活动。在这种模式下，行业协会或企业联盟及其内设的志愿服务组织"上承"社会组织联合会，"下接"会员单位，志愿服务既成为行业协会或联盟各会员单位之间履行社会责任的平台，又加强了各会员单位之间的沟通交流。此外，与其他做法相比，由行业协会/企业联盟来组织志愿服务的两个优势是：一是对于中小企业来说，更容易通过协会扩大企业志愿服务的影响力和社会效应，并在各个企业之间形成优势互补；二是由协会组织活动、会员单位参与，大大降低了各会员非公企业单独组织和开展活动的成本。目前北京市已有外商协会等十家市级"枢纽型"社会组织成立了志愿服务组织来组织、发动协会或联盟成员单位参与志愿服务活动或独立开展活动。

（1）实施主体：行业协会/企业联盟、行业协会/企业联盟联合会。

（2）参与主体：非公企业。

（3）动员要点：一是市、区各级行业协会（企业联盟）联合会，通过为各行业协会或联盟企业解决行业协会等社会组织发展面临的注册经营、行业交流、日常管理等公共事务，做好行业协会与相关部门之间的沟通桥梁，引导行业协会或企业联盟组建本行业志愿服务组织。二是行业协会或企业联盟通过为会员企业解决或协助解决企业发展中面临的生产经营、外部环境、行业发展和交流等方面的公共事务和企业事务，或者牵头制定和实施本行业企业履行社会责任的指导意见或标准等行业规范，来引导会员非公企业建立自己的志愿服务队。三是通过政府购买服务等方式，引导协会或非公企业志愿服务组织合作或独立开展志愿服务。

6.4.3.2　案例：海淀区 AZ 社会组织联合会

（1）案例情况。

海淀区 AZ 社会组织联合会成立于 2009 年，先后分为两个发展阶段：

在 2018 年以前，该联合会主要由海淀区辖区内各行业非公企业的行业协会或商会组成，是行业协会的联合会。其主要作用是搭建地方政府和行业协会沟通的桥梁，为行业发展提供信息交流及培育、扶持和协调等服务，反映行业诉求、维护行业发展权益、促进各行业公平竞争和合作。此外，该联合会还会协调各行业协会组织其会员单位参加各类公益志愿活动。在 2018 年之后，随着海淀区社会组织体系建设的日益成熟，该联合会逐渐开始向社会组织的专业化和科学化转型，成为区域"枢纽型"社会组织和社会组织孵化器，为各类社会组织的孵化和运营提供场地、设备和资金支持，充分发挥海淀区的人才资源优势，逐步形成专家智库指导加督导、专业社工运营、专业志愿者参与的社会组织运行模式。在为社会组织和社区社会组织提供全方位指导和服务的同时，该联合会发挥了枢纽作用，深入街镇和社区开展了包括志愿服务在内的各项社会服务。

（2）主要做法。

海淀区 AZ 社会组织联合会充分发挥区县"枢纽型"社会组织作用，秉承"为会员服务，凝聚力量，促进发展"的理念，搭建政府和其他行业协会或企业沟通的桥梁，赢得了行业协会或企业的信任。一是向政府相关部门反映行业或企业的发展诉求，为行业或企业发展创造了良好的社会环境。二是对各行业协会或企业联盟在社会组织管理上予以指导和帮扶。三是该联合会凭借广泛的社会资源和丰富的企业管理经验，为行业协会开展活动提供场地支持和赞助商服务等。通过上述工作，该联合会赢得了行业协会或企业联盟的信任，因此，当该联合会倡议行业企业、企业联盟或企业开展志愿服务活动时，均得到上述协会或企业的积极认同，其所发布或开展的项目或活动，也得到了积极回应。该联合会中各行业协会虽然不是公益类社会组织，但很多协会都在开展公益志愿活动。

目前，这种志愿服务模式已经形成了该联合会组织、行业协会或非公企业参与的运行机制，充分发挥了行业协会作为非公企业"娘家人"的社会动员优势，促进以行业协会为中介引导非公企业开展志愿服务。随着海淀区 AZ 社会组织联合会的转型升级，该联合会动员非公企业、提升志愿服务的专业化和科学化水平有了大幅提升：一是牵头成立社会组织孵化器，搭建志愿服务组织等公益性社会组织的孵化平台，为志愿服务组织孵化提供场地设备等软硬件支持；二是由该联合会出资、发布项目，行业协会和非公企业参与，形成了一系列品牌活动，如"文化大讲堂""社区义诊""社区公共教育"等志愿服务活动，引导非公企业志愿者队伍参与社会和社区志愿服务。

6.4.4　商务楼宇案例

6.4.4.1　基本模式

随着城市化的推进和第三产业尤其是服务业规模的逐渐扩大，北京市商务楼宇数量和规模持续增长，成为非公企业尤其是商务服务业等重要办公载体。北京市以商务楼宇为社会动员载体，通过建立商务楼宇工作站等，将面向企业的社会动员转变为面向企业的服务与辅助，工作站在帮扶企业、回馈社会中走在了非公企业社会动员的前列，赢得了广大非公企业负责人和员工的好评与欢迎。以工作站为平台的非公企业志愿服务，采取服务与动员相结合的方式，既是社会服务项目的中转站和组织者，又通过相关项目的实施如高层消防、心理建设和社会公益等，给处在高密度工作场所的企业员工带来了沟通、交流和实现社会价值的机会，有效缓解了企业员工的焦虑情绪，增强了员工的消防安全意识，等等。

（1）实施主体：商务楼宇工作站、志愿者服务站。

（2）参与主体：非公企业。

（3）动员要点：一是健全组织体系。目前商务楼宇工作站已经基本实现了"五站合一"全覆盖。二是楼宇工作站整合资源、强化服务，把社区和企业公共服务的职能拓展到商务楼宇，通过项目、活动、现场办公和信息共享等方式，为楼宇企业单位提供服务，包括企业年检、法律维权、政策咨询、健康保健、交友联谊等，以服务带动参与，引导非公经济组织参与志愿服务。

6.4.4.2　案例：商务楼宇志愿服务聚合力 V+

（1）案例情况。

JWS 大厦商务楼宇地处北京市中心地区，楼宇内体育文化设施健全，属于高端大体量商务楼宇，周边配套设施完善，兼具办公、居住和商业等不同职能。作为整个 CBD 商务区的核心商务楼宇，JWS 大厦周边聚集了数十栋类似体量的商务楼宇，入驻企业大多数是商务服务业和高新技术企业等，物业租金和管理费用较高，吸纳就业职工人数高达 6 万人，成为具有地标性质的大型就业和生活区。2009 年 JWS 大厦商务楼宇工作站建成，成为向楼宇职工群体提供服务的"一线"，弥补了辖区居委会社会动员的盲点，扩展了社会服务的边界。SD 大厦商务楼宇位于北京市相对边缘地区，处于铁路沿线、交通便利，楼宇体量较小，属于商住两用的写字楼，整个大厦仅有 460 余户，用户主要是办公经营用房，也有少部分居住用房，主要业务涵盖超市等商业服务业、餐饮、教育、图书、文化和医疗等不同行业和产业，但以中小型企业或个体工商户为主。

2009 年 SD 大厦商务楼宇工作站成立，是全市首批商务楼宇工作站，最初是从党建活动开始，最终扩展到社会服务和动员的重要节点，带动周边十几栋商务楼宇的党建活动和社会服务，参与的非公企业职工数量逐渐增加，SD 大厦也成为商务楼宇标杆企业。

（2）主要做法。

商务楼宇入驻企业大多是非公企业，非公企业以盈利为目的，开展非公企业志愿服务的前提或基础是与企业建立起良好的合作关系。在 JWS 大厦和 SD 大厦两个商务楼宇工作站成立之初，入驻企业对工作站的社会动员并不理解，"你们的活动跟我们没关系""你们不能为我们企业排忧解难"等经常是非公企业不接受调研、不参与活动的理由。为此，前期两个工作站都将为企业排忧解难、服务前移等帮扶工作作为工作站的主要事务。JWS 大厦商务楼宇工作站为周边几十栋商务楼宇、约 6 万名非公企业职工提供各项社会事务办理，通过建立经常性和临时性平台，协调基层相关职能部门如工商、税务、劳动保护、消防和卫生等现场办公，降低了企业的经营成本。

SD 大厦楼宇工作站以党建活动为起点，通过开展各项活动吸纳楼宇非公企业在职党员参加楼宇党建活动，赢得了大批非公企业职工党员的信任，增强了他们的组织归属感，党员在企业经营和社会活动中率先垂范，也赢得了非公企业负责人的认同和支持。2010 年，为了更好地为企业服务，工作站对企业需求开展了调查研究，经过研究分析，在楼宇服务平台建立起工商、税务等 8 个职能部门的咨询、办理和投诉平台，成为北京市第一家楼宇工作平台，为企业解决了很多实际困难。此外，工作站还定期将北京市关于科技项目、营商补助、人才保障、企业融资等相关政策信息及时向非公企业发布，成功帮助非公企业实现多项投融资和项目申请。最后，工作站还发挥"枢纽型"社会组织的作用，通过组建分行业和专业联合会，面向不同职工群体开展各项主题活动，促进企业之间的文化交流，通过各项活动和组织获得了上千家非公企业的支持。

在此基础上，商务楼宇工作站依托"五站合一"等平台，引入"V+"概念（"V"＝Volunteer Service，"+"＝加入各类综合志愿服务项目），将日常志愿服务活动与承接志愿服务项目相结合，通过发挥党员先锋模范作用，动员非公企业及其员工参加志愿服务活动，形成商务楼宇志愿服务模式。

一是主动开展的日常志愿服务活动。例如，从 2012 年开始，JWS 大厦商务楼宇创造性地开展了"午间法律服务一小时"活动。❶ 该活动是在街道司法所指导下，由与社区签约的律师事务所的党员律师组成的公益律师团队，利用周五午间一小时的时间，通过开展法律咨询、法律援助、法制宣传、纠纷化解等法律服务，定期为广大市民和地区白领提供免费法律咨询。在这项活动中，志愿者对法律咨询和宣传中发现的各类纠纷进行登记、分析、梳理，将矛盾隐患进行排查，为群体性事件及时提供法律建议，引导群众依法办事、依法维权，共同促进地区社会稳定。

二是在商务楼宇中引入成熟的志愿服务综合项目。如丰台区 SD 大厦商务楼宇引入的消防应急志愿服务项目。为了实现火灾防控工作和楼宇消防安全网络化管理，将消防安全培训、消防安全检查等知识普及给每个企业和员工，SD 大厦楼宇党委以"公益立方体"（即公益联盟）为基础，建立消防监督员队伍，以各企业消防安全员、物业公司保安员、楼宇工作站安全监督员、楼宇党员志愿者和属地消防中队管理员等为主体，定期组织各单位、楼层员工开展消防安全演练，每年都要逐层进行培训，重点讲解消防安全知识；大厦每名员工都会使用灭火器，每人都是"自救消防员"，自

---

❶ 案例资料来源于实地调查。

觉自发地培养了楼宇企业员工的消防安全意识。

6.4.5　街道/社区共建案例

6.4.5.1　基本模式

目前街道社区层面的非公企业志愿服务主要由基层相关部门、"枢纽型"社会组织、居委会和社会工作站等负责组织开展，其中包括面向街区的非公企业志愿服务，以及社区服务站独立组织开展的志愿服务活动。总体来看，街道社区非公企业志愿服务已经形成以社区动员为主，街道（或"枢纽型"社会组织）、社区、居民和驻区单位共同参与的志愿服务体系，在社会治安和社区安全、重大赛会志愿者服务和其他社区服务上形成了行之有效的开展方式，覆盖面较为广泛。

（1）实施主体：基层相关部门（或"枢纽型"社会组织）、居委会、社会工作站和非公企业。

（2）参与主体：驻区非公企业（含中小非公企业和个体工商户）、社区社会组织、居民。

（3）动员要点：利用社区志愿服务动员平台，动员中小非公企业和个体工商户参与公益志愿服务，弥补当前志愿服务的短板和不足。主要思路是调整社区志愿服务动员机制，充分调动和引入市场力量参与志愿服务，既满足周边居民的生产生活需求，又以自组织的方式实现自我服务和管理。

首先，明确驻区社工角色分工，创新基层社区志愿服务机制和流程。如图 6.1 所示，当前社区志愿服务面临的迫切问题是缺少志愿服务专职社工。有的志愿服务专职社工难以从事务性工作中脱身，有的专职社工组织的志愿服务大多是一般化的日常志愿服务或赛会志愿服务，难以独立组织、协调社区资源组织和开展社区志愿服务活动。因此，迫切需要志愿服务专职社工，在开展专项志愿服务外，能独立开展社区志愿服务动员。其次，要广泛动员基层社区的市场力量。社区的市场主体包括小区底商、楼门商户、物业公司和中介公司等。它们面向社区开展生产经营活动，是社区志愿服务体系的中坚力量，对社区志愿服务有决定性影响，因此应该进一步开拓思路、找准企业关切，更广泛地动员各行业市场力量参与志愿服务。

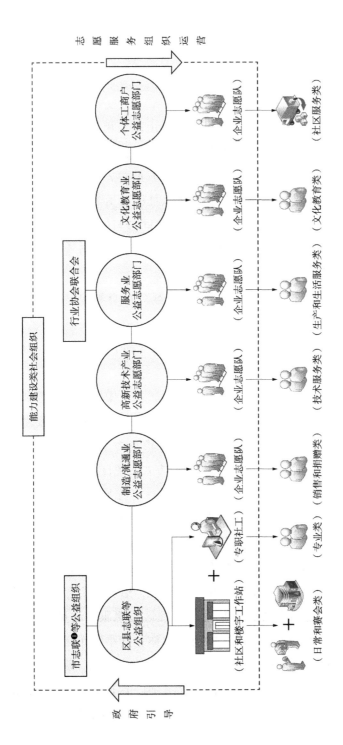

图 6.1 非公经济组织志愿服务体系的总体思路和基本路径

注：能力建设类社会组织即支持性社会组织，是指在社会组织的创建、推动社会组织专业化规范化发展等方面，专门为其他社会组织提供服务和支持的一种社会组织类型。

❶ 志联即志愿服务联合会。

6.4.5.2　案例一：西城区 SH 街道"社会资源共享平台"

（1）案例情况。

SH 街道是传统中心城区（或者叫"老城区"）——北京市西城区下辖街道，由 22 个社区组成，截至 2021 年辖区内常住人口约 7.1 万，其中 60 岁以上老人约 2.3 万，占比达到 32%，辖区具有较强的老龄化特征。❶ 辖区企事业单位众多，包括大量国有企事业单位、非公企业单位和个体工商户，其中包括一批知名教育和医疗机构，这对辖区人口和社会服务、管理带来较大压力。由于辖区内老旧小区和历史建筑相对集中，在开展公共服务和社会管理过程中面临的一大难题是场地问题，包括停车场地、文化活动场地、养老服务场地和便民利民服务场地等，在基层相关部门的组织协调下，社会资源共享平台在协调辖区居民公共服务方面发挥了重要的作用。

（2）主要做法。

基层相关部门根据地区居民需求，以有偿或无偿方式向周边居民或其他单位开放内部资源；动员协调辖区非公企业参加包括公益志愿活动在内的社会活动。其中，鼓励开放的内容包罗万象，包括停车场等场地资源、浴室等生活服务资源、图书馆等文化资源、球场和健身房等体育资源、医疗室等卫生资源，以及其他服务民生的技术、人才和信息等智力资源。在开放方式上，考虑到供需双方的需求和项目的可持续性，根据服务属性采用免费使用、付费使用和低收费使用相结合的付费方式。一是有偿开放。对于市场紧俏的公共资源，以市场价为指导，向社会开放资源。二是低偿开放。将原来不属于经营范围或受众仅限本单位员工的资源，以低于市场价提供开放。三是无偿开放。将本单位的闲置资源，免费向社区居民开放，或错时无偿为群众提供服务。

为了避免活动"一窝蜂"和"短平快"等弊端，保持基层动员的持续性，从区县相关部门到社区居委会都制定了完善的社会资源共享平台的保障和奖励机制。首先，在保障机制上，分别在区县、街道和社区层面建立社会资源开放共享联席会、区域化党建联席会和社区共建协调委员会，一

---

❶　数据资料来源于实地调查。

是了解驻区单位需求，主动提供服务和开展动员；二是引导更多的非公企业等广泛参与社会资源开放共享，激发其社会责任感；三是通过多种奖励方式，加强对资源共享意义的宣传，为资源共享创造良好的社会氛围。其次，在激励机制上，一是建立资源共享评价指标体系，从单位贡献度、居民满意度、社会效益等维度，以及所开放资源与居民需求的匹配度、成本投入、单位性质、公益性、覆盖面等方面，对资源共享单位的共享效果进行科学的综合评价。二是建立分层和分类奖励机制。区县层面对共享程度较高、惠及群众较多，对公共资源短缺能提供补充的各类资源共享先进单位予以奖励。街道层面重点奖励区级层面覆盖不到的规模较小的资源共享单位。

6.4.5.3 案例二：朝阳区 CW 街道"一刻钟社区服务圈"+"六小门店"自律协作组

（1）案例情况。

CW 街道是北京市新建中心城区，虽然历史悠久，但是近年来经过城市更新已经成为较繁华的商业和居住中心。CW 街道下辖 7 个社区，面积相对较小，截至 2021 年常住人口约有 3.3 万人。● 与 SH 街道类似，这里也是社会单位云集，但是以商贸企业和外贸、金融公司总部居多，街道辖区商务服务业和社会零售品业发达，辖区居民多是附近上班的白领员工和老城区居民，居民类型多样化、民生需求多元化是 CW 街道社会服务的人口背景和特征。为此，在全市社区服务圈建设的基础上，街道积极进行优化和扩展，将个体工商户和中小型非公企业纳入社会服务范畴。

（2）主要做法。

"一刻钟社区服务圈"是指社区居民从居住地出发，在步行 15 分钟时间内所能获得的社区服务。截至 2020 年年底，北京市已经建成 1700 多个"一刻钟社区服务圈"，覆盖 98% 以上的城市社区●，成为社区志愿服务的重要资源和有效载体。在"一刻钟社区服务圈"的供应体系中，个体工商户要成为产品服务商，首先要向居委会提出申请，由居委会初步审核、居

---

❶ 数据资料来源于实地调查。
❷ 数据资料来源于实地调查。

民代表大会讨论决定后与居委会签约，并接受街道办事处的备案和社会监督。服务商们利用自己的经营特色，为居民提供生活服务、便民服务和公益志愿服务三类服务。这些商户在保证价格和质量的前提下，通过发放"便民服务卡"等方式，主动开展老年餐桌、停车、小件维修、家政服务和代缴水电费等便民服务，以及免费洗（澡）理（发）、公益捐赠、社区志愿者和赛会志愿者等公益活动。

在服务商和其他个体工商户开展经营活动、提供社区服务的过程中，六小门店❶自律协作组发挥了组织协调的作用。自律协作组是由基层相关部门出面引导不同行业的服务商或个体工商户各自组建协作组，类似于非公企业中的行业协会，发挥着自我管理和自我服务的作用。协作组在社区活动中接受相关社会组织的协调和指导，成为辖区社会组织与社会服务之间的沟通桥梁，协作组会员单位在接受政策咨询、健康教育、安全宣传等服务的同时，积极发动门店职工和群众开展日常和赛会志愿服务活动，吸收门店职工参加社区联席会议，参与社区治理，协作组成员既是社区服务的决策者，又是社区服务的参与者和提供者。

6.4.6　总体思路和实施路径

6.4.6.1　构建"组织化、多中心、扎根型"非公企业志愿服务体系

通过出台面向非公企业志愿服务的指导意见，明确非公企业作为志愿服务主体之一的重要地位，以促进制造业、流通部门、高新技术产业、服务业和文化教育业等重点行业领域非公企业，以及个体工商户等参与志愿服务为突破口，以商务楼宇和一些企业志愿服务典型做法为参考，兼顾日常志愿服务、赛会志愿服务和专业志愿服务，构建"组织化、多中心、扎根型"非公企业志愿服务体系，实现非公企业志愿服务的良性循环。具体来看，如图 6.1 所示，在志愿者联合会发起、协调和组织志愿服务的基础上，逐渐探索志愿服务公益众筹/创投联盟等多种创新机制，与社会组织孵化器等能力建设类社会组织合作，对满足特定群体需求和公益需求的非公

---

❶　"六小门店"是指小餐馆、小理发馆、小洗浴、小店铺、小娱乐场所、小网吧。

企业志愿服务组织进行孵化、培训和能力提升，引导重点领域行业协会和企业根据各自企业的特长和优势开展持续的、专业的、有针对性的服务；在服务中发现能人、提升能力、创新思维，不断加强和吸引社会投资，不断完善非公志愿服务激励机制，从而激发非公经济组织活力，构建起"组织化、多中心、扎根型"非公经济组织志愿服务运行体系。

6.4.6.2 建立完善纵向扁平化、横向一体化的志愿服务运营架构

一方面，扁平化的志愿服务组织架构是指增加志愿服务组织体系的宽度来实现广泛的、有针对性的服务和供给。在这种运营架构中，志愿服务组织不再是系统末端的"被动员单元"，而是公益动员前端的主体之一，直接面向特定群体和领域设计、组织或开展服务，更贴近民生需求，能有效拓宽服务的覆盖面，还增强了志愿服务的自主性和针对性。在实践中，将部分志愿服务组织从大型志愿服务中释放出来，志愿者服务联合会等"枢纽型"组织继续保留组织、协调日常志愿服务和赛会志愿服务等职能。在此基础上，通过派驻专业社工等方式引导非公企业志愿服务组织根据企业优势、面向社会需求，自主设计、组织和实施专业性较强的志愿服务项目，并给予相应的激励、引导和培训。另一方面，横向一体化的组织架构是指在志愿服务中打破群团部门和区划的界限，各群团等"枢纽型"组织在项目设立、策划和实施，以及人员服务管理上统筹开展业务。在基层实践中，以单一的街道和社区为动员单元，活动范围过于局限则导致服务对象单一，经费和思路也受限；而通过建立横向一体的组织架构，不同类型和地区的志愿服务站可以加强合作，通过规模化效应实现志愿服务品牌。

6.4.6.3 面向特定人群和服务领域，发展多中心的扎根型志愿服务组织

扎根型志愿服务组织是面向特定人群和服务领域，以满足多元公益需求为宗旨，采用专业化的工作方法以自下而上开展服务，具有一定公益性、自发性且贴近民生的志愿服务组织。根据当前经济社会发展特征和要求，应重点培育和帮扶以下类型的扎根型社会组织：社区和商务楼宇服务站、制造/流通业、高新技术产业、服务业、文化教育业等行业和个体工商户等志愿服务组织，等等。首先，各行业协会出面成立志愿服务组织或进一步

明确其职责。作为协会内部常设机构，其职责包括：一是与市（区）公益类社会组织衔接，合作组织和实施志愿服务项目；二是从社会需求出发，立足本行业优势来指导、协调和组织各成员单位成立志愿服务队或开展公益志愿活动。其次，对基层志愿服务格局进行微调，即除市志联等"枢纽型"组织自上而下地组织日常志愿服务和赛会志愿服务外，上述除社区和商务楼宇工作站外的制造和流通业等 5 个领域的各志愿服务组织则面向需求分别开展销售和捐赠类、技术服务类、生产和生活服务类、文化教育类和社区服务类专业志愿服务活动，详见表 6.4。此外，在原有社区和商务楼宇工作站中可增派一名专职志愿服务社工，负责本区域专业志愿服务的组织、协调和开展，并与其他五个重点领域的志愿服务组织进行业务和项目对接。

表 6.4　重点领域志愿服务组织的服务类型、方式和做法

领域	提供志愿服务类型	方式	做法 1	做法 2
社区和商务楼宇工作站	日常和赛会志愿服务	发布、参与或资助项目	街道社区共驻共建模式	商务楼宇模式
制造/流通业公益志愿部门	销售和捐赠类	发布、参与或资助项目	提供销售渠道或捐赠	为其他活动提供产品、流通服务
高新技术产业公益志愿部门	技术服务类	发布、参与或资助项目	开展技术服务	为其他活动提供技术支持
服务业公益志愿部门	生产和生活服务类	发布、参与或资助项目	开展生产和生活服务	为其他活动提供其他服务
文化教育业公益志愿部门	文化教育类	发布、参与或资助项目	开展文化教育服务	为其他活动提供智力支持
个体工商户公益志愿部门	社区服务类	发布、参与或资助项目	开展社区服务	为其他活动提供场地和人员支持

6.4.6.4　进一步畅通非公企业志愿服务组织成长渠道

（1）多种方式发展民间志愿服务团体。

民间志愿团体是指由企业或个人成立的未经登记、注册或备案而自主开展志愿服务活动的志愿服务组织。当前民间志愿团体未被纳入正式统计，很少参加志愿者联合会组织的活动，组织成员根据民生需要、结合优势开展志愿服务活动具有一定的民生性、自发性和松散化。志愿者联合会一是

要在充分走访调研的基础上，由行业协会或其他公益组织牵头，建立起民间志愿服务组织台账，定时更新，做到心中有数。二是要进一步将活动开展得好、有影响力的民间志愿服务组织纳入政府购买服务或项目承接方的范畴。

（2）成立和完善公益众筹或创投联盟。

志愿服务组织的发展成熟要有需求、有点子、有资金、有人才、有保障、有对接、有监督、有提升。因此，各"枢纽型"组织可以通过搭建公益众筹联盟，由热心人士或专业机构运营，定期举办公益众筹或创投等活动，吸引辖区热心人士、非公企业、基金会或其他市场力量参与，以联盟网站、会员论坛、焦点小组等灵活多样的形式，展示项目、激发思维，快速达成共识，并形成志愿服务组织或项目的初步运营方案。这实际上是一种初步筛选机制，而筛选标准是进入联盟平台的志愿服务组织或项目能否得到企业出资方和个人出资方的支持。公益众筹或创投联盟是引导非公企业投入公益事业的创新方式，既能帮助专业人才实现社会创业的梦想，打破志愿服务组织面临的资金、人才和创意不足的瓶颈；也对初创期组织和项目起到孵化和支持作用，为企业履行社会责任、开展志愿服务提供专业平台；还能有效解决志愿服务等公益组织因过度依赖政府而缺乏自主性和独立生存能力的问题，为那些处于起步阶段的草根组织解决资金问题和推动扩大发展。

在此过程中，要将面向服务对象的公益众筹与面向企业的公益创投结合起来。联盟服务主要包括两个方面：一是面向志愿服务对象的公益众筹。参与主体包括个人出资方、志愿服务组织或项目发起人（如非公企业及其志愿服务队）、公益积极分子，以及基金会等其他社会组织等。联盟为上述主体提供了沟通交流的平台、建立起需求与服务的对接桥梁。其运作流程是：首先，由发起人在联盟平台进行志愿服务组织或项目的陈述；其次，个人出资方对组织或项目能否获得资金支持进行民意审核；最后，通过民意审核的组织或项目得以进入社会组织孵化器进行孵化。二是面向企业的公益创投。它的参与主体主要包括非公企业、志愿服务组织或项目发起人（如非公企业及其志愿服务队）、公益积极分子，以及基金会等其他社会组织。其运作流程是：首先，由发起人在联盟平台进行关于组织或项目的陈述；其次，其他企业、组织或项目发起人、公益积极分子，以及其他社会组织进行充分的讨论和论证；再次，企业出资方或基金会对社会组织或项目能否获得资金支持作出决定；最后，获得企业和基金会资金支持的组织或项目进入社会组织孵化器进行孵化。

此外，要不断完善公益众筹和创投的回馈机制，实现联盟的可持续发展。公益众筹和创投分别对应不同的回馈机制，对于公益众筹来说，个人出资方就是普通人，他们在小额度的出资之后，得到的是志愿服务组织或项目所提供的服务，实际上是体现了"团购"的优势，以较低的价格获得服务；对于公益创投来说，联盟可以为有想法而缺资金的志愿服务组织和愿意出资公益的企业或基金会搭建对接渠道，促进双边或多边合作，在志愿服务组织得到发展资金的同时，企业树立了良好企业形象，获取了社会效益。

（3）加强非公企业志愿服务组织的能力建设。

志愿服务组织的能力和专业水平既影响志愿服务效果，也影响志愿者参与志愿活动的获得感和成就感，专业水平高、组织水平高的志愿活动才能吸引更多的非公企业和员工投身志愿服务，也会影响志愿服务项目的可持续性。提升志愿服务的能力和水平是现阶段推动志愿服务发展的关键议题。

一是引导社工事务所等专业机构，有针对性、多层次地开展非公企业志愿服务组织的培训工作。首先，将各级志愿者联合会负责组织能力建设的职责剥离出来，交给专业的社会组织（社工事务所或其他支持性组织），各级志愿者联合会则通过活动开展和志愿者评测等方式，对培训效果进行评估。其次，加强非公企业志愿服务组织能力建设，对各级志愿服务组织展开全面培训。按照"志愿服务站、服务队、志愿者"三个层次，引导社工事务所利用其公益志愿服务理论、技能和实践经验；为志愿者服务站提供基层志愿服务组织工作培训、为志愿服务队提供志愿服务操作培训、为志愿者提供志愿服务专业技能培训，将专业社会机构明确为志愿服务组织能力建设的主要平台。

二是由社工事务所分门别类、按需派驻专业社工。增加向社工事务所等购买专业社工岗位的数量和类型，根据非公企业志愿服务组织的优势、特长和服务内容，向不同的社工事务所购买不同专业的社工，派驻到相关领域志愿服务站开展工作。派驻社工凭借专业精神和技能，营造出志愿服务工作的专业氛围，将有效带动志愿服务工作水平的提升。实践证明，这是解决社会组织人力不足和专业性差的有效途径。

6.4.6.5 促进非公经济组织参与志愿服务的保障措施

（1）以"社会责任投资"引领企业履责。

当前促进非公企业参与志愿服务的难点是企业发展与履行社会责任情况关系不大。在市场经济条件下企业信用是生存发展的根本，也是影响资本走向的重要因素。资本进入公益市场最大的障碍不是政策而是社会企业的影响力测评，资本不会接受一个无法量化的投资目标。当前迫切需要政府相关职能部门建立起一套有信度、效度和科学性的企业征信系统，信度是要切实保证信息的真实性，效度是要保证评价的有效性，而科学性则是既要体现企业生产经营状况，又要涵盖现在企业征信系统所欠缺的企业履行社会责任情况。"社会责任投资"作为一种既看重企业生产经营情况，又看重履行社会责任情况的投资方式，能有效引导企业重新审视履行社会责任的意义，实际上倒逼企业主动思考企业发展、文化和社会之间的关系，并在实践中重视履行社会责任。相关部门或"枢纽型"社会组织要为引导"社会责任投资"创造良好的制度环境，将企业履行社会责任情况纳入企业征信系统，并由第三方权威机构负责企业信息的录入、核实和标准化。一旦建立起科学的企业征信系统，社会资本就有了判断对象企业优劣的标准，非公企业也有了全面发展的方向和目标。

（2）项目设计要充分考虑供需双方的诉求。

从服务需求来看，由于北京市人口社会构成复杂，不同人群民生诉求差异较大，这就要求增加民生服务项目的数量和类型。实践证明，贴近民生需求的志愿服务项目更受欢迎，而积极的评价和反馈又会让志愿者乐在其中，吸引更多的志愿者参与。因此，在项目设计阶段，要充分考虑不同地区和服务受众的需求，并将其作为立项标准之一。从服务供给来看，不同企业志愿服务组织或员工的特长和能力不同，无论是企业还是联合会在设计项目时，都要考虑不同领域非公企业的优势和员工特长，甚至有针对性地为重点领域非公企业专门设计志愿服务项目，充分调动所属企业和员工展现企业风采和施展个人才华的积极性，增强项目的针对性和有效性。

（3）建立健全非公企业参与志愿服务的激励机制。

探索建立"政企联动、层次分明、虚实并重"的激励机制。一是要将企业作为志愿服务激励的主体之一，建立起政企联动的激励机制。这包括：一方面，行业协会通过为企业畅通信息、提供服务指导及解决企业难题等方式激励其参与志愿服务。另一方面，非公企业参与志愿服务的方式也是多样的，除了直接开展志愿服务外，也可以从自身优势出发，鼓励或激励社会志愿者或其他企业参与志愿服务。如民营医疗机构吸引社会志愿者开展护理志愿服务，并为其提供免费体检等；或者不同企业之间联合开展志愿服务活动，互相对志愿者进行激励等。二是建立差异化的激励机制，对不同行业、规模和发展阶段的企业采取不同的激励政策，重点激励中小企业，如面向中小企业和个体工商户的贷款优惠和场地优惠等。此外，在对志愿者的激励方面，还要注意根据志愿者群体的不同诉求进行激励，如有的志愿者可能希望结交朋友、融入社会，获得社会认同，而有的志愿者则可能希望在践行自我社会价值观上有所收获。因此，在激励机制中要体现出差异性：既有体现个人社会价值的激励，如获评"公益先锋"，又有一定程度上能反映社会认可的激励，如获评"市民之星"，并实现志愿服务激励与社会性奖励有效衔接，如优先办理北京市居住证、企事业单位招聘优先录用等。三是要继续加强对非公企业负责人的激励，主要是对个人激励实现制度化、规模化和社会化，并通过媒体等渠道增强个人的社会影响力。

第 7 章　基于资源和需求的北京智慧社区建设研究

2020 年习近平总书记在杭州考察时指出，"让城市更聪明一些，更智慧一些是推动城市治理体系和治理能力现代化的必由之路"[57]。智慧城市的发展动力源于技术进步与人的需求，智慧城市或智慧社区建设的优势就在于它能够在城市化的不同阶段实现技术切入，是不同城市逾越发展鸿沟、通过技术优势实现跨越式发展的重要方式，也是实现技术服务于人这一技术发展终极目标的重大机遇。可以说，建设智慧城市是城市化的必经阶段，在某种意义上也是城市化本身。北京作为超大型城市在城市治理上面临着资源和环境、经济和社会、增长和均衡等议题的调和与适配，如何进一步发挥智慧技术在城市治理尤其是精细化治理中的作用的同时，尽可能回避技术社会的负面作用和影响，即阐释和解决智慧社区建设中的社会性议题，是摆在城市治理中的重要议题。北京智慧城市的建设有较好的技术基础，未来如何将智慧社区建设与资源、需求相匹配，即克服智慧社区建设中的供给和需求等社会性难题，本章将尝试进行深入分析，并通过数据分析来阐释智慧社区建设中的供需匹配性问题，或智慧城市建设中的社会性难题。

7.1　概念和研究内容

7.1.1　何为智慧社区

智慧社区是通过提升社区智慧化水平来实现社区有序治理和高品质服

务，提高居民生活满意度和便利性的社区类型。智慧社区是智慧城市的延伸和载体，是城市智慧化的集中体现。城市是一个超大型社区，在某种意义上看，智慧社区就是智慧城市本身。智慧社区建设就是将社区作为智慧城市的神经末梢和毛细血管进行建设，使之既具有独立的运行和计算能力，又与城市智慧中心互联互通。智慧城市是通过综合运用现代科学技术、整合信息资源、统筹业务应用系统，加强城市规划、建设和管理的新模式❶，它利用 5G 移动通信、大数据、人工智能等信息技术和创新算法，将城市系统和服务打通和集成化，破除数据孤岛，实现城市的一体化、较优化和以人为本的运行，实现信息化、工业化与城镇化的深度融合。2009 年 8 月，IBM 发布《智慧的城市在中国》应用方案，提出智慧城市是借助新一代的互联网、云计算和信息处理技术等计算机和信息化技术，在城市居民和城市运行系统之间及城市运行的各个子系统之间建立智慧化的运营方式，通过技术和信息化手段提升城市生活体验和方便性。❷智慧城市必然随着信息化水平的提升而出现，技术进步与城市建设相辅相成，信息化水平的提升要求城市作为其应用场景，城市化的推进要求城市生活越来越便捷、高效、安全和幸福。信息化水平和城市化水平的提升，标志着智慧城市逐渐成为一种浪潮和趋势。从技术角度来看，智慧城市的建设内容包括城市规划、基础设施建设、城市运营、城市治理和城市安全保障 5 个方面，具体内容包括城市信息化基础设施建设、智慧中心组建、智能终端产业发展、应用程序开发、城市运行系统、智慧产业发展、人工智能元件和组件研发，以及智慧城市工程和智慧产业的标准化建设，等等。

此外，智慧城市从来不是单纯的技术应用或者信息技术的智慧化应用，技术应用于实践过程不免要谈到技术的社会效应，包括以人为本及人的参与和可持续发展等社会性议题。综合来看，智慧城市是指从技术手段的角度，要求通过以移动技术为代表的物联网、云计算等新一代信息技术应用实现全面感知、泛在互联、普适计算与融合应用；从社会发展的角度，还

---

❶　参见 2012 年 11 月住房和城乡建设部办公厅发布的《关于开展国家智慧城市试点工作的通知》。

❷　资料来源于 2009 年 IBM 发布的《智慧的城市在中国》研究报告。

要求通过社交网络、软件算法、Living Lab、综合集成法等工具和应用，实现以用户创新、开放创新、大众创新、协同创新为特征的知识社会环境下的可持续创新，它强调通过价值创造来实现经济、社会、环境的全面可持续发展[58]。

7.1.2 研究内容、思路和方法

7.1.2.1 不同社区类型和资源禀赋下的智慧社区

本章将对北京市城乡智慧社区建设进行研究，其中包含的研究对象或社区类型主要包括商品房小区及在城市化冲击下从传统社区向新型社区转变的老旧小区、商品房小区和保障房小区三种社区类型，集中关注三类社区中社区业态、产权形态、治理主体（如居民和居委会等）和资源分配状况（如经济、政治和社会等）等因素的基本状况，以及在智慧社区建设中三者的逻辑关系。

（1）老旧小区。老旧小区大多建成于 20 世纪 90 年代或更早，建成时间较长、基础设施较落后、难以完全依靠物业化进行智慧社区建设，主要包括单位脱管的老旧小区、直管公房老旧小区和老旧的商品房小区。在智慧社区改造上，这些社区由于产权单位众多、基础设施落后、居民在收入和年龄结构上相对弱势等因素难以由物业管理或居民出资完成智慧化改造，是智慧社区建设的难点。技术革命能够带来社会生活的跨越式提升，数字技术或智慧化建设同样如此，在老旧小区更新或改造中引入智慧化平台和技术建设，既能补齐老旧小区的基础设施短板，又能以技术治理克服老旧小区治理上的人力资源短缺困境，实现老旧小区治理和社区服务的跨越式发展。因此，在老旧小区智慧化建设中如何实现技术要点和民生需求之间的有效衔接，成为实现上述发展逻辑的重要议题，也是克服"老小区难以适用新技术"这一老旧小区智慧化建设悖论的有益探索。本章对老旧小区社区主体尤其是居民、产权单位和物业公司等不同主体的需求和差异进行重点分析，探讨以地方政府投入为主、居民投入为辅或者完全由地方政府承担的智慧社区建设路径。

（2）新建商品房小区。北京市的商品房小区既有新建商品房小区，又有房龄在 20 年以上的老旧商品房小区，其中老旧商品房小区大多可归于老旧小区范畴。此外，商品房小区还可分为一级物业管理小区和普通小区，两者的建设思路也有所差异。对大多数新建商品房小区来说，由于公共用房和信息中心等基础设施相对较新，物业管理基本能运用小区信息中心等公共设备实现社区监控、通信、卡扣和门禁等基本服务。因此，对于新建商品房小区来说，智慧社区建设的关键在于已有终端如何与地区信息终端互联互通、基础设备的更新升级、已有服务终端的供需匹配等问题，尤其是根据对现有设备的使用频率和体验，在设备的选择和进驻上如何实现居民广泛参与。在资金来源渠道上，现有的居委会或业委会等协商议事机构如何在智慧社区建设投入上达成一致，也是研究的重要关切。

（3）保障房小区。从已有的城乡接合部社会治理经验来看，经过拆迁改造上楼后的城中村，迫切需要在资源整合和有机更新方面寻求新的建设和发展思路。因此，本书将积极探索智慧化城乡接合部社会治理中智慧社区建设的途径和思路。尤其是以人口服务管理为切入点，通过智慧社区建设妥善处理好服务地区人口和社区发展的关系；妥善处理好智慧社区建设中的人口需求、人口结构和技术可接受程度之间的关系；妥善处理好智慧社区建设中的社区资源、业态与智慧化建设水平之间的关系；妥善处理好通过智慧社区建设平衡地区服务和供给之间的关系。找到一条既能符合城乡接合部社区治理需求，又能将城乡高水平社区治理统一到城乡一体化新格局下的智慧社区建设路径。

北京市城乡社区类型众多，社区治理水平和智慧化水平不一，探索适应不同类型社区的智慧社区建设机制是克服当前基层治理难题的重点。在当前城市经济社会快速转型的背景下，老旧小区、新建商品房小区和保障房小区等都呈现出新旧社区治理机制交替及社区服务供给和需求之间的矛盾和差异，通过对不同社区类型智慧社区建设路径的分析和比较，能发现现阶段超大型城市社会治理难题的新思路，也是前瞻性地对三类社区智慧化建设及其社会影响因素的规律和机制进行总结和提炼。

7.1.2.2　研究思路

本章以转型时期北京市城乡社区智慧社区建设的社会因素为研究主题，

探讨在城市化中历经从传统社区治理机制向新型社区治理机制转变的老旧小区、新建商品房小区和保障房小区等各类社区的社区治理主体（如居民、地方政府等）、资源分配（如经济、政治资源等）和社区业态/产权形态等问题，分析面向不同类型社区进行智慧社区建设的特征和规律，在此基础上通过调试社区治理主体等不同维度或因素的作用程度，以社会干预和科学引导的方式，探索当前北京市城乡社区智慧社区建设的经济和社会机制，以期对不同类型智慧社区建设提供一定的典型性和参考价值。

7.1.2.3 研究方法

研究以问卷调查和深入访谈等为基础研究方法，综合吸收和采纳城市社会学、技术社会学和公共管理学等不同学科的理论和方法，注重理论分析与实证分析相结合，实地考察与资料、数据分析相结合，个案跟踪、分类访谈与座谈会相结合，比较与借鉴等多种形式，在扎实调研的基础上完成相关研究。具体来说，研究将首先采用实地观察法对不同类型社区的基本状况进行考察，进而分别通过问卷调查和深入访谈了解各个类型社区的社区业态等社区资源情况、居民构成、参与意愿和目标等基本特征。通过深入访谈和焦点小组访谈了解社区居民参与的现状和特征；此外，还要结合技术治理理论、城市社会学和社区治理等相关理论，分析当前北京市城乡社区智慧社区建设的基本特征、规律和机制，从多维理论角度出发，考察不同社区智慧化建设的路径及其经济社会影响因素。表7.1显示了三个案例社区的情况及采用的研究方法。

表7.1 代表性社区的情况及研究方法

社区类型	资源禀赋	人口特征	区位	研究方法
老旧小区	政府主导	老龄化程度高	中心城区	抽样调查
保障房小区	政府主导	中低收入人群多	城乡接合部地区	深度访谈
商品房小区	政府、市场和社会	人群多元化	中心拓展区	深度访谈

7.2　研究综述

7.2.1　智慧化的社区治理

已有多元社会治理理论可以对智慧社区建设思路有所启发，从多元治理相关研究的主要特征和侧重点来看：首先，强调社区社会治理的参与主体多元化。如罗茨强调政府与民间、公私部门之间的合作，认为治理是处于中心的社会行动者在履行职责时所受的限制，治理成为一种多成员互动式管理方式的结果。智慧社区建设的过程也是地方政府、市场力量和居民之间合作的过程，这使智慧社区建设过程中呈现出公私合作和私人部门主导两种建设思路。多元治理主体的问题不仅存在于新建的封闭式商品房小区中，城乡接合部社区、老旧小区和单位型社区中都存在不同主体之间的博弈和互动，原因就在于这些社区往往都是与外部环境要素（如资本、传统单位制和多元产权单位）密切相关的。因此，在智慧社区建设过程中，多元建设主体之间的合作和互动方式也是至关重要的。

其次，多元治理理论强调在社区治理机制上存在正式和非正式两种机制。如詹姆斯·罗西瑙将治理定义为一系列活动领域中的管理机制，认为有的管理机制虽然未获得授权（即非正式）但却能有效发挥作用。以往一些对社区治理的研究也在此框架下对社区非正式治理机制的作用进行过大量分析和阐释，这也与当前国内社区治理的实践特征相一致。本书也将对智慧社区建设中的非正式机制进行充分关注，包括通过建立在熟人关系上的智慧设备的引入和安装、智慧设备的优先试用和体验、智慧化改造的选址与实施等，尤其是受城市化冲击的城乡接合部社区和老旧小区，这些社区中传统社会治理的非正式机制通常发挥了更大的作用，这也是本书基于资源禀赋和治理传统的社会治理框架的体现。本书期待对智慧社区建设中的非正式机制进行初步探索。

最后，社会治理理论强调将社会治理与人的价值提升结合起来，以实现社区治理的价值合理性，它强调社区治理的最终目的不是实现效率提升，而是实现人的全面发展和提升，并将社区视为提升社会成员素质和修养的重要平台。沿此思路，社区智慧化建设除了提升社区治理效率外，也是提升社区居民素质和修养的重要契机。第一，智慧化社区给了居民更广泛的社区参与的渠道和途径，如社区微信群、社区服务信息平台等。第二，智慧化终端设备推送的社区治理内容，有助于居民提升社区归属感和树立社区主人翁精神。第三，智慧化社区打开了居民的思维方式，很多人将转变审视社区面貌的传统观点，用开放和互通互联的视角来看待社区生活甚至日常生活，如很多老人体验到智慧终端的便利后，增强了对新鲜事物的接受能力和认可程度。

7.2.2 城市社会关系视角

较早对信息城市的社会性因素进行分析的是曼纽尔·卡斯泰尔（Mannuel Castells），1989 年他出版了《信息化城市》一书，在书中提出了"信息化城市"的概念。他认为在社会发展过程中，技术代表生产力，发展方式代表生产关系，生产力决定生产关系，技术决定发展方式，技术创新的浪潮带来发展方式的转换，从而导致社会发展和城市发展特征及结构的变化[59]。新的信息技术显然对社会有"某种基本的影响并因而对城市和地区有着基本的影响，但是其效果依据与经济的、社会的和文化的互动过程而发生变化，其中上述过程决定了技术媒体生产和使用的相互作用[60]。在这个过程中，信息流空间逐步取代城市空间，新的产业和服务性经济在信息部门的驱使下运行并重组，这样就产生了新的专业管理阶层控制着城市；生产和消费、劳动和资本、管理和信息之间的关系更加密切，以消费者为取向、资本取向和信息取向的生产将产生新的高收入阶层和新消费阶层，并传导到城市空间布局[59]。

此外，他对信息化城市中技术和社会之间的关系、信息化和社会空间之间的关系，以及信息化城市的演变逻辑和实质进行了全面的分析，并结合地方社区的行动和实践特征对信息化城市的社会影响进行了深入剖析，且论述了经济、社会和文化对信息化城市的影响[59]。卡斯泰尔认为信息化城市与信息化空间之间的联系方式体现在文化、经济和政治等不同层面：在文化层面，地方文化通过信息化手段来实现保护和交流；在经济层面，对地方经济的调试并建立信息技术产业化的发展需要；在政治层面，地方政府要成为城市信息系统或信息空间的掌控人，并以市民或居民代表的身份在城市信息化建设中发挥决定性作用。与工业化相比，信息化条件下社会个体追求的价值目标发生变化，无处不在的网络使市民或居民的决心、行为和积极性都变得空前活跃。一旦网络开始控制交易或生产，那么网络的质量决定了人们彼此信任和合作的程度[59]。卡斯泰尔关于信息化城市的理论以信息化为核心议题，对信息化产生的经济、社会和政治影响，尤其是对全球城市在文化、传统习俗、经济组织方式和社会行为等方面的变化机制和过程进行了深入系统的分析，对当前关于城市信息化的社会性议题具有较强的指导意义。

　　近几年，伴随智慧终端的普及和智能 App 的推广，国内关于智慧城市的社会机制和影响的研究也在逐年增多。一些学者围绕着应用场景中的算法实践，将智慧时代影响信息视觉呈现结果的算法看作一种实践逻辑，尝试结合组织的制度属性与行动者的主观能动性，剖析算法实践的社会建构过程。作者认为核心行动者在权力和利益机制影响下具有差异化的博弈地位[61]。应用场景的使用者或消费者在智慧化设备供应商和居委会之间也具有一定的博弈地位，但是否需要服从使用的必要性和强制性（如社区服务App 等），需要进一步探讨。还有一些学者围绕智慧城市中技术与社会的关系问题，包括技术与社会需求、硬件建设与社会建设，以及技术与空间的关系等议题进行研究。例如，李健认为当前智慧城市建设中过于强调硬件设施建设，而忽略了社会管理思路的融入，强调政府自上而下的投入，而对自下而上的社区动力缺乏关注，这体现出国家智慧城市战略和智慧社会战略之间的分野。因此，应该基于城市建设和社会治理的双重需求来构建智慧城市的多个模块，如以服务为取向的设备、面向服务的运作平台和体系，以及基于事实的决策系统等，上述模块都体现出智慧城市与社会管理两者的融合[62]。此外，他还提出了智慧化和社会化相融合的思路和做法。可见，他发现了智慧城市建设实践中技术需求和人的需求之间的差异，并将其归因于智慧城市战略的盲区和不足，这对反思性地开展智慧社区建设大有益处。高小康从城市空间的观念与现实、地理与数字等之间张力入手，认为多层次、多维度的空间关系如观念空间、路上空间、低头空间和历史空间与智慧城市的关系，是当代智慧城市建设所需深入分析的重要议题[63]。实际上，智慧城市的场景尤其是社区作为技术应用场景，与传统城市风貌和封闭式社区管理理念形成较强反差，这是未来智慧社区和社会管理需要同时面对的新议题，在从传统社区场景向智慧社区场景过渡的过程中，如何将智慧化技术与应用的使用和发展需求与社区自身的生存和发展需求相结合，与不同居民的使用习惯和喜好相结合，其中需要把握的标准和原则是什么，如何体现居民作为应用场景使用主体的决定性和应用场景的公平性，需要在智慧社区相关研究中进一步探讨。

除了上述从智慧化或信息化中人与技术的互动关系角度对智慧城市进行的研究之外，大多数智慧城市与社会的关系研究都将智慧城市作为政策背景和应用前提，探讨如何在不同社会领域如养老、妇女、青少年、环境、交通和住房等，分别提出智慧化技术手段对相关领域服务的提升和加持作用[64]。从技术与社会的角度看，这些研究大多关注如何利用技术手段来提升社区服务的水平和能力，在各自领域内具有较强的专业性和实践意义，因此，一般将其归类为妇女、青少年等相关领域研究。总之，本书以社区作为智慧城市的基本应用场景，借鉴国内外关于信息化的社会机制等相关研究，如卡斯特尔等人关于信息化增强人的行动能力，以及信息化对经济、社会和政治的影响机制等相关理论，对不同类型社区智慧化建设的社会、人口和空间等适应性问题进行详细分析。

7.2.3 智慧城市的双向思路

党的十八大以来，国家高度重视新型智慧城市的建设工作，提出要"统筹发展电子政务，构建一体化在线服务平台，分级分类推进新型智慧城市建设"❶。2016 年《中华人民共和国国民经济和社会发展第十三个五年规

---

❶ 参见 2016 年 4 月 19 日习近平在京主持召开网络安全和信息化工作座谈会并发表的重要讲话。

划纲要》将新型智慧城市建设作为"十三五"时期我国经济社会发展中的重大工程项目予以推进，并鲜明地提出要"建设一批新型示范性智慧城市"，分类别、分级别建设新型智慧城市，同时还明确了新型智慧城市近期和中长期发展目标。此后，在 2021 年《中华人民共和国国民经济和社会发展第十四个五年规划和 2035 年远景目标纲要》中更是将"加快数字化发展，建设数字中国"单独成篇，提出"打造数字经济新优势、加快数字社会建设步伐、提高数字政府建设水平，以及营造良好数字生态"等四个建设要点。从 2008 年开始，智慧城市的发展经历了三个发展阶段，如图 7.1 所示。第一阶段是概念导入阶段，行业和企业引入智慧城市相关概念，此时无线通信和光纤网络等信息分发是技术支持；第二阶段是试点探索阶段，随着城市化和信息化的推进，在 4G 和云计算等技术加持下，国家开始试点建设智慧城市，供应商和服务商逐渐扩大产品规模、占领市场份额；第三阶段是统筹推进阶段，在 5G、AI 和智慧化平台等技术革命中，城市智慧中心切实投入运营，相关政府部门、软件和硬件等市场企业共同构成相对完整的产业和生态链条。总的来看，其基本的发展逻辑是，在信息化技术快速发展和迭代的基础上，以不同应用场景为契机，智慧城市建设逐步实现从概念到应用、从企业先行到国家战略、从单一主体到多元参与、从系统分散到相对集约的发展[65]。当前，从智慧社区的应用场景来看，一方面，智慧城市建设仍然处在国家积极倡导、地方政府积极推进、运营商谨慎投入，互联网企业、设备商和软件商各自为战的阶段；在应用场景开发上，仍然处在商业化 App 使用和消费阶段；在系统整合上，仍然处于基层信息孤岛水平；在商业产品的市场化应用上，仍然处于初步发展阶段，尚未产业化且技术壁垒相对严重。另一方面，城市化的快速推进，基层城市治理的多元化需要，以及智能终端的广泛普及都对城市智慧化水平提出了较高的要求，随着资本介入程度的加深和信息化技术的快速迭代，未来如何破除阻碍智慧社区等城市应用场景建设的制度性或社会性障碍，将成为重要的研究议题。

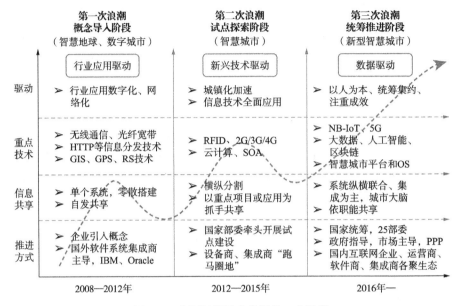

图 7.1　我国智慧城市发展的三个阶段

资料来源：中国信息通信研究院. 新型智慧城市发展研究报告（2019）[R]. 2019.

可见，当前智慧城市或者数字城市建设可以分为两条路径：一是由政府相关部门自上而下推进的技术路线，主要特征是注重信息基础设施建设、政府购买智慧化设备和服务、电子政务建设、智慧城市建设的支持政策、人工智能等高新技术产业的引导与发展，以及推动企业和社区等智慧化建设，等等。二是由企业自下而上推进的技术路线，主要特征是智慧技术和设备的迭代和创新、技术路线的设置和修正、国外先进技术的合作研发和生产，以及技术市场的培育和消费者体验的升级，等等。从智慧城市建设的两条技术路线出发，更能有助于发现、理解和认识当前智慧城市的建设过程及其难点和关键议题。智慧城市的技术路线是逐步推进的，但建设基础来自计算机和通信等相关领域和产业的发展，尤其是政策推动下计算机和通信产业等技术迭代，这都需要相关部门自上而下进行推动。例如，当前各个城市都在加快出台智慧城市规划和开展相关建设，其中新一代移动互联网基础设施建设，以及人工智能产业和应用成为智慧城市建设的"中心赛道"和制高点。早在 2010 年，上海市就提出了"创建面向未来的智慧城市"战略❶，要在"十三五"规划期间，实现"基本建成以 5G 为引领的新一代信息基础设施总体架构，为创建面向未来的智慧城市奠定基础"❷。截至 2020 年，上海在全国率先建成双千兆宽带城市，实现了教育、医疗卫生、社区服务、交通、体育文化等城市服务项目的远程服务和线上办理。在信息基础设施完备的基础上，上海市通过首批 12 个试点，"全力打造世界级的人工智能深度应用场景"[66]。上海市之所以先行先试，其底气就在于人工智能相关产业化的先发优势，这与政府相关部门自上而下的技术路线密不可分。

在此基础上，上海市充分调动和发挥市场主体的积极性和创造力，发挥自下而上的企业技术路线优势，在产业化过程中将数字化技术与智慧城市建设有机结合，探索对已有应用场景升级和改造的方式和路径；探索通过大数据和人工智能创造城市新兴场景的应用开发，后者包括新兴领域扩展和以新技术应用来创造新需求等。与其他城市分领域、行业或部门的数字化建设有所差异的是，上海在全国首次提出城市数字化转型，以总体性数字城市带动应用场景的更新换代。可见，上海作为智慧城市建设的先行者之一，初步实现了相关部门自上而下推动与市场主体自下而上发展的有机结合，两条路线相互补充、相得益彰，有望在智慧城市生态化建设中进一步形成合力。

7.3　北京市智慧城市建设的基本特征

7.3.1　以民生和社会事业为建设导向

与上海等城市类似，北京在信息基础设施建设上处于全国领先位置，

---

❶　参见 2011 年 1 月上海市人民政府发布的《关于上海市国民经济和社会发展第十二个五年规划纲要的决议》。

❷　参见 2016 年 9 月上海市人民政府发布的《上海市推进智慧城市建设"十三五"规划》。

2022 年上半年，北京新型信息通信基础设施建设成效显著，共建成并开通 5G 基站 7000 多个，全市 5G 基站数达到 5.9 万个，平均每万人 5G 基站数 20 余个，居全国第一，千兆光纤覆盖率达到 90% 以上，北京成为全国首批千兆城市[67]；与上海等城市的智慧化策略有所差异的是，北京在智慧城市建设中注重民生事业和惠民工程的应用场景建设，为建设国际一流的和谐宜居之都提供有力的技术支撑。当前，北京已经建成一批以人为本的便民利民服务项目，包括政务服务、交通、医疗、教育、环境卫生、社区服务和公共安全等民生应用场景。2021 年 3 月北京市经济和信息化委员会正式发布了《"十四五"时期智慧城市发展行动纲要》，明确到 2025 年要建成规范的城市感知网络体系，通过全市范围内智慧化应用场景的开发和提升，力争将北京建成"全球智慧标杆城市"，并明确智慧城市建设要从基础设施建设入手，重点在城市便民服务、发展新兴产业和应用以及保障社会安全等领域形成突破的发展思路。

这表明未来北京在智慧城市建设过程中，既要保持信息基础设施、精细化城市治理和民生应用等方面的优势地位，又要在数字产业、产品研发和软件应用等新兴领域内有所作为。当前政府主导下的民生社会事业建设，一直是北京基层城市社区治理的基本逻辑和运行思路，而托底型的基层治理与智慧社区在提高服务民生能力和水平等方面的技术优势较为契合。因此，进一步厘清和明确智慧社区建设的民生导向和双向路径，有助于智慧社区建设有机衔接整个城市的智慧化建设。

7.3.2 以智慧化基础设施建设为依托

长期以来，北京市在互联网信息网络建设、高新技术产业发展和产品研发以及智慧化场景应用需求等方面一直处于全国领先地位，因此，北京具有建设智慧城市的得天独厚的优势。尤其是在互联网信息网络等智慧化基础设施建设上，北京是全国首批千兆城市。早在 2017 年，北京市已经实现了首张窄带物联网在智慧路灯上的正式商用，全市千兆及以上的固定互联网宽带接入用户 100 多万户，占固定互联网宽带接入用户总数的 10.5%，百兆以上的宽带接入用户达 800 多万户，约占总用户数的 95.6%[68]。到 2020 年，北京已经基本建成"光网城市"，成为智慧城市的重要依托。智慧化基础设施水平决定了智慧城市建设的上限，也是智慧城市正常运营的基本保障。

除了高速发展的互联网信息网络等基础设施外，北京市在推动有线宽带、无线宽带、城市物联网三网融合等信息传输系统建设上走在全国前列，涉及技术融合、业务融合、行业融合、终端融合及网络融合等领域，成为智慧城市的信息传输系统，肩负着多传输渠道和媒介统一信息传输的任务。此外，在信息共享基础设施建设上，北京重视云计算、大数据和信息安全服务平台建设等，早在 2016 年，北京市就提出截至 2020 年基本建成大数据和云计算创新发展的体系，成为全国大数据和云计算创新中心、应用中心和产业高地。❶ 这为智慧城市建设提供了数据存储、信息交换和处理等的支撑平台。智慧城市的信息化基础设施除了新兴基础设施外，还包括待升级和更新的传统基础设施，如道路、交通、市政管网等传统基础设施的智慧化升级和改造，从而实现与其他智慧化基础设施的互联互通和交互调用。以道路交通为例，根据 2022 年 4 月 10 日北京市人民政府印发的《"十四五"时期交通发展建设规划》，北京将提升交通智慧化水平，打造智慧地铁、公交、停车和道路等示范工程，力争到 2025 年智慧道路总里程超过 300 公里。最后，当前信息化政务在地方和基层信息化建设中，发挥着举足轻重的作用，尤其是在社区信息中心的接入等方面。自 2000 年以来，北京先后建成了电子政务内网、电子政务外网、有线政务专网和全球最大的城市集群通信网，公共服务各领域也已经建立起完善的信息化系统，成为基层信息化建设的重要支撑。

7.3.3　具备完备智慧城市生态的潜力

智慧城市生态是指智慧城市的生态系统，即在市民与智慧城市的关系中，以市民为主导和核心，通过城市信息化系统对城市运行的外部环境和内部状态进行调节和控制，使城市日益成为有利于居民较高质量的居住、生活和发展的地理空间。城市信息化系统主要包括信息化基础设施，大数

---

❶　参见 2016 年 8 月北京市经济和信息化委员会发布的《北京市大数据和云计算发展行动计划(2016—2020 年)》。

据存储、计算和预测，决策和服务的信息化，以及日常生活的信息化等。北京市具有形成智慧城市生态的潜力。

智慧城市生态除了前述的信息基础设施之外，更为关键的是智慧场景的使用者、管理者和中间人，这是智慧城市的核心。首先，智慧场景的使用者或消费者是从事生产和生活的城市居民，他们提供的信息包括空间地理信息、自然属性信息、社会属性信息和偏好属性信息等，这些信息共同组成了智慧城市生态中的基础数据，越是大容量和多样化的数据，越有利于智慧城市生态的形成和智慧产品的学习。如前所述，北京市作为超大型城市，在人口社会构成上具有人口总量大、高学历人口多、就业人口多、人口职业和行业分布多样化等特征。在获取相关人群授权的情况下，他们对智慧场景的体验过程和智慧产品的使用过程本身就是技术的学习和更新过程，这是智慧城市生态形成的核心环节之一。

其次，从北京市产业和行业分布来看，高新技术产业是北京市经济社会发展的重要产业来源。2019 年，全市高新技术产业增加值占地区生产总值的比重约为四分之一，而且呈现出逐年增长的态势。到 2022 年，全市仅高新技术产业投资就增长了约 35.3%，占全国固定资产投资的比重为 15.7%。[1] 第七次北京市全国人口普查数据显示，全市法人单位从业人数最多的行业是信息传输、软件和信息技术，加上科学研究和技术服务业从业人员，两者约占法人单位从业人员总数的 22%（见表 2.9）。规模巨大的高新技术产业人员实际上构成了智慧城市相关产业和服务的生产者和提供者，其中的服务运营和管理人员构成智慧化建设中的管理者，他们分布于各企事业单位的相关技术部门中。

最后，与城市管理者和管理平台类似，智慧城市也需要数量众多、横向扁平、纵向有序的信息中心或信息发布平台。尤其是面对海量数字信息时如何高效地进行数据信息的响应和分析处理，有序实现子系统或分支系统之间的沟通和交流，对城市数据信息处理能力有较高的要求。北京市各级各类高校、科研机构、企业总部和政务信息中心等规模庞大且相对集中，

---

[1] 数据资料来源于北京市统计局和北京市发改委等公开发布的统计公告。

这些机构大多拥有独立的一级信息中心，具有较强的数据和信息处理能力，以政务服务中心为例，截至 2020 年年底，北京市已建成覆盖四级的一体化政务服务体系，政务服务平台个人用户总数 2040 万，企业用户总数 210 万，都在全国居于领先位置[69]。

7.3.4　"市区街"互联互通、相对独立

随着北京智慧城市建设从"数字北京"阶段逐步迈向新型"智慧北京"阶段，北京已经初步形成了以城市服务、运行和管理系统为基础的整体性数字城市系统的雏形，全市在智慧化交通、医疗、教育、市政和社区服务等各个领域都取得了长足进步，传统的业态尤其是服务业如批发零售、文化、旅游、展览等也在积极谋求智慧化转型和提升。现阶段市级智慧化信息平台建设主要集中在城市运营管理和数字政务系统等，其中包括政府推动、政企合作和企业推动等不同动力下的智慧平台或智慧系统建设。在此基础上，全市各区县也在利用各自的企业资源优势、人才优势和区县传统治理优势，来积极推动智慧区县建设。例如，海淀区利用自己的高校、高新技术企业聚集等人才和企业资源优势，开展智慧海淀建设；大兴区利用自己的后发城市建设优势和企业总部等优势，开展智慧大兴建设；朝阳区利用商贸企业聚集和地区财政投入优势，开展智慧朝阳建设，等等。其中，区县智慧区县的建设资金，来自市级财政转移支付或本地企业投入，但主要来自区县财政投入。智慧区县的建设思路，一个是建设符合本地经济社会发展阶段、特征和需求的智慧化平台，形成对市级智慧城市服务的有益补充，尤其是突出区县传统特色和现代化风貌。另一个是接入市级智慧化平台，形成市区两级互联互通、有效衔接。因此，总体上看，北京市市区两级的智慧化建设既互联互通，又相对独立、各具特色。

以大兴区为例，2018 年 5 月，大兴区政府印发了《大兴区新型智慧城市总体规划》，提出"到 2020 年，实现全程全时便捷多元的公共服务体验之城，建立平战结合、精细共治的城市治理之城，打造绿色低碳环保的高品质宜居之城，形成智慧引领的高端制造与产业服务之城，建成绿色集约安全智能的感知之城"。大兴区的智慧城市主要框架包括："一是智慧云，

用来实现数据的采集、传输、计算存储、分析和应用服务；二是两个平台，即公共服务平台和城市运行管理平台；三是多个应用，涵盖公共安全、智慧交通、智慧医疗、智慧教育等城市公共服务领域"。经过三年的建设，大兴区在城市公共服务、城市综合治理和智慧化产业发展等领域都实现了突破，建成了多个全区统一的政务平台和公共服务平台，并与社区服务实现对接。2021 年年初，大兴区又对总体规划进行了修订，提出到 2021 年年底，在进一步打造公共服务智慧化区域的基础上，加快部门和行业的资源和数据整合，提高信息化数据共享和协同水平，实现智慧社区建成率七成以上，同时重点建设应急处置和低碳环保等智慧化水平，在建设感知之城的同时，提升全区大数据安全韧性。●

此外，当前各区县智慧化平台建设中，先行先试的是区县、街道（乡镇）、社区三级政务服务平台，这一平台依托各级服务中心已经在发挥智慧化服务管理的职能。以大兴区为例，未来需要进一步借助"北京大兴"App 等全区统一终端系统，整合各级信息公开、政务服务和公共服务等项目和内容，并积极建设区（县）层到社区层互联互通的开发式交互平台，为居民提供方便、快捷和高效的城市公共服务。

7.3.5　以社区应用为重要依托

智慧社区或数字化社区建设是北京建设全球数字经济标杆城市的六项标杆引领工程之一。❷ 早在 2012 年，北京市民政局、经济信息化委员会等相关单位就联合发布了《关于在北京市推进智慧社区建设的实施意见》，提出"着力打造社区基础设施高端化、政府服务协同化、社区管理智能化、公共服务网络化、居民生活现代化、社区服务集成化"的智慧社区建设目标，其内容包括社区基础设施建设、社区服务体系和管理体系建设等。经过多年的建设发展，北京市已经初步实现了基于社区分类的智慧化基础设

● 参见 2021 年 2 月 7 日北京市大兴区人民政府印发的《大兴区新型智慧城市总体规划(修订版)》。

❷ 参见 2021 年 7 月 30 日北京市委办公厅北京市人民政府发布的《北京关于加快建设全球数字经济标杆城市的实施方案》。

施改造、基于民需的社区服务智慧化建设和基于安全的智慧化社区安防等，如在社区安全防控上，全市基本实现了人脸识别系统和设备的安装和更新，能做到数据快速采集和集中分析；在智慧化社区服务上，根据不同社区需求，在养老为老、文化体育、社区教育和青少年活动等领域选择性地提供相关服务；在智慧基础设施建设上，根据社区类型在普及光纤宽带等基础上，在有条件的社区建设智慧化社区治理平台。

目前，在市区共建和政企合作等建设模式下，各区县基层社区根据民生需求在智慧社区建设上走出了符合辖区特征的技术道路。例如，海淀区和昌平区基层辖区通过区县城市智慧大脑的建设，将重点区域的政务数据、交通等业务部门数据及第三方市场机构数据进行整合并加以分析和预测，对辖区交通、停车、物流、区域治安等进行配置和引导，既增加了市民的城市出行体验，又破解了基层城市的治理难题。为此，北京将智慧社区建设的指导标准纳入重要规划内容，并结合社区实践逐年进行修正，在实践中当前要求每年建设一批、达成一批和提升一批。通过政企推进和社区自治推进，一些社区在远程医疗、人车物管理、社区感知和文化教育服务等领域取得了较大突破，形成了电子病例、实有人口电子登记、社区安防、社区图书系统等特色做法。随着智慧社区建设的稳步推进、建设成果逐渐丰富，智慧社区日益成为北京基层社会治理和智慧城市建设的"双名片"。

此外，智慧社区建设的重点内容还包括公共事务"一网办理"。2021 年 7 月 30 日北京市委办公厅、北京市人民政府发布了《北京关于加快建设全球数字经济标杆城市实施方案》，提出现阶段将通过智慧社区建设，"打通市、区、乡镇（街道）三级通道，融合线上线下全链条、打通社区治理服务最后一公里并延伸到家庭"，到 2023 年将深入推进"一网通办""一网统管"和"一网慧治"，深化数字化社区建设试点。在智慧社区建设过程中，借助"智慧城市大脑"能够让数据实现有序流动，发挥数据资源和技术优势为基层治理赋能，在优化基层治理环境的同时，促进城市、产业和人的全面发展和进步，这是当前智慧社区建设的思路和意义所在。

7.4 案例研究：社区类型与智慧化治理

7.4.1 智慧社区的 NGT 价值匹配

社区治理价值匹配 NGT 分析法借助经济学中模式化的分析方法，为治理理论和治理实践之间建立了一个相对清晰的分析框架。该理论的基本假设是在城市资源禀赋类型、社会治理方式和价值需求三者之间，存在着一定的稳定联系。社区治理是社会治理的重要体现和组成部分，社区治理可以建立"社区自然禀赋特征""治理方式"和"社区需求或目标"三者之间的匹配关系[31]。此分析框架应用到社区治理实践中进行考察，有助于提升社区治理的专业化和精准化水平。这种模式化的理论建构方法，与智慧城市建设中"输入"和"输出"的决策机制和行为逻辑相一致，能够对当前社区治理尤其是技术手段参与的社区治理所存在的低效率和不匹配等问题予以有效分析并修正。如图 7.2 所示，社区已有的技术基础和治理传统，以及社区治理需求和目标共同决定了社区治理的技术路线。

图 7.2 价值匹配 NGT 分析法应用于城市智慧化的思路

对于智慧社区建设来说，社区资源禀赋是指社区中有助于智慧化治理的先天条件，它包括：信息化基础设施如社区 5G 宽带入户情况、物业管理系统和社区信息平台等；已有智慧设施如安防、医疗、教育等智慧设施；居民构成和特征比如居民年龄、性别和职业构成等；社区治理传统如单位制社区或农村社区；业委会和社区社会组织成立和活动情况；物业收费情况如物业费收费标准、物业费缴纳比例等；社区区位即社区是否位于城市中心区域；房屋产权和公共空间，如智慧设备用房情况；社区公共空间的使用情况等。上述条件和因素可以分为硬性条件和软性条件。凡是涉及智慧设施设备和空间场所等属于硬性条件，但更多的是关于社区文化、传统、组织、管理等软性条件。社区文化、传统、组织和管理等条件是智慧社区治理的组织资源，基础设施和智慧设备是智慧社区的核心建设项目和支撑，而房屋产权和公共空间使用情况则是智慧社区建设的限制条件。

　　智慧社区治理的需求和目标通常与社区需求和目标高度一致，社区需求和目标实际上是社区居民的需求和目标，不同社区其居民的需求和目标存在一定差异，概括起来主要包括民生需求、安全需求、发展需求和认同/参与需求等，这些需求体现了社区需求和社区治理目标的多样化[31]。治理方式包括基层政府主导的治理（如以居委会为主体的社区治理）、以单位为治理主体的社区治理、以社区社会组织为治理主体的社区治理及以物业公司为治理主体的社区治理，或者两种或多种治理方式相结合的社区治理。如表7.2所示，在智慧社区治理中应用价值匹配NGT分析法，就是要力争在社区资源禀赋、治理方式和社区需求/目标之间寻找匹配关系，即不同特征的社区采用不同的智慧化治理或建设思路，最终实现智慧化社区科学有效地为社区居民和社区治理服务。具体来看，在智慧社区建设维度上，社区资源禀赋包括与智慧化相关的资源禀赋（如信息化基础设施、智慧设施等）和其他社区资源禀赋（如社区区位、社区治理传统、和物业收费等），在智慧社区建设上也要力争实现不同社区资源禀赋、治理方式和社区需求/目标的匹配。

表7.2　智慧社区治理中的资源禀赋、治理方式和价值需求

社区资源禀赋	治理方式	社区需求/目标
△信息化基础设施		
△智慧设施		
△社区区位	△政府	△民生
△居民特征	△市场	△安全
△社区治理传统	△社会	△发展
△物业收费	△多方联合	△认同和参与
△房屋产权		
△公共空间		

价值匹配 NGT 分析法在智慧社区建设中有较强的实践意义。首先，社区资源禀赋、社区需求和治理方式之间的匹配关系，实际上是智慧社区建设中信息收集、分析处理和输出过程的空间表现。它符合智慧化项目实施所要求的技术条件前置、信息分析居中和实现路径后置的建设思路和实践逻辑，能同时实现智慧社区运行效率和效果的最大化，也有助于克服当前智慧社区建设中的两个弱点：即要么重视智慧设备的普及而忽视居民需求，要么重视居民需求而忽视应用场景建设等。此外，它还允许在社区治理实践中针对不同社区类型如商品房小区和老旧小区等，对智慧社区的建设思路、建设方式，以及建设内容进行针对性的调试或者微调，以实现对智慧社区建设的分类指导和推进。

7.4.2　老旧小区智慧化的抽样调查

7.4.2.1　社区简介

QD 社区建成于 20 世纪 90 年代，地处北京市东城区。目前由两个相邻的居住小区组成，小区有多种房屋产权类型，物业管理由属地物业管理公司一体负责，包括房屋和市政街面管理，由于种种原因社区内部分楼栋并没有单独的物业服务公司进行管理，因此，无论从楼房外层保养质量还是楼内设施保养质量来看，都呈现出相对破旧的老旧小区典型特征。截至 2019 年年底，整个社区共有常住人口 1200 多户，3000 多人，其中用于房屋出租的共有 200 多户，大多是附近就业的中青年人，也有部分在周边上学的家长和学生。

近年来，随着商品房住户大量迁入，小区住户半数以上发生了更替，其余的老住户很多都是难以搬迁或者孙辈在附近上学的住户。总体来看，与一般的商品房小区相比，居民们缺乏通过市场购买的方式改善居住环境的条件。与一般的单位制小区相比，也难以将改善居住条件的希望寄托在原有单位身上。社区分为两个小区，一个小区的房屋情况相对较好，另外一个小区的房屋情况相对一般，但是都面临房屋类型众多、居民人员构成较为复杂的情况，总体上看，社区房屋内外的整体状况相对较差，需要通过老旧小区改造等途径来改善社区环境和条件。

7.4.2.2　研究方法

本研究采用分层抽样和配比抽样相结合的方法，首先对 QD 社区 20 栋楼的总单元数进行随机抽样，然后对所抽取的 15 个单元楼进行问卷调查，最后根据人口年龄和性别结构进行配比抽样，共发放调查问卷 305 份，回收问卷 273 份，问卷回收率为 90%。由于研究议题涉及居民及其房屋情况，从样本基本信息来看（表 7.3 和表 7.4），40~59 岁的受访者占比最大，约为 38.6%，其次是 60 岁以上的老年人，占比为 37.8%。老年人数量占比在三成以上，这与 QD 社区所在区县的人口年龄结构一致，也反映出老旧小区的特征。从房屋产权构成来看，房改售房的占比最高，约为 47.3%，其次是商品房和单位/直管公房，占比分别为 20.5% 和 15.4%，这也反映出房改后的老旧小区房屋性质构成特征，其中商品房业主中的年轻人大多是在此购房的新居民。由于房改房实际上也具有独立产权，因此，QD 社区 80% 以上的房屋都是私人产权房屋，各类公房占比并不高。

表 7.3　QD 社区被访者年龄结构

年龄	人数/人	占比/%
0~19 岁	3	1.2
20~39 岁	58	22.4
40~59 岁	100	38.6
60 岁以上	98	37.8
合计	259	100.0

表 7.4　QD 社区被访者房屋产权性质

房屋类型	人数/人	占比/%
房改售房	117	47.3
商品房	51	20.5
单位/直管公房	39	15.4
私房继承	7	2.8
其他	35	14.0
合计	249	100.0

研究采用 SPSS 统计分析软件，对抽样数据进行了描述分析和方差分析。根据社区治理价值匹配理论，为了建立社区禀赋、治理方式（建设方式）和目标之间的匹配关系，对如下假设进行初步验证：一是社区禀赋影响社区智慧化的接受程度，其中包括年龄、文化程度、房屋产权、住房满意度等对智慧社区接受程度的影响；二是社区禀赋影响社区智慧化的实现方式，其中包括年龄、文化程度、房屋产权和住房满意度等对智慧社区实现方式的影响；三是社区禀赋影响智慧化的建设目标，包括年龄越大，越倾向于以安全和养老为目标的智慧社区建设，等等。

7.4.2.3 主要结论

（1）由于老年人占比较高，老旧小区在智慧化改造中处于相对弱势。

如表 7.3 所示，从年龄结构来看，D 社区老年人口占比较高，60 岁以上的老年人占比约为 37.8%，老年人数量占比在三成以上。一方面，这部分群体对社区智慧化改造的需求很高，如社区养老和医疗服务等；另一方面，相对来说，老年人对手机等智慧产品的使用灵活性不如年轻人。此外，QD 社区属于老旧单位制社区，房屋和楼栋的整体维护状况相对较差。如表 7.5 和表 7.6 所示，虽然对当前物业服务和居住条件表示满意的居民人数要略高于不满意的人数，但是表示满意和非常满意的人数合计仅为 35% 和 47.7%，另外还有约三分之一的人认为此选项为一般。

表 7.5　您对物业的满意程度

满意度	人数/人	占比/%
非常满意	20	9.1
满意	57	25.9
一般	74	33.6
不满意	44	20.0
非常不满意	25	11.4
合计	220	100.0

表 7.6　您对居住条件的满意程度

满意度	人数/人	占比/%
说不清	4	1.6
非常满意	15	5.6
满意	112	42.1
一般	73	27.4
不满意	48	18.0
非常不满意	14	5.3
合计	266	100.0

（2）学历因素对智慧化社区建设态度有影响。

通常认为社区中不同居民群体如不同年龄、学历、收入和房屋产权状况等因素会对智慧社区建设的态度产生影响。与老年人相比，中青年群体对智慧化接受程度更高；与租房相比，拥有产权房屋的居民对社区智慧化改造的态度更积极。但对 QD 社区的抽样调查显示（表 7.7），不同年龄、收入状况和房屋产权状况等维度上的居民群体，他们在建设智慧化社区的态度上并没有显著区别，大多数居民对建设智慧城市或社区的看法较为一致，基本都以赞同为主。只有居民的学历或者受教育程度上的差异，会对其在智慧社区建设的态度上有较明显差异。

表 7.7　年龄、收入、学历、房屋产权分组对智慧社区态度的 ANOVA 检验

影响因素		平方和	自由度	均方	F	显著性
年龄分组	组间	12.980	2	6.490	2.211	0.112
	组内	716.235	244	2.935		
	总计	729.215	246			
收入分组	组间	2.798	2	1.399	0.396	0.673
	组内	642.748	182	3.532		
	总计	645.546	184			
学历	组间	10.979	2	5.490	2.688	0.075
	组内	151.151	74	2.043		
	总计	162.130	76			

影响因素		平方和	自由度	均方	F	显著性
产权状况	组间	7.179	2	3.590	1.592	0.206
	组内	529.745	235	2.254		
	总计	536.924	237			

（3）社区智慧化水平与居民需求存在一定距离。

老旧小区的当务之急是解决小区的居住环境和改造道路管线等基础设施，老旧小区改造的基本任务也在于此。当前，老旧小区改造立项的资金大多用于管线改造或外力墙面改造等项目支出，除了安装门禁外，一些老旧小区尚未启动智慧化改造。调查显示，老旧小区居民对智慧化社区建设的需求是较为强烈的，如表 7.8 所示，有 75.6% 的受访居民表示支持智慧社区建设，只有 17.0% 的居民表示没有必要建设智慧社区。实际上，即使是在老年人数量相对较多的老旧小区，随着居民物质文化需求的增长和智能手机等终端的普及，大多数居民都乐于让社区生活变得更智能、更便捷。

表7.8　您如何看待智慧社区建设

选项	人数/人	占比/%
支持	196	75.6
没什么必要	44	17.0
无所谓	19	7.4
合计	259	100

老旧小区居民对智慧化改造的支持并非停留在口头支持，如表 7.9 所示，当问到居民是否愿意部分出资来开展小区智慧化建设时，75.1% 的居民表示愿意部分出资或者"视出额度多少来定"（其中 36.8% 的居民明确表示愿意），只有 18.0% 的居民表示不愿意出资。可见，老旧小区居民能够成为智慧社区建设的出资人之一，与研究预期略有差异，通过社区动员居民参与，或者通过物业收费的方式来提高智慧化小区水平，在老旧小区是行得通的，老旧小区在社区组织资源条件上并不处于劣势。可见，当前老旧小

区在智慧化改造的水平上与居民的需求和期待有一定差距，大多数老旧小区居民都支持小区智慧化升级，也愿意部分出资来支持相关改造。

表 7.9　如果某项智慧化改造需要您部分出资，您是否愿意

选项	人数/人	占比/%
愿意	98	36.8
不愿意	48	18.0
视出额度多少来定	102	38.3
说不清	18	6.9
合计	266	100.0

（4）智慧社区资源禀赋和社区目标之间的匹配度较高。

老旧小区在资源禀赋上体现出如下特征：有较强的人口构成老龄化特征；社区技术基础较差，即缺乏基本的智慧设施和设备；虽然居民能够部分出资进行智慧化改造但是难以成为出资主体；社区位于城市中心，地方政府具有老旧小区改造的意愿和力度；房屋产权有公有也有私有，具有开展智慧化改造的公共空间，但由于地处市中心并不会太富裕。这是老旧小区智慧化改造的资源禀赋特征。社区智慧化改造的目标是什么？研究通过抽样数据进行了验证，如表 7.10 所示，在问到居民在社区智慧化改造中倾向于使用哪些设备和功能时，排名前四位的分别是老人医疗检测（92.4%）、智慧门禁（90.3%）、高空抛物检测（89.3%）以及智慧社区App（80.6%）。对老旧小区来说，第一个选项实现了民生目标，并且与老龄化社区特征相符合；第二个选项关系社区安全，并且与老旧小区基础设施较差、缺乏门禁等基本社区安全设施相关；第三个选项关系社区安全，并且与老旧小区物业管理水平不高等特征相符；第四个选项则关系社区民生、认同和参与，这也与老旧小区民生需求旺盛但缺乏参与渠道有关，但由于老旧小区老龄化等社区特征，此选项仅排在第四位，要低于其他三项。这表明，在老旧小区中，社区资源禀赋和社区目标之间呈现出较高的一致性，目前老旧小区的资源禀赋特征决定了智慧社区建设的目标和方向，应该在实践中有所体现。

表 7.10　在社区智慧化改造中，您更倾向于使用哪些功能

选项	比重/%	排序	社区目标
老人医疗监测	92.4	1	居民生计
智慧门禁	90.3	2	社区安全
高空抛物检测	89.3	3	社区安全
智慧社区 App	80.6	5	社区认同+居民生计

（5）智慧社区资源禀赋、社区目标与建设方式之间的匹配度较高。

根据 NGT 价值匹配分析框架，采取何种智慧社区建设方式，与社区资源禀赋和社区目标之间高度相关。之前已经证实了案例小区的社区资源禀赋和社区目标之间具有较强的一致性，这里引入智慧社区建设方式进行考察。如前所述，智慧社区建设方式包括政府主导、政企合作、居民或社区社会组织推动，以及多方合作推动等方式。如表 7.11 和表 7.12 所示，当分别问到居民在面对小区或楼房问题、原有单位或政府相关部门是否应该承担主要责任或根本性责任时，54.9% 的居民同意单位应当承担主要责任（即选择"同意"和"非常同意"两项），59.4% 的居民认为政府相关部门应当承担根本性责任（即选择"同意"和"非常同意"两项），两个数据没有重合。此外，如表 7.10 所示，居民所选择的老人医疗检测、智慧门禁、高空抛物检测和智慧社区 App 等智慧设施，都是政府相关部门当前在老旧小区改造中主要试点或推广的重点改造项目，也与社区基本民生需求密切相关。可见，在老旧小区智慧化改造上，大多数居民希望相关部门或单位承担主要责任，即采用政府相关部门或单位主导、其他居民参与的方式来推动。综上，在老旧小区的智慧化建设中，社区资源禀赋、社区目标与建设方式之间呈现出较高的匹配度，即建设方式是以相关部门或单位为责任主体，居民部分出资承担次要责任；在社区目标或需求上，主要是民生、安全、便民服务和社区参与等服务，尤其是医疗智慧化设施的需求最为旺盛。

表 7. 11　楼房和小区的问题，有单位的还得靠单位的力量

选项	人数/人	占比/%
非常同意	41	15. 4
同意	105	39. 5
说不好	62	23. 3
不同意	49	18. 4
非常不同意	9	3. 4
合计	266	100. 0

表 7. 12　楼房和小区的事情，归根结底还是要靠政府来管才能管好

选项	人数/人	占比/%
非常同意	27	10. 0
同意	134	49. 4
说不好	74	27. 3
不同意	33	12. 2
非常不同意	3	1. 1
合计	271	100. 0

7.4.2.4　启示和思考

上述研究发现在一定程度上冲击了人们对智慧或技术应用的固有看法。在老旧小区的智慧化建设中，即便是小区改造提升的难度较大，不同居民仍体现出较强的参与意识和赞成态度。可见，在城市智慧化的经济社会背景下，无论年龄、收入和住房情况，大多数居民都愿意参与到城市智慧化的进程中。尤其是对于老旧小区来说，正是由于小区设施环境不如新建小区，居民更希望通过社区智慧化更新和提升能够最大限度提升居住生活的品质和水平，并有助于解决居民民生需求中较为迫切的医疗和安全等问题。智慧社区是智慧城市建设的缩影和焦点，在智慧城市建设过程中，应该对建设规划、技术路线、实施方案、应用场景与智慧城市的受众包括市民、市场主体和其他社会主体进行精准分析和预测，从而实现智慧城市在技术应用和服务市民上的"双赢"局面。

7.4.3 保障房小区智慧化案例研究

7.4.3.1 社区情况

YJ 小区是位于北京市城郊的以保障性住房为主的混合产权小区，建成于 2009 年，由 20 多栋低层板楼组成，既有经济适用房，占所有房屋性质类型的主体，也有一部分商品房，另外还有少量的公租房即人才公寓。调查时小区一共有约 1400 多户居民，老年人比重相对较高，达到四成以上；出租户的比重相对较高，大多数都是在附近上班的年轻人。经济适用房（有的已经转成商品房）居民大多数是当年从市中心外迁到此居住，虽然居住时间长但是互相也不熟悉。公租房住的都是周边上班的高新技术人才，房屋产权属于北京市保障性住房中心。由于部分房屋属于经济适用房性质，因此，小区物业收费在全市范围内都属于较低的行列，但是小区并没有因为物业费低而陷入管理不善的境地。多年来，属地昌平区、街道办事处和社区居委会为社区环境维护和服务管理开展了大量工作，投入了大量人财物，积极与小区物业合作共建，既重视小区基础设施改造和升级，又重视小区居民和社区社会组织的参与，后者在社区自治和服务中发挥了重要作用，如社区志愿服务队作为小区特色组织，每周四为居民免费理发等；此外，属地居委会还通过增加社区活动次数，来提高居民参与积极性。

多年来社区建设和治理也一度面临服务管理不到位的情况，居民意见较大。在街道办事处和居委会的组织协调下，2019 年小区邀请了市区专家顾问面向全体居民召开了现场协调会，街道办事处、居委会和物业公司及小区居民坐下来为小区物业管理"把脉"。会议达成了多方出资出力和履责的共识，并更换了物业公司，经过一年多的社区基础设施改造和提升，同时借助昌平区面向多个片区的社区提升"行动计划"，小区面貌发生了较大改观，很多智慧化设施和设备也是在这一时期建成使用的。

7.4.3.2 智慧社区的尝试和实践

一是智慧化门禁系统。智慧化门禁的安装和实施是居委会和物业公司共同组织和开展的活动，是社区安防体系的更新换代。以往物业公司主导的社区监控系统，经常存在监控覆盖不全和年久失修等情况，后来在街道相关部门和社区共同出资的情况下，为社区升级了安全系统。新系统的优势体现在它将社区居民与社区服务管理统一起来，在智慧化门禁中引入了人脸识别系统，在居民自愿的情况下，到居委会登记人脸信息，登记成功后即可以实现"刷脸"进社区。为了防止造成自愿登记信息居民的信息泄露问题，居委会全程由专人负责，物业公司并不具体介入居民登记过程，经过近两个月的登记工作，整个社区约有 60% 的常住居民完成了社区信息登记。

二是与一般的垃圾分类不同，YJ 小区实行了智慧化垃圾分类系统，这也是街道与相关市场企业合作实施的新技术和应用。智慧化垃圾分类系统包含了提示系统、检测系统和奖励系统，并与社区平台互联互通。首先，居民在进入智能垃圾站点后，会听到系统提示的垃圾分类原则和方法，依据相关提示就可以顺利完成垃圾分类。其次，在垃圾站点及其附近安装了检测和监控系统，一旦进行了错误的垃圾投递会有提示音进行提示，并在社区平台进行提示和警示以通知垃圾分类监督员，分类监督员会及时赶到现场进行指导和处置；此外，如果不正确进行垃圾分类也会有监控设施进行拍照和留存，并上传社区平台，对多次不按要求和规定进行分类的居民，会在社区公示栏进行公示。奖励系统是居民在正确完成垃圾分类后，可以在手机终端 App 中领取社区奖励币，社区奖励币可以用来在商城购买生活所需的各类用品。目前手机终端 App 由企业相关技术部门负责，但是居委会可以根据居民的使用情况和相关意见对企业技术部门提出修改方案和意见，实现软硬件的更新和迭代。

三是建立和完善基层市民"12345"接诉即办的分析系统。接诉即办是北京当前实施的以市民意见、建议和诉求的征集、反馈和处置为目标的公共服务平台。随着接诉即办工作的立法及实践的深入和细化，接诉即办在首都市民服务中发挥了越来越重要的作用。基层社区是接诉即办重要的服务主体，在很多事项处理过程中承担着"最后一公里"的职责，随着"街道吹哨，部门报到"配套机制的完善和落地，接诉即办处置事项的效率和效度越来越高。YJ 小区所在辖区的区域数字中心，采用"接诉即办"分析系统，对辖区范围内的相关意见、建议和诉求进行操作化处理，即提取热线关键词建立起相关的数据库，通过对数据库数据的分析和处理，既可以分析出当前辖区居民意见和诉求的焦点，还可以通过数据统计，对辖区居民的意见、建议和诉求的热点问题进行预测。随后将相关统计和预测结果反馈给社区居委会，来指导其开展社区自治和服务管理。这就将以往的对相关议题的被动处置，转化成对相关议题的事前预防，因此，既事前处置了居民提出的待处理议题，也减少了接诉即办的重复诉求数量和频率，提高了基层治理的响应能力。

7.4.3.3 政府主导、企业参与、社会监督的智慧化方式

YJ社区的智慧化建设体现了政府主导、企业参与和社会监督的社区智慧化实施路径和方式。社区周边集中了较多的经济适用房小区，由于居住人口多、周边配套相对不完善以及部分小区物业管理不尽责等原因，社区所在地区长期存在公共服务供需不平衡的问题。为此，市区两级相关部门加大了财政投入，制定了区域长期的发展规划和行动计划。其中，城市智慧化建设是重要的组成部分，它主要包括：第一，通过建立和完善区域城市智慧中心，来提高城市服务管理水平。经过多年的实践，智慧化治理方式在区域医疗、教育、交通、停车、人口、绿色环保、社区服务等领域发挥了突出作用，取得良好的建设效果。第二，通过加大智慧社区的建设投入，实现区域和社区治理的互联互通，提升社区智慧化治理水平。其中，对于部分新建小区，应充分发挥这些新建小区的后发优势，在智慧社区建设上大胆进行创新和探索，力争在硬件配置上能够实现弯道超车，比如全域控制中心、高速率通信网络以及多场景智慧设备场地，等等。对于老旧小区，智慧社区的建设要建立在社区环境提升和社区服务管理机构如业委会、物业公司等人员调整和优化的基础上，力争借助智慧化手段和设施来助推社区治理的长治久安，因此，在智慧化改造之前要多方投入资金启动社区设施更新。

从YJ社区智慧化建设的参与主体和方式来看，地方政府、科技企业和社区治理主体如居委会、物业公司和居民都参与其中，并发挥了相关作用。首先，民生需求是智慧化建设的出发点和切入点，智慧化建设的目标之一是提升区域公共服务水平，并根据不同居民群体在民生、安全、参与和文

化等不同层次的需求进行重点提升和建设。此外，在建设过程中，居民也会通过出资、协商议事和执行等方式直接参与社区提升。其次，政府相关部门和科技企业的合作是智慧化建设的核心和关键，前者提供资金支持和需求清单，后者负责提出解决和实施方案，并在试用和使用过程中进行动态更新和升级，充分发挥智慧化治理的成长和学习能力，不断优化社区治理水平。最后，居委会和物业公司分工配合和承接区县或街道相关信息化平台的落地和日常运营，其中，居委会自发与科技企业和其他社会机构合作引入智慧化应用，而物业公司或前期开发商也在社区提升中投入了资金，并具体承担部分设施的运维，它们是智慧化社区建设的基础组织架构，以及通过技术手段优化社区治理的实操者。

7.4.4　商品房小区智慧化案例研究

7.4.4.1　社区情况

KDJ 小区位于朝阳区，是 2003 年建成的商品房小区，小区聘用高收费物业公司实行封闭式管理，绿化率近五成，楼内楼外维护有序，是典型的高档商品房小区。小区目前共有八栋高层楼房，常住人口约 2300 户，外观维护一新。多年来，KDJ 小区在居委会和物业公司的治理和服务下，社区居民积极参与社区各项事务，且具有较强的议事和社区参与能力，各方力量积极为小区建设和发展出谋划策、出人出力，已经形成了社区治理的良性循环。因此，目前小区基础设施完善、环境优美、生活便利，社区治理成果得到居民的普遍认可，是周边地区数一数二的文明小区和标杆小区。

7.4.4.2　智慧社区的实践和尝试

智慧社区建设是 KDJ 小区社区治理成果的重要组成部分，从主体来看，主要包括三种方式：一是社区和企业合作的建设方式，二是政企合作的建设方式，三是居民自发的建设方式。不同建设方式下的智慧化社区建设，从不同立场和角度出发，共同构成了 KDJ 智慧化社区建设的主体部分。2016 年 KDJ 小区被评为市级"四星级智慧社区"。[1]

---

[1]　案例资料来源于实地调查。

（1）政企合作的智慧化建设方式。

这种建设方式的主要内容有智能基础设施建设、人口信息登记和地区信息平台建设等。首先，在智能基础设施建设上，截至 2021 年朝阳区在全区搭建了近 4600 个 5G 基站，基本实现了社区 5G 宽带全覆盖，这些基站遍布城市角落，构成了高速率和高密度的"城市智慧大脑综合平台"❶，这成为智慧社区建设的高速率信息通道。其次，利用区县各部门建设的公共信息平台，进行相关信息发布和公共事务办理，由基层居委会相关工作人员负责维护、管理和运营，居民通过"掌上议事厅"App 等进行沟通和互动，这些应用或平台具有投票、办事、查询和登记等功能，共同构成社区综合信息平台。该平台以房屋或常住人口为统计单位，将民政事务、计生事务、老龄事务和社区事务等基本人员和数据信息整合到数据库中，可供信息检索、存储、初步分析和输出等。

（2）居委会/业委会与社会机构合作的智慧化方式。

与其他智慧化社区实施方式相比，居委会和业委会牵头的智慧社区项目更能符合社区发展的目标和民生需求，运作方式是由社区向相关市场企业提出技术需求，或直接引入成熟智慧设施或产品；或者由市场企业主动向社区进行产品推广或试点。例如，KDJ 所在居委会面对养老为老需求，与某健康管理企业合作在社区设立了智能轮椅租赁，通过手机 App 为社区居民提供相关设备租赁；同时在社区设立智能医疗急救站，通过手机 App 为居民提供除颤仪、急救箱和医疗急救宣讲资料等医疗急救服务。此外，还有智能售货机、智能衣物回收机、智能快递柜等智能设备，真正在社区实现了"互联网+"社区治理。

为了丰富社区居民的业余文化生活，社区居民还主动与社区社会组织联系，探讨成立社区阅览室的相关方案，并在居委会和物业公司的协调下提供场所和基本设备，所有图书均由居民捐赠和区县图书馆借出，社区居民通过刷卡实现图书借阅，区图书馆也在此设立还书点，实现图书通借通还。此外，居民还自发成立各类微信群组，邀请居委会社工和社会组织社

---

❶ 案例资料来源于实地调查。

工加入，实现了了解民情、反映民意，实现扁平化治理和"互联网+"的有机结合。

7.4.4.3　智慧社区的信息化生态建设

智慧社区的信息化生态建设是指以社区为分析中心，对社区智慧中心的接入和接出情况进行分析，其中包括以社区为信息收集和处理中心的各类信息平台、数据接入和智能 App 的使用情况，以及以社区为信息中心的智慧社区的管理和责任主体的运行情况。首先，社区居委会是整个社区的信息和数据中心，根据条块分割的基层治理架构，它既要对上级指导机构街道办事处负责，又要承担各区县相关职能部门下派的事务性工作。因此，对居委会来说，在信息化建设上的一个主要的平台是区县网格化管理平台，平台的终端延伸到社区，居委会社工和协管员用手持终端设备进行拍照和文字记录等方式进行上报或者信息采集。其次，政府各级相关部门有自己的信息化平台，用于与居民相关的低保、失业、残疾人、教育和退休党员管理等公共事项的线上办理，这部分数据主要在社区服务大厅或服务站进行收集或者读取。上述以居委会为中心的信息集散职责都要接受市区相关部门的统一安排、考核和评估，实际上是社区政务服务职能的重要体现，事关居民民生大事，目前的发展方向是日益融合和便捷。再次，各区县会依据自身特点和居民需求建立区县信息平台、开发各类社区 App，方便辖区社区居民直接在手机端查询、办理和提交各类公共事务，畅通区县直达居民的信息沟通渠道，这些平台或 App 的建设是由各区县自己发起、从方便居民使用的角度开发和研制的。另外，各居委会还会根据工作需要组建微信群，大多数是根据业务类别、社区划片或居民需求等单独建群，这种看似简单、以商业 App 为依托的线上平台，在居委会自治过程中发挥了意想不到的作用，成为很多社区治理的重要方式。最后，区县相关部门、街道办事处或者社区根据辖区居民需求引入技术企业产品或服务，比如前述智能急救站等，这些属于智慧社区场景中的应用和设备，它们是整个智慧社区生态系统中的"毛细血管"，一些社区智能产品或设施尚未接入区县或社区信息平台，未来在产品和服务的信息化融合方向上仍有潜力可挖。

7.5 启示：智慧社区治理中的几个关系

7.5.1 社会适应性问题

社会适应性问题是指智慧城市在建设过程中出现的，与技术路线相对应的社会问题以及化解该问题的条件和过程。任何技术路线在发展和演化中势必面临技术与社会之间的张力。智慧城市也同样如此，在强调智慧城市的技术实现和商业价值的同时，不能回避的是智慧城市建设的社会适应性问题，即如何在信息化、数字化和智能化不断更新换代的基础上，实现经济利益和社会利益的平衡和协调。智慧城市的技术路线是基础和根本，但是任何技术路线都是为城市中的人的需求服务的，单纯强调技术更新而忽视了市民的体验和需求，忽视了社会认可度和接受度，就难以实现经济和社会效益的平衡、难以实现技术的可持续发展。

当前，一些城市有高水平的城市智慧中心和平台，有很好的通信带宽和云计算能力，也有先进的智慧终端，但是要么由于过于商业化，而忽视了居民对公共空间便利通勤的需求、对城市秩序和环境有序而静谧的要求，如无序使用和占道停放的共享单车；要么由于过于行政导向而不具有商业推广和使用价值，如一些低价值、低水平的社区 App；要么过于强调技术推广而忽视了基层实际使用环境和情况，如智慧设施与基层社工的技能匹配度、智慧设施与基层居民的需求度；要么过于强调技术功能的复杂、多元和终端的先进、时尚，而忽视部分老年人群体对智能设备和手机 App 在使用上的不便捷；要么过于强调信息平台或终端的集成，而忽视了使用者的使用感受。归根结底，无论是智慧城市的信息平台还是应用场景建设，都需要在技术路线和盈利模式之前，进行对市民使用体验和社会效应的考察，并将后者作为与技术手段同等重要的专业领域来看待。此外，智慧城市建设在一定程度上属于地方的公共管理或者公共服务供给行为，这就涉及如何对智慧化建设中标企业进行用户数据和个人信息保护的监管问题。企业通过政府购买服务等合同约定参与智慧中心的建设和运营，其中涉及的侵权行为由于准公共性等特征难以明确；并且在引入市场机构参与公共项目时，相关部门与企业之间存在较严重的信息不对称，需要第三方机构或专家团队的深入评估。因此，智慧城市建设要明确合同双方的权利和义务，对其中涉及的隐私保护等法律问题，双方需要有专业法律团队进行审核，尤其是甲方要明确相关数据和信息的使用范围和权限，并对违约行为如何处置予以明确约定。

此外，单就智慧社区建设来说，目前其建设资金的来源主要是地方政府和相关企业。对于智慧社区建设的乙方，即市场上的高新技术企业来说，要从竞争激烈的智慧设备生产商中脱颖而出，获得项目标的，它们必须在智慧项目方案设计上尽量增强公益性质、减少盈利环节或者低利润运营。因此，这就出现智慧社区建设中的可持续发展问题，这里的可持续发展并非禁止企业盈利，或者要求地方政府加大财政投入，而是在面对当前消费者或使用者较为谨慎的消费和使用习惯时，智慧社区设备的低盈利或公益方式能否覆盖运营和维护成本，毕竟智慧化产品存在一个不断迭代和更新的过程，需要专业技术人员等人、财、物力的持续投入。因此，对于智慧社区投资方尤其是地方政府来说，如何科学有效地安排相关投入、保证设备设施的持续运行，需要在项目立项之初就对其进行可行性论证。实际上，要对不同的智慧化项目进行分类和取舍，对于公益性较强且居民迫切需要的民生项目如智慧门禁和智慧垃圾分类等，需要持续保持和加大支持力度；对于适用人群相对较窄的民生项目（如社区轮椅租借等），则可以探讨低收费的方式运营；对于适用人群相对较窄且属于文体娱乐或者个人提升等方面的智慧化项目（如智慧健身房等），则可以探讨依照市场价格收费的运营方式。总的来看，地方财政如何保证投入效益的最大化，国有企业如何在微利情况下保持相关服务和设备的持续化运营，民营企业如何利用先期投入资金进行盈利，或者通过增加流量来实现变现等，这些智慧社区建设中的投入产出问题需要在考虑社会可接受程度的基础上进行专业测算和规划。

7.5.2 网络融合问题

智慧城市建设中的网络融合问题越来越引起各方关注。网络融合分为狭义和广义两个层次。狭义上看，三大网络融合是指互联网、广播电视网和电信网之间的融合。三大网络的融合并非物理层面的合二为一，而是在开放业务许可的基础上，围绕提升用户使用体验来实现互联网、广播电视网和电信网之间在业务范围和服务应用上的融合。当前三大网络互相融合的趋势已经呈现，如广播电视网的互联网服务、电信网的广播电视服务，以及基于互联网的电视和通话服务等，但是由于三大网络在业务权限和商业权限上的壁垒，三大网络距离业务范围和服务内容的融合还相距甚远。要真正实现三大网络的融合，除了要解决不同公司的商业壁垒等因素外，还需要智慧终端产品的创新和发展，如高清互动电视、广播电视互联网设备，等等。此外，要实现三大网络的融合，还需要城市智慧中心通过人工智能或者云计算将不同终端的入口相互融合，反过来，城市智慧中心的高速传输也要以三大网络尤其是5G网络为基础。

广义上看，网络融合除了三大网络等信息基础设施层面的革命性应用创新外，城市级智慧中心及其地方网络或子网络，在纵向上互联、横向上互通也是网络融合的重要内涵。举例来说，当前企业虽然有智慧化技术的支撑，但是缺乏公共领域包括医疗、交通、教育、消费和住房等城市基础数据，严格来说，上述数据在完成脱敏后，可以按相关规定要求，适度向社会开放以利于数据的有效利用。反过来说，企业经营产生的相关数据也可以在完成脱敏后，根据企业相关规定，适度向社会开放以利于数据的有效利用。

再有，智慧城市不同层级信息平台之间如何实现信息和资源共享，以及不同智慧城市建设路径的内部如何实现信息和资源共享。智慧城市不同层级的信息平台之间如何实现扁平化的数据共享机制，是影响智慧城市建设成效的关键要素，如区县级信息平台如何提取到基层真实有效的一手数据，需要有特定的检测和评估机制。此外，由于智慧城市建设缺乏专门的推进管理机构，各部门在自己的业务范围内建设信息网，尚未与其他部门实现完全的资源和数据共享，即不同智慧城市建设路径的内部如何实现信息和资源共享仍有待提升。如海淀区在智慧城市建设上，与相关公司合作联合成立平台独立运营，以此"推进新型城市运营管理指挥中心建设、智慧政务合作；提升区域智慧化产业服务能力；推进社会治理、城市管理、城市交通等多方面合作；加强环保、消防、教育、农业等其他领域合作"[70]。另外，不同企业在实施智慧化方案或者开发相关产品时，如何实现资源或信息的共享，打破企业的技术和专利壁垒才有利于智慧城市的建设和共创美好未来。

7.5.3　虚拟社区社会组织问题

虚拟社区社会组织是一种区别于传统社会组织的，以现代互联网和通信技术、信息存储技术、智能终端等信息科技为支撑，以共同价值取向为目标而共同行动的、松散的社会组织。虚拟社会组织没有固定的物质空间和清晰的组织架构，其成员通过高度自律和共同价值取向来实现组织目标[71]。虚拟社区社会组织包括微信群、QQ 群、社区论坛和公益热线等，从调研情况来看，虚拟社区组织在社区治理中发挥的作用要比预想的大；以微信群为例，它可以分为两类即公益性和互益性微信群，有的社区微信群成为辅助社区治理的重要平台，承担着发布信息、上情下达和协商议事的作用；有的微信群是居民交流爱好心得，增强居民凝聚力和归属感的空间；有的微信群是居民互通有无，互相帮扶，以物易物的交流空间。微信群等虚拟社区组织的优势既在于直观、快捷、人数多且扁平化交流，能够在相对较短的时间内交流想法、达成共识；还在于能根据社区治理的不同领域和社区活动的不同内容，无成本或低成本地实现居民的沟通交流。鉴于虚拟社区组织的规模和效应很大程度上依赖于技术进步，随着技术进步必将具有高成长性，且当前呈现出组织松散和扁平化的组织方式。因此，未来虚拟组织形式具有较强的参与社区治理的潜力。

当前一些虚拟社区组织在自发地开展参与社区服务或公益活动，比如注册成立于 2000 年的 HL 社区论坛❶，现阶段日均访问量已经达到上百万次，其中很多版块都在组织线下公益活动；再比如前述的昌平区 HLY 社区，目前小区各类微信群已经达到五十多个，其中包括很多专门的公益活动群，还有一些群自发开展很多公益活动，包括开展义务接送、举办公益足球赛等，既是社区活动的参与者，又是公益活动的志愿者。但是当前对这种在官方注册或备案的虚拟社区组织缺乏长远的规划和发展思路，此外，一些线上发起的公益活动由于尚未纳入线下活动，往往也难以获得支持和激励而持续下去，即便持续下去也会相对缺乏专业性。

虚拟社区组织虽然是重要的社区智慧化平台和途径，但是缺乏互联互通和规范化的渠道。在当前智慧社区生态化建设的背景下，理应通过与各级信息化平台互联互通、开发智慧设施使用管理权限等方式，将其纳入智慧化社区生态的重要组成部分，更充分发挥各类虚拟社区组织在社区治理中的作用。具体做法包括：

首先，从助力虚拟社区组织成长的角度看，虚拟社区组织更多的是需要在开展公益活动或参与社区事务时，获得社会性的肯定或支持。表 7.13 显示了对虚拟社区组织进行分类引导的实施路径。具体来看，对于公益性虚拟社区组织来说：如果它们正规性较强（即人员和活动相对固定）且愿意注册成为正式社会组织，则需要完成社区备案，进而参加/承担政府购买服务项目或者进入公益联盟，然后发展为准实体化/实体化组织，并最后完成注册。准实体化社会组织是指，相关部门或街道办事处对于虚拟社区组织，应当适当放宽社会组织备案条件，允许其以"准实体化"的形式进行备案，即不要求有固定活动场所和硬件等而依申请对发起人、组织性质、活动内容予以备案。对于正规性较弱但有注册意愿的虚拟社区组织，则先要通过社会组织孵化器进行提升，进而走其他流程。自益性虚拟社区组织与之类似。从参与社区公益活动的虚拟社区组织中挖掘社区中的公益力量，无论对提高社区治理水平还是激发社会组织活力都有事半功倍的效果。

---

❶ 论坛名称进行匿名化处理。

表 7.13　虚拟社区组织分类引导的实施路径

公共性和正规化程度		注册意愿	
		愿意	不愿意
公益性	正规	备案→政府购买服务+公益联盟→准实体化/实体化→注册	不备案→公益联盟+参与社区项目→非实体化→不注册
	非正规	社会组织孵化器→备案→政府购买服务+公益联盟→准实体化/实体化→注册	不备案→公益联盟→非实体化→不注册
自益性	正规	备案→政府购买服务→准实体化/实体化	不备案→非实体化
	非正规	社会组织孵化器→备案→政府购买服务→准实体化/实体化	不备案→非实体化

其次，积极引导常规性参加公益活动的虚拟社区组织融入智慧社区生态系统。包括引导它们参加线下由街道或社区组织的公益活动等社区服务活动；建立虚拟社区组织与区域智慧中心或者社区信息平台的链接，实现资源和服务互联互通；向虚拟社区组织开放社区智慧设施的使用和管理权限，允许它们在开展公益活动时使用；在虚拟社区组织开展线下公益活动时，依规定按需向其提供相关的后勤保障；在虚拟社区组织完成街道备案或实体化运行后，允许它们参加政府购买服务项目，等等。

7.5.4　多方共促智慧社区建设

社区处于社会治理的最基层，也是市民日常生活的空间载体。智慧社区建设承担着多重任务，既要为社区治理服务、为精准化和科学化治理提供技术手段，又要为满足市民民生需求服务，还要作为社区触角与智慧城市中心互联互通。因此，智慧社区建设需要政府相关部门、社区、市场力量和市民共同参与，是智慧城市建设中的面向最多、最需要多方有效合作的应用场景。

一是对社区治理要求和民生需求进行充分调研。首先，不管是社区改造之前，还是新的智慧项目启动之前，都需要对辖区社区治理要求和居民的民生需求进行专业调研。项目技术人员和设计人员需要对调查问卷的内容提出意见和建议，还要参与同社区居委会和居民代表的座谈，目的一是面对面地了解社区和居民的意见，二是现场向居民介绍相关智慧项目的内容和目标。其次，任何智慧设施或场景需要有一定时限的试用期，可邀请居民代表成为首批试用会员，并将试用期内的体验和建议回馈给产品开发设计人员。最后，新的智慧设施投入使用后，要有专门的技术团队负责产品的软件升级和硬件维护，对每一款产品要有固定的在线升级方案和规划，同时，开通热线电话或微信公众号等让居民对产品使用中的意见建议进行反馈。

二是探索可持续的智慧社区建设资金来源。目前智慧社区建设大多数采取的是地方政府投资和企业参与的建设和运营方式，原因在于一些智慧社区设施和产品是地方政府参与社区建设或履行公共服务职能的体现，客观上这也导致不同地区和功能的智慧社区产品在设计方案和使用方式上有较高的相似度。地方政府投入会产生两个问题：第一，产品和服务的可持续问题。地方财政投入每年的重点建设项目和内容不同，而智慧设施或产品的特点是需要持续性的资金投入，因此，地方政府投入与智慧产品生长周期先天性存在不适性。第二，地方财政投入周期性和平衡性问题。地方财政收支有"大小年"之分，可用于社区建设的资金投入在经济发展水平不同的区县差异较大。这就造成财政收入情况好的年份，智慧社区投入高；经济社会发展水平高的区县，智慧社区投入高。这种不持续、不平衡的社区智慧化投入与社区治理的公共服务属性存在出入。为此，需要进一步拓宽可持续的智慧社区建设资金来源渠道。

当前不同社区在智慧化建设上的思路和成效良莠不齐，一些社区将创新智慧化运营方式作为社区治理创新的重要内容，如在资金来源上，探索用市场运作模式来吸引社会资本参与，而地方政府负责对项目予以补贴，或通过政府购买服务的方式保证项目启动和前期投入。当前智慧社区建设需要海量资金投入，迫切需要探索地方政府、社会资本、社区和市民或居民多方参与的资金投入方式。具体包括：市、区两级财政投入主要用于城市和区县智慧中心建设、智慧化基础设施建设、各级信息平台尤其是社区平台运营人员的人员开支，以及对社区智慧化活动的支持。而社会资本或市场资金投入主要用于智慧社区中有较强盈利能力的产品和服务，如智慧停车、智慧零售等，按照谁投资、谁受益的原则，鼓励参与企业通过投资产品和服务进行盈利。其中，对那些既有营利属性又有公共属性的智慧产品和设备，如智慧轮椅租赁和智慧医疗服务站等，允许相关企业按照微利原则进行运营，并在社会资本或市场投入的基础上，由地方政府予以相应补贴。此外，要探索社区基金会和社区居民在智慧社区建设中的资金投入，包括专业领域基金会如老龄事业发展基金和妇女儿童基金，以及社区基金中用于安全和教育的专项基金；在居民投入上，可以由居委会或业委会牵头、物业公司组织运营，探索以社区为单位的智慧产品和服务的集体采购。

三是投身智慧社区蓝海，重点发展智慧社区相关产业。智慧社区及其相关产业是智慧城市建设及其产业发展的数字蓝海。当前北京市在高水平信息基础设施和市区智慧中心的加持下，"一网通办"等数字政务服务职能得到空前发展，相关建设水平和业务范围走在全国前列。与此同时，相关产业链条包括应用系统、数字资源、运营维护、计算终端和信息安全等得到快速发展，成为智慧城市产业的重要组成部分。人工智能产业也在持续发展中逐渐成为新的经济增长点。与上海等城市相比，北京在智慧产业发展上并没有突出的优势。从智慧社区相关产业入手，既能与已有的"一网通办"等数字政务系统相关联，又能找到促进智慧产业发展的突破口，关键是相关部门和企业要在政策上和技术上进一步打通已有数字政务服务与智慧社区相关服务和产品的通道。

此外，应改变当前智慧社区服务和产品在不同社区各自为政的局面，由地方相关部门牵头探讨从整体上推动智慧社区相关产业发展的可行性，如智慧社区服务的上层网络架构、中层技术难题和底层消费服务市场规模等。在现有产业结构和规模的基础上，通过政策鼓励和支持，不断提高智慧社区相关产品的研发力度和产业比重。通过智慧社区相关产业的规划和实施，力争未来从家庭智慧化到楼宇智慧化，再到社区智慧化，进而形成日常生活生态化的演变逻辑，抓住市场先机和技术先手，从总体上推动智慧城市相关产业乃至人工智能相关产业的快速增长点。

四是将社区类型作为智慧社区建设的基本维度。智慧社区建设是大势所趋,但是当前在实践过程中存在不分社区类型而"一把抓"的趋势。城市社区类型根据社区新旧程度可以分为新建小区和老旧小区,根据产权性质可以分为商品房小区和其他产权小区,根据小区物业管理水平可以分为一级物业管理小区和其他级物业管理小区。将社区类型作为智慧社区建设的基本维度,并不是追求建立起智慧社区建设方式与社区类型的严格匹配关系,而是在智慧社区建设过程中引入上述社区分类维度,对于在人口构成上有特殊需求、在社区资源上特别紧缺的社区类型,在智慧社区建设路线上予以倾斜和侧重,即通过社区分类来指导智慧社区路线的选择。在当前的城市发展阶段,无论哪种社区类型和居民,他们对美好生活的向往是一致的,在智慧化建设上不同社区既有区别也有共性,在实践中需要把握两个度:对不同类型社区的智慧化建设,要通过上层网络和终端的建设统筹来补齐社区资源短板,根据不同社区居民需求提供个性化实施方案;对于同类社区的智慧化建设,要以社区需求的不同侧重作为建设起点,或者以社区安全为建设起点,或者以社区服务为建设起点。比如,对于老旧小区,要以智慧化养老为老为建设重点;对于新建商品房小区尤其是园区周边的小区,要以智慧化生活和少儿托管为建设重点;而对于一级物业管理的商品房小区,则要给物业管理公司更多的话语权和选择空间,尽量通过市场的方式来实现社区智慧化,等等。

五是打通智慧社区建设中的评估和监管环节。智慧社区建设项目因其技术门槛、专业壁垒和产品不确定性,在评估和监管上存在难度。首先,智慧社区服务和产品无论是政企合作共建,还是社区通过市场引入或者集体采购;无论其服务和产品是公益性质还是半公益性质还是营利性质,都存在一个评估的问题。但由于其产品的不确定性,即智慧产品或服务只是智慧链条或网络中的某个环节或终端,消费者和使用者难以通过使用来判断问题出在哪个环节,即便是相关监管部门,也会由于技术门槛和专业壁垒而难以快速对智慧产品或服务进行有效评估。因此,在智慧终端上线之前,必须由第三方软件测评公司对其进行测评,尤其是将重点放在操作性、安全性、兼容性和稳定性上。其次要逐步开展对智慧社区乃至智慧城市相关运行、服务、设备或产品的法律和技术监管。任何智慧技术或人工智能技术都需要监管，一个是底线监管，一个是上限监管。智慧化或智慧产品的目标是服务人，智慧城市或社区的目标是给人们的居住、生活和工作带来高效、方便和快捷，但有的智慧化服务、设备或产品，由于设计生产缺陷或应用场景错位等因素，导致不仅难以予人方便而是造成给人添乱，甚至不如传统的公共服务供给方式，这就产生了所谓的"平庸的人工智能"[72]。当前一些新概念企业过于追求普及率或流量而忽视了技术创新和适用性，在实践和使用过程中往往造成上述困境，需要相关甲方或使用者对此予以甄别，即底线监管。另外，智慧化或智慧产品不仅能在产品权限和服务范围内有效服务社会和大众，甚至能够超出产品权限或服务范围来获取、储存和分析用户信息，执行超出其服务范围的命令和指令，以及存在被非相关权限人员获取或使用的技术漏洞等，都会导致智慧化或智慧产品超规格使用或者运营，将给城市、社区或使用者带来不可预测的后果。因此，需要在智慧城市和智慧社区的建设和使用过程中，不断加强法律和技术监管，这就是上限监管。

参考文献

[1] 王瑞,梁嘉琪.坚持首善标准,十年磨一"建"[N].公益时报,2022-10-22(07).

[2] 龚维斌.多维视角下的社会治理及其现代化[J].行政管理改革,2020(10):14-18.

[3] 丁忠毅.托底与共享:国家治理能力建设的社会政策路径[J].社会科学战线,2017(1):159-171.

[4] 方长春.从"再分配"到"市场"——市场转型与社会分层研究综述[J].南京社会科学,2006(1):105-110.

[5] 李洋.转型期"托底型"社区自治的理论、实践与出路[J].北京社会发展报告(2020—2021),2021:225-237.

[6] 吴越菲.社会转型中的治理变革:机遇与挑战[EB/OL].(2019-05-08)[2022-11-08].http://ccmc.ecnu.edu.cn/2d/69/c26239a273769/page.htm.

[7] 班娟娟,陈国峰.经济总量突破114万亿,高质量发展行稳致远[N/OL].经济参考报,(2022-11-14)[2023-03-14].https://m.gmw.cn/baijia/2022-11/14/36156640.html.

[8] 国家统计局.经济社会发展统计图表:第七次全国人口普查超大、特大城市人口基本情况[EB/OL].(2021-09-21)[2023-03-20].http://www.stats.gov.cn/tjsj/pcsj/rkpc/7rp/indexch.htm.

[9] 周红云.从社会管理走向社会治理:概念、逻辑、原则与路径[J].团结,2014(1):28-32.

[10] 姜晓萍.国家治理现代化进程中的社会治理体制创新[J].中国行政管理,2014(2):24-28.

［11］向德平,苏海."社会治理"的理论内涵和实践路径[J].新疆师范大学学报,2014(6):19-25.

［12］张来明,刘理晖.新中国社会治理的理论与实践[J].管理世界,2022(1):20-34.

［13］王浦劬.国家治理、政府治理和社会治理的基本含义及其相互关系辨析[J].社会学评论,2014(9):12-22.

［14］戚学祥,钟红.从社会管理走向社会治理[J].探索,2014(2):66-69.

［15］杨雪冬.走向社会权利导向的社会管理体制[J].华中师范大学学报,2010(1):1-10.

［16］魏礼群.中国社会治理通论[M].北京:北京师范大学出版社,2019.

［17］闪淳昌,薛澜.应急管理概论——理论与实践[M].北京:高等教育出版社,2012.

［18］梁宇.新时代中国特色社会治理内涵的四重向度[J].东南学术,2019(2):9-16.

［19］童星.社会管理创新八议——基于社会风险视角[J].公共管理学报,2012(1):81-127.

［20］王诗宗.治理理论与公共行政学范式进步[J].中国社会科学,2010(4):87-100.

［21］俞可平.治理与善治引论[J].马克思主义与现实,1999(5):37-41.

［22］杰瑞·斯托克,楼苏萍,郁建兴.地方治理研究:范式、理论与启示[J].浙江大学学报(人文和社会科学版),2007(2):5-15.

［23］CHHOTRAY V,STOCKER G. Governance Theory and Practice:A cross-Disciplinary Approach[M]. London:Palgrave Macmillan,2009:19.

［24］埃莉诺·奥斯特罗姆,拉里·施特罗,苏珊·温.制度刺激与可持续发展[M].上海:上海三联书店,2000.

［25］科恩.审议与民主的合法性[M]//谈火生,审议民主.南京:江苏人民出版社,2007.

［26］埃莉诺·奥斯特罗姆.公共事务的治理之道——集体行动制度的演进[M].余逊达,陈旭东,译.上海:上海译文出版社,2000.

［27］刘阳.把系统性治理带回来——对社区多元参与治理模式的反思与深化［J］.甘肃行政学院学报,2016(6):64-75.

［28］ALFORD J HUGHES O. Public Value Pragmatism as the Next Phase of Public Management［J］. The American Review of Public Administration,vol. 38, no. 2,2008:130-148.

［29］CONSIDINE M. The End of the Line? Accountable Governance in the Age of Networks,Partnerships,and Joined-Up Services［J］. Governance:An International Journal of Policy,Administration,and Institutions. vol. 15,no. 1, 2002:21-40.

［30］ACAR M,GUO C. YANG K. Accountability When Hierarchical Authority Is Absent:Views from Public- Private Partnership Practitioners［J］. The American Review of Public Administration,2008,38(1):23.

［31］沈原,刘世定,李伟东,等.社区治理:价值匹配(NGT)分析方法［M］.北京:社会科学文献出版社,2018.

［32］亚伯拉罕·哈罗德·马斯洛.动机与人格［M］.许金生,等,译.西安:陕西师范大学出版社,1954.

［33］尤尔根·哈贝马斯.交往行为理论［M］.上海:上海人民出版社,2004.

［34］北京数字经济发展报告(2021—2022)——建设全球数字经济标杆城市［EB/OL］.(2022-07-30). https://t. ynet. cn/baijia/33140987. html.

［35］北京市老龄工作委员会办公室,北京市老龄协会.北京市老龄事业发展报告(2020)［R］. 2021.

［36］北京市统计局.北京市区域统计年鉴(2022)［M］.北京:中国统计出版社,2022.

［37］李强.中国社会学的本土化与发展创新［N］.人民日报,2015-05-11(6).

［38］郑功成.解决民生问题始终是政府的核心任务［N］.南方周末,2007-03-01(32).

［39］关信平.当前我国加强兜底性民生建设的意义与要求［J］.南开学报(哲学社会科学版),2021(5):35-43.

［40］北京日报客户端.北京的治理模式,具有这些特点［N/OL］.(2021-06-11)

[2023=03-28]. https://baijiahao. baidu. com/s? id=1702234672121159371 & wfr=spider & for=pc.

[41] 洪小良,尹德挺,马小红. 北京人口蓝皮书:北京人口发展研究报告(2018)[R]. 北京:社会科学文献出版社,2018.

[42] 北京市第七次全国人口普查领导小组办公室,北京市统计局. 北京市人口普查年鉴(2020)(上册)[M]. 北京:中国统计出版社,2022.

[43] 北京市统计局,国家统计局北京调查总队编. 北京统计年鉴(2022)[M]. 北京:中国统计出版社,2022.

[44] 北京市第七次全国人口普查领导小组办公室,北京市统计局编. 北京市人口普查年鉴(2020)(中册)[M]. 北京:中国统计出版社,2022.

[45] 刘德炳. 北京推广"调拆建转管"推进城乡接合部重点村建设[EB/OL]. (2011-12-25)[2023-03-30]. http://www. gov. cn/govweb/jrzg/2011-12/25/content_2028617. htm.

[46] 北京市统计局,国家统计局北京调查总队. 北京市区域统计年鉴(2017)[M]. 北京:中国统计出版社,2017.

[47] 徐斌. 区域化党建激发基层治理新活力[N]. 光明日报,2019-02-15(05).

[48] 赵晓明,杨晓梅. 公共关系与公关礼仪[M]. 北京:科学出版社,2015-03.

[49] 陈荞. 北京市政府购买社会组织服务今年资金首超5000万[N/OL]. (2012-04-22)[2022-12-20]. https://www. chinanews. com. cn/gn/2012/04-22/3836857. shtml.

[50] 付佳. 投入570万! 昌平区2022年采购支持58个社会组织服务项目[N/OL]. (2022-06-08)[2023-03-29]. https://mp. weixin. qq. com/s? src=11 & timestamp=1680360123 & ver=4442 & signature=-hDLrlSGqKynm2jZjiH9zO2aQnG3v5vISm0w7lemKTzlq9vLu * KYSauigeN2ZeHRIn1MzDVr0KBTyTeTaowzAyOertNc9shNP8auIcGK9yA2OWhtdX58KByv1yxmhW2Q & new=1.

[51] 李翠萍. 非营利组织成长发展的新路径分析——以上海浦东公益组织发展中心为例[J]. 陕西社会科学论丛,2012.03(2):205-207.

[52] 郭怀毅. 曹氏风筝传人孔令民:为200余名残障人授艺[N/OL]. (2017-07-19)[2022-12-23]. http://www. rmzxb. com. cn/c/2017-07-19/

1666510. shtml.

[53] 吴志红. 光彩事业是这样干出来的——回顾"十三五"期间参与脱贫攻坚的光彩事业［N/OL］.（2021－01－22）［2023－0305］. http：//www. rmzxb. com. cn/c/2021－01－22/2767520. shtml.

[54] 李洋. 非公经济组织参与城市志愿服务的情况和对策［J］. 城市社会学辑刊. 天津市社会科学院出版社,2014(12).

[55] 丁元竹,等. 北京志愿服务发展报告［M］. 北京：国家行政学院出版社,2014.

[56] 王国成. 企业治理结构与企业家选择［M］. 北京：经济管理出版社,2002.

[57] 王琦,等. 让城市更聪明更智慧——习近平总书记浙江考察为推进城市治理体系和治理能力现代化提供重要遵循［N］. 光明日报,2020－04－05:（02）.

[58] 北京城市管理综合行政执法局政务维基. 智慧城市［EB/OL］.（2020－03－06）［2023－03－10］. http：//zw. cgj. beijing. gov. cn/wiki/viewEdition. aspx? id＝78 & t＝1.

[59] 谢俊贵. 凝视网络社会——卡斯特尔信息社会理论评述［J］. 湖南师范大学社会科学学报,2001(5):41－47.

[60] CASTELLS M. The Informational City：Informational Technology, Economic Restructuring and the Urban-Regional Process［M］. Oxford：Blackwell,1989.

[61] 赵璐. 算法实践的社会建构：以某信息分发平台为例［J］. 社会学研究,2022(4):23－43.

[62] 李健. 城市建设—社会管理——基于双重需求的智慧城市推进路径［J］. 上海城市管理,2017(1):10－16.

[63] 高小康. 智慧城市建设的空间视域［J］. 江苏行政学院学报,2016(6):26－33.

[64] 张丽云. 智慧城市建设之环卫工人劳动权益保障［J］. 中国劳动关系学院学报,2017(2):24－31.

[65] 胡景山,许爱萍. 中国智慧城市建设中政府治理路径探析［J］. 天津社会科学,2015(6):97－99.

[66] 上海市人民政府. 上海首批 12 个人工智能试点应用场景揭榜［EB/OL］.

（2019-04-26）［2023-02-09］. https：//service. shanghai. gov. cn/shvideo/
newvideoshow. aspx？ id=C64B4A41CB93F84D.

［67］解丽.北京平均每万人 5G 基站数 27 个［N］.北京青年报,2022-08-05
（04）.

［68］夏骅. 2022 北京互联网大会在京举办,本市人均 5G 基站数全国领
跑［N］.北京日报,2022-09-23.

［69］张翠翠.北京将推出优化营商环境 4. 0 版,含 277 项改革举措［N］.北京
社区报,2020-12-22.

［70］海淀区人民政府.西北旺镇与百度签约,携手打造首都智能城镇示范区
［EB/OL］.（2018-10-16）［2022-08-04］. https：//www. bjhd. gov. cn/.

［71］查力友.论民间组织的三维社会空间:实体、社会心理和虚拟网络［J］.
经济社会体制比较,2012(1):32-37.

［72］马库斯·加布里尔.当世界史的指针逆转之时［M］.广州:广东人民出版
社,2023.